ALCANÇANDO EXCELÊNCIA em VENDAS para GRANDES CLIENTES

ALCANÇANDO EXCELÊNCIA em VENDAS para GRANDES CLIENTES

ALTA BOOKS
GRUPO EDITORIAL
Rio de Janeiro, 2023

Dados de Catalogação na Publicação

Rackham, Neil.
Alcançando Excelência emVendas para Grandes Clientes/Neil Rackham.
2023 – Rio de Janeiro – Starlin Alta Editora e Consultoria Ltda.
1. Vendas   2. Treinamento   3. Administração

ISBN: 978-85-508-2379-9

Do original: Major Account Sales Strategy.

© 1989 McGraw-Hill, Inc.
© 2023 Starlin Alta Editora e Consultoria Ltda.

EDITOR
MILTON MIRA DE ASSUMPÇÃO FILHO

Tradução
Claudia Mello Belhassof

Produção Editorial
Lucimara Leal

Coordenação Gráfica
Silas Camargo

Capa e Editoração
Crontec

Revisão Técnica
Paulo Ribeiro Brandão

2023
Proibida a reprodução total ou parcial.
Os infratores serão punidos na forma da lei.
Direitos exclusivos cedidos à
M.Books do Brasil Editora Ltda.
Uma empresa do Grupo Editorial Alta Books.

Editora
afiliada à:

Rua Viúva Cláudio, 291 – Bairro Industrial do Jacaré
CEP: 20.970-031 – Rio de Janeiro (RJ)
Tels.: (21) 3278-8069 / 3278-8419
www.altabooks.com.br — altabooks@altabooks.com.br
Ouvidoria: ouvidoria@altabooks.com.br

Sumário

Prefácio 11

1 Como os Clientes Tomam Decisões 15
A Base da Pesquisa 17
O Processo de Tomada de Decisão do Cliente 17
Por que as Fases São Importantes 22
Estratégia de Vendas na Fase de Reconhecimento de Necessidades 22
Estratégia de Vendas na Fase de Avaliação de Opções 23
Estratégia de Vendas na Fase de Resolução de Preocupações 27
Estratégia de Vendas na Fase de Implementação 29
Um Resumo e uma Perspectiva para o Futuro 29

2 Estratégia de Entrada nas Empresas – Chegando aonde Importa .. 33
O Canal de Compras 34
Onde Está o Tomador de Decisão? 35
Estratégia de Entrada 37
Os Três Pontos Focais de uma Estratégia de Entrada 38
O Foco de Receptividade 39
Os Perigos da Receptividade 41
Passando da Receptividade à Insatisfação 42
O Lançamento de Produto em Acapulco 44
Identificando o Foco de Insatisfação 45
Influenciando o Foco de Insatisfação 46
Movendo-se para o Foco de Poder 49
Vendendo no Foco de Poder 50
Quando o Foco de Poder Muda 53
Desenvolvendo Estratégias de Entrada 54

6

3 Como Fazer seus Clientes Precisarem de Você: Estratégias para a Fase de Reconhecimento de Necessidades 59

Objetivos para a Fase de Reconhecimento de Necessidades 60
Descobrindo a Insatisfação 61
Estabelecendo seus Objetivos 64
Planejando suas Perguntas 65
Fazendo Perguntas de Situação 67
Fazendo Perguntas de Problema 68
Como os Problemas se Desenvolvem 69
Vendendo para o Foco de Insatisfação 71
Conseguindo Acesso ao Tomador de Decisões 71
Vendendo Indiretamente para os Tomadores de Decisão 73
Preparando seu Patrocinador 74
Perguntas de Necessidade de Solução 76
A Estratégia de Perguntas SPIN® 76

4 Influenciando a Escolha do Cliente: Estratégias para a Fase de Avaliação de Opções 81

Reconhecendo a Fase de Avaliação de Opções 83
Objetivos para a Fase de Avaliação de Opções 87
Como as Pessoas Fazem Escolhas 88
   Identificando Diferenciais 89
   Estabelecendo a Importância Relativa dos Diferenciais 91
   Julgando as Alternativas de Acordo com os Diferenciais 92
Como os Critérios de Decisão Influenciam o Sucesso em Vendas 93
Alguns Pontos sobre os Critérios de Decisão 96
Influenciando os Critérios de Decisão 100
   Desenvolvendo Critérios a partir das Necessidades Descobertas
   no Início da Venda 102
   Reforçando os Critérios de Decisão Cruciais que Você Pode
   Cumprir 103
   Aumentando os Critérios Incidentais nos quais Você é Forte 104
   Reduzindo a Importância de Critérios de Decisão Cruciais 105
A Psicologia de Lidar com Critérios de Decisão Cruciais 114
Algumas Palavras Finais sobre os Critérios de Decisão 115
Resumo 116

Sumário   **7**

5 Diferenciação e Vulnerabilidade – mais sobre Estratégia Competitiva 119

O Conceito de Diferenciação 120
O que há de Especial na Microdiferenciação? 121
Diferenciais "Concretos" e "Abstratos" 123
Estratégia Competitiva com Diferenciais "Concretos" 125
Acelerando o Ciclo de Decisão 126
Transformando Diferenciais "Abstratos" em "Concretos" 129
O Juiz Especialista 130
Ofuscando os Diferenciais "Concretos" 132
Usando Diferenciais na Venda Competitiva 133
Vulnerabilidade 136
Análise de Vulnerabilidade 136
O que é um Concorrente? 137
Estratégias para Combater a Vulnerabilidade 141
   Estratégia 1 – Alterar os Critérios de Decisão 141
   Estratégia 2 – Aumentar seus Pontos Fortes 142
   Estratégia 3 – Diminuir a Força de seu Concorrente 144
Duas Estratégias Bem-sucedidas para Falar sobre os Concorrentes 146
   Levantar Pontos Fracos Indiretamente 146
   Expor Pontos Fracos Genéricos, e não Específicos 147
Saindo da Fase de Avaliação de Opções 150

6 Superando os Medos Finais: Estratégias para a Fase de Resolução de Preocupações 151

Resolvendo Preocupações em uma Venda Grande 152
   Decisões Maiores 153
   Mais Pessoas 153
   Maior Concorrência 153
   Ciclo de Venda mais Longo 154
   Mais Questões de Implementação 154
Risco na Fase de Resolução de Preocupações 155
Consequências: os Riscos de Seguir em Frente 156
Objetivos da Fase de Resolução de Preocupações 157
O que Gera Questionamento sobre Consequências? 158
Reconhecimento: o Primeiro Passo Essencial 162
Alguns Sinais de Alerta 163
Detectando Consequências Face a Face 165

8

Sinais que Sugerem Consequências... 165
Discrepâncias: o Fator Comum 167
Como Lidar com as Consequências?... 167
Alguns Princípios Básicos 168
Os Três Pecados Mortais na Hora de Lidar com as Consequências......... 170
    1. Minimizar... 171
    2. Prescrever.. 172
    3. Pressionar.. 173
Lidando com Problemas de Consequência de Maneira Bem-sucedida 176
E, Por fim... 178

7 Negociação de Vendas: como Oferecer Concessões e Combinar os Termos... **179**

Por que a Diferença entre Vendas e Negociação É Importante 180
A Regra de Ouro: Negocie Depois... 182
Negociação: uma Forma Onerosa de Resolver Consequências................ 185
Paradas Forçadas 187
A Hora Certa de Negociar 189
Todo Mundo Negocia 189
Definição de Negociação.. 190
Estudos sobre Especialistas em Negociação 192
Curto Prazo *versus* Longo Prazo 192
Foco em Áreas de Alavancagem Máxima... 193
Estabelecer e Estreitar Intervalos 197
    Passo 1: Estabeleça seus Limites Superior e Inferior........................ 198
    Passo 2: Ajuste seus Limites Superiores 200
    Passo 3: Ajuste seus Limites Inferiores.. 202
    Passo 4: Negocie Dentro de seu Intervalo Estreitado........................ 204
Planeje e Faça Perguntas 206
Planeje suas Perguntas com Antecedência... 212
Diferenciar a Compreensão de um Acordo 213
Sondar Rigorosamente para Evitar Mal-entendidos 214
Por que algumas Negociações Fracassam.. 214
Uma Palavra Final sobre Negociação 217

8 Como Garantir o Sucesso Contínuo: Estratégias de Implementação e Manutenção de Contas................................... **221**

A Fase de Implementação 222

Sumário

1. A Etapa do "Brinquedo Novo" 226
2. A Etapa de Aprendizagem 228
3. A Etapa da Eficácia 231
A Queda da Motivação 231
Três Estratégias para Lidar com a Queda da Motivação 233
Da Instalação ao Desenvolvimento de Contas 236
Por que o Desenvolvimento de Contas É tão Importante? 237
Cinco Estratégias Simples para o Desenvolvimento de Contas 238
Estratégia 1: Desenvolva, em vez de Manter 238
Estratégia 2: Documente as Boas Novas 239
Estratégia 3: Gere Indicações e Referências 240
Estratégia 4: Reavalie seu Entendimento das Necessidades do Cliente .. 241
Estratégia 5: Influencie Futuros Critérios de Decisão 242
Um Erro Estratégico a Evitar 242
Uma Última Palavra sobre o Desenvolvimento de Contas 242

9 Anatomia de uma Estratégia de Vendas 243

15 de fevereiro: O Lançamento do Produto 243
15 de fevereiro: Primeiras Ideias 244
22 de fevereiro: Erros em uma Conta Pequena 245
23 de fevereiro: Encontrando um Ponto de Entrada 245
25 de fevereiro: Primeiro Contato com a Conta 246
1º de março: Estratégia de Entrada 246
2 de março: Reunião Inicial 246
9 de março: Estratégia de Entrada – no Foco de Receptividade 247
14 de março: Progresso Lento para Harry 247
23 de março: Estratégia de Entrada – Preso no Foco de Receptividade 247
25 de março: Estratégia de Entrada – Passando para o Foco de
Insatisfação 248
30 de março: Estratégia de Entrada – Identificando uma Provável
Insatisfação 249
13 de abril: A Fase de Reconhecimento de Necessidades 250
14 de abril: Reconhecimento de Necessidades – Descobrindo a
Insatisfação 250
15 de abril: Avaliação Inicial de Custos 251
18 de abril: Clientes Potenciais "Quentes" Evaporam 251
22 de abril: Identificando o Foco de Poder 252

10

25 de abril: Reconhecimento de Necessidades – Ensaiando o
Patrocinador 253
5 de maio: Termina a Fase de Reconhecimento de Necessidades 254
16 de maio: Entrando na Fase de Avaliação de Opções 254
17 de maio: Más Notícias – e um Erro Estratégico 255
24 de maio: Estratégia dos Critérios de Decisão 256
25 de maio: Resposta Inicial à SDP.. 257
31 de maio: Sucesso – Sobrevivendo à Filtragem Inicial 257
7 de junho: Descobrindo e Influenciando os Critérios de Decisão 258
8 de junho: Análise dos Critérios de Decisão 258
9 de junho: Entendendo a Concorrência 259
10 de junho: Um Concorrente É Eliminado 261
14 de junho: Apresentando a Adequação ao Comitê 262
16 de junho: Pressão para Negociar 264
17 de junho: Um Mau Sinal 264
21 de junho: Sinal de Perigo 264
22 de junho: Pistas de que Existem Problemas de Consequências 265
23 de junho: A Fase de Resolução de Preocupações 265
25 de junho: Decisões Estratégicas para Resolver as Consequências........ 266
28 de junho: Lidando com as Consequências 266
29 de junho: O Problema da Consequência É Resolvido 267
30 de junho: Mais Pressão para Negociar o Preço 269
1º de julho: O Concorrente Reage... 269
5 de julho: A Incerteza na Negociação 269
12 de julho: Por fim, o Sucesso 269

Índice Remissivo **271**

Prefácio

Alguns anos atrás, eu estava trabalhando com a equipe sênior de administração de vendas em uma divisão da Xerox. Nossa tarefa era desenvolver uma estratégia de vendas para um importante produto novo. Quando a equipe se juntou para nossa primeira reunião, um dos participantes me perguntou: "Existe alguma estratégia aqui para conseguir uma xícara de café?". Seu uso da palavra "estratégia" me pegou de surpresa por um instante e me lembrou a facilidade com que uma palavra pode se tornar desgastada. Se uma palavra tivesse o direito de abrir processos por difamação de caráter, "estratégia" enriqueceria os advogados. Meus pensamentos me levaram a fazer uma pergunta para o grupo. "O que cada um de nós entende pela palavra 'estratégia'?", perguntei. "Será que queremos dizer a mesma coisa?"

A primeira resposta veio de um membro com interesse em história militar. "Estratégia", explicou ele, "é o quadro maior. É o que o general faz. É o planejamento geral. É traçar o projeto maior, diferentemente de 'táticas', que significa colocar o projeto em ação – pensar com os pés". Essa visão fez com que outro membro do grupo perguntasse: "Você diria, então, que nós, gerentes, deveríamos estabelecer a estratégia e nossos vendedores devem se preocupar apenas com as táticas?". "Eu iria além disso", explicou o historiador militar. "Apenas os generais deveriam estabelecer estratégias. Oficiais de nível intermediário deveriam se preocupar com as táticas. As tropas deveriam executar as táticas, e não decidi-las. Os vendedores – e até mesmo os gerentes de vendas júnior – não têm de se envolver na estratégia."

Houve um burburinho de desacordo e, depois, o membro mais sênior do grupo falou: "Suponho que vocês poderiam considerar que sou o general aqui", começou ele, "mas não me sinto confortável em estabelecer estratégias

12

unilateralmente. Vender não funciona dessa maneira. É o vendedor que está lá na hora que deve se 'sentar no banco do motorista'. Na verdade, acredito que o papel de um grupo sênior de administração como o nosso tem pouco a ver com estratégia. Nós estabelecemos os *limites* – itens como preços, disponibilidade, metas e assim por diante. Em termos de estratégia, somos apenas uma função de apoio. O representante de vendas é que deve ser responsável por formar e executar estratégias de contas".

Um terceiro membro do grupo, tentando evitar o conflito potencial, apresentou uma perspectiva diferente. "O modelo militar é uma forma restritiva demais para se pensar na estratégia de vendas", sugeriu ele. "Eu definiria estratégia em vendas como trabalhar mais inteligentemente, e não mais arduamente. Temos de ser mais inteligentes quando se trata de planejamento e apoio de vendas em geral. É isso que estratégia de vendas significa para gerentes seniores como nós. Mas também temos de ser mais inteligentes em relação a nossos funcionários e a como estabelecemos metas e planos – acredito que é isso que estratégia deve significar para nossos supervisores de vendas." Vendo que o grupo estava reagindo bem a sua opinião, ele acrescentou: "Mas, acima de tudo, temos de ser mais inteligentes em relação a como lidamos com cada uma das grandes contas. E isso é estratégia para vendedores – encontrar maneiras melhores de influenciar clientes importantes".

Houve um coro de aprovação, e a discussão passou para outras áreas, deixando-me bem satisfeito com as respostas à minha pergunta. Em especial, porque a maioria do grupo reconheceu que estratégia de vendas não era território exclusivo da alta administração de vendas, mas uma parte vital do sucesso das vendas em todos os níveis. Infelizmente, essa não é uma visão universalmente aceita entre a alta administração de vendas, mas mesmo assim fiquei feliz de ouvi-la.

Outra coisa que me alegrou foi a ênfase que os membros do grupo colocaram na estratégia no nível de grandes contas. Ao longo dos anos, participei de várias discussões de grandes abordagens estratégicas gerais ao mercado. Com frequência, essas discussões são muito convincentes e satisfatórias para os generais, mas, quando as ideias do alto descem para as trincheiras, elas não se traduzem em ações que fazem a venda avançar. Tudo que tenho visto em vinte anos de estudo sobre vendas me convenceu de que, a menos que a estratégia possa ser prontamente traduzida em ações específicas em contas

Prefácio

individuais, ela é apenas um jargão vazio. Vi muitos planos estratégicos de vendas fracassados, repletos de frases como "aumentar em 20% a penetração no setor por meio da venda de sistemas completos, e não caixas individuais". Quando perguntava aos autores exatamente *como* um vendedor pode agir de maneira diferente para executar tais intenções admiráveis, geralmente recebia olhares vazios como resposta. As estratégias de vendas raramente fracassam por causa de sua grande e nobre intenção. O que geralmente as derruba é um fracasso deplorável em pensar na sua implementação no nível das contas. O sucesso de uma estratégia de vendas está em entender como relacioná-la a contas individuais e clientes individuais.

Neste livro, discutiremos a estratégia por uma perspectiva de contas. É fundamental estar nas trincheiras com as tropas, e não no alto do morro com os generais. Para pessoas como nosso historiador militar, que define estratégia em termos estritamente militares, eu talvez não seja um estrategista de verdade. Na melhor das hipóteses, eu seria um especialista em táticas. Mas, se você assumir uma visão menos tradicional da estratégia, se acreditar que vendedores individuais e seus gerentes são a chave para estratégias de vendas bem-sucedidas, você saberá que o que acontece nas trincheiras decide se a estratégia é um sucesso ou um fracasso. Foi Napoleão, um grande especialista nesse campo, que disse: "Estratégia é uma arte simples; é apenas uma questão de execução".

Existe muito pouco material publicado para ajudar você na abordagem das trincheiras à execução de uma estratégia de vendas. Por outro lado, não há escassez de grandes conselhos estratégicos para os generais do mundo das vendas. Reconhecidamente, grande parte desses conselhos é chamada de marketing – que parece mais digno que vendas e, portanto, tem maior apelo para os futuros generais. Mas, como diz Jon Katzenbach, da McKinsey, muitos planos de marketing de qualidade ficam nas prateleiras porque ninguém respondeu à pergunta "Como este plano fará com que nossos vendedores se comportem de forma diferente com seus clientes?". Essa é uma pergunta fundamental. E responder a ela é uma das questões mais urgentes que as grandes forças de vendas enfrentam hoje.

Neste livro, vou compartilhar resultados de pesquisas com você e apresentar alguns modelos e métodos que ajudam a responder à pergunta de Katzenbach. Analisarei o processo de decisão do cliente e mostrarei como gerar uma estratégia de contas que influencie positivamente a decisão. Os

14

diversos conselhos que ofereço têm um fator em comum. Sem exceção, eles se concentrarão na *conta* e nos clientes envolvidos nela. Muitas estratégias de vendas parecem se esquecer do cliente individual. Elas se concentram no produto ou na força de vendas. Se o objetivo de uma estratégia de vendas é influenciar os clientes, parece lógico que uma boa estratégia deva começar com um entendimento meticuloso do processo de decisão pelo ponto de vista do cliente.

Meus agradecimentos à talentosa equipe aqui na Huthwaite, que tornou este livro possível. Em especial, agradeço a Dick Ruff por me ajudar a avaliar algumas das questões difíceis acerca da estratégia competitiva; a John Wilson, que me aconselhou no capítulo sobre negociação; e a Joan Costich, que sugeriu que eu escrevesse o livro. Mas, como sempre, o maior agradecimento deve ser destinado aos milhares de vendedores que, ao longo dos anos, generosamente nos permitiram vê-los em ação. Por meio de sua disposição em compartilhar suas visitas de vendas, evoluímos e validamos as ideias apresentadas neste livro.

Neil Rackham

1

Como os Clientes Tomam Decisões

Quer estejamos falando de uma estratégia global para um mercado ou de uma estratégia específica para uma conta individual, a estratégia de venda envolve clientes. A medida de uma estratégia de venda eficaz é o nível em que ela consegue influenciar as decisões de compra dos clientes. Se avaliarmos o sucesso de uma estratégia por seu impacto sobre os clientes, quanto melhor entendermos o processo de decisão do cliente e como influenciá-lo, melhor será nossa estratégia. O que conta é o cliente. Estratégias de venda que ignoram ou que não levam suficientemente em conta o comportamento do cliente têm probabilidade de fracassar. Por isso, o foco central deste livro é entender o comportamento do cliente. Vamos usar pesquisas e estudos de casos para explorar o processo de decisão do cliente e mostrar a você como ele muda ao longo de uma grande venda. Como veremos, diferentes estratégias de venda são bem-sucedidas em diferentes fases do ciclo de venda. A estratégia que funciona melhor durante as primeiras fases da venda pode se tornar ineficaz conforme o ciclo de venda progride.

É muito fácil, em grandes vendas, deixar sua estratégia de venda ficar carregada de procedimentos e técnicas. Já vimos muitas estratégias de contas fracassarem porque se tornaram tão complexas que esqueceram o fato essencial de que as decisões são tomadas por pessoas. Todas as pessoas, sejam elas influenciadores, tomadores de decisão, agentes de compra ou comitês de avaliação, normalmente passam por diferentes fases psicológicas quando tomam decisões. Ao compreender essas fases e como influenciá-las, você vai achar mais fácil formular estratégias práticas de contas que tenham efeito positivo sobre seus clientes. Uma estratégia eficaz começa com um conhecimento de como as pessoas compram. As estratégias que você desenvolve a partir da perspectiva do comprador são uma forma poderosa de guiar suas ações em vendas competitivas difíceis.

É preciso ter muita cautela com relação a modelos de estratégia que se concentram exclusivamente em como vender. Muitos dos clientes que vieram à Huthwaite para obter aconselhamento sobre aumento da produtividade de vendas nos mostraram modelos elaborados do processo de venda. Esses modelos geralmente se apresentam na forma de uma série de fases de venda que eles exigem de seus vendedores. Um exemplo típico pode ter fases de venda como prospecção, qualificação, investigação, apresentação, proposta e fechamento. Cada uma dessas fases representa uma atividade que o vendedor é obrigado a realizar para executar a estratégia. Geralmente, cada fase também está associada a uma burocracia que o vendedor ou o gerente de vendas deve cumprir.

Normalmente damos dois conselhos. O primeiro, simplesmente, é reduzir a burocracia. Em algumas organizações, os vendedores gastam até 10 horas por semana completando formulários em nome da estratégia de venda. Grande parte desse tempo é improdutivo; muitas dessas informações são falsas a tal ponto que não são confiáveis como um guia para ações administrativas. A medida da saúde de uma organização de vendas é a quantidade de tempo que ela gasta se relacionando com os clientes, em comparação com o tempo que leva se relacionando com as necessidades internas da empresa. De acordo com essa medida, muitas organizações estão doentes, e já vimos algumas que são quase doentes terminais. Assim, nosso primeiro conselho normalmente é diminuir a burocracia.

Nosso segundo conselho é construir uma estratégia de venda que se concentre nas fases que o cliente executa para tomar uma decisão, e não nas fases que o vendedor executa ao fazer uma venda. São duas coisas diferentes. Como veremos nos próximos capítulos, as estratégias baseadas no processo de venda geralmente são muito menos eficazes do que as estratégias baseadas no processo de compra. Nosso problema, como vendedores, é o fato de ser muito mais fácil compreender as fases de venda que as de compra. E isso é ainda mais perigoso, porque temos a tendência de basear a estratégia naquilo que entendemos, e não naquilo que é eficaz.

Como os Clientes Tomam Decisões **17**

A Base da Pesquisa

Antes de examinar cada uma das fases de uma decisão de compra, vamos falar brevemente da origem das ideias abordadas neste livro. Eu gostaria de ser um gênio de vendas que decidiu compartilhar com vocês meus *insights* exclusivos sobre estratégias de venda. Infelizmente, eu não sou. Permitam-me confessar: não sou um estrategista de vendas; sou um *voyeur*. Passei muitos anos observando outras pessoas venderem. Dirigi equipes de pesquisa que estudaram mais de 35 mil visitas de vendas em 23 países. Com meus colegas aqui na Huthwaite, observei o comportamento de mais de 10 mil vendedores. Estudamos muitos mercados nos quais a estratégia é fundamental. Nos mercados de computadores, trabalhamos com a IBM e a Digital; no setor de telecomunicações, com a AT&T e a GTE; no setor bancário, com o Citicorp e o Chase Manhattan; e, nos mercados de equipamentos para empresas, com a Kodak e a Xerox. A partir da massa de dados que coletamos com essas e muitas outras empresas que já trabalharam com a Huthwaite, conseguimos tirar conclusões sobre o comportamento do cliente e como ele muda durante a venda. Acreditamos que essas conclusões podem ter profundas implicações para a estratégia da conta.

Nossa pesquisa utiliza um método chamado análise do comportamento. Em sua forma mais básica, esse método envolve observar as visitas de vendas e contar quantas vezes os vendedores ou os clientes usam certos comportamentos-chave. Isso nos permite construir modelos estatísticos que mostram como comportamentos específicos estão associados ao sucesso da venda. O método de análise do comportamento nos tem permitido incluir sólidos princípios de pesquisa da psicologia experimental na arte complexa e sutil de vender, que tem resistido com teimosia à análise objetiva. Pelo que sei, nossa equipe na Huthwaite é o primeiro grupo de pesquisadores a usar esses métodos de análise de comportamento como uma ferramenta para entender as vendas e aprender a torná-las mais eficazes.

O Processo de Tomada de Decisão do Cliente

Dissemos anteriormente que o processo de decisão do cliente em uma grande venda normalmente passa por fases distintas. Três dessas fases acontecem antes da decisão, e uma quarta fase acontece depois que a decisão já foi to-

18 Capítulo 1

mada. Essas fases normalmente são visíveis até mesmo em vendas simples. Pense em suas próprias decisões de compra – a compra de um carro, por exemplo. Como começa seu processo de decisão? Se você estiver completamente satisfeito com seu carro atual, não há nenhuma decisão a ser tomada. O processo de decisão começa quando você já não se sente totalmente satisfeito. Você começa a perceber problemas em seu carro. Talvez ele esteja ficando velho, ou esteja menos confiável, ou não pareça tão bom quanto os modelos mais recentes – por algum motivo, você se sente insatisfeito. Você está na primeira das três fases da decisão de compra, que chamamos de Reconhecimento de Necessidades. Durante essa fase, você passa de pequenas irritações à insatisfação real e, finalmente, a um ponto em que você decide agir. Depois que toma a decisão de agir, você sai da primeira fase do processo de compra e avança para a segunda: Avaliação de Opções. Na fase de Reconhecimento de Necessidades, sua principal preocupação é: "Preciso fazer algo sobre meu carro atual?". Agora, na Fase de Avaliação de Opções, sua preocupação passa a ser: "Quais são minhas opções? Conserto meu carro atual? Faço um empréstimo para comprar outro? Se eu comprar, qual modelo devo escolher? Como faço para escolher entre os modelos concorrentes?". Essa fase normalmente começa com uma confusa gama de escolhas e opções. À medida que ela continua, você tem cada vez mais clareza em relação à opção que melhor lhe convém. Finalmente, você escolhe a opção que considera mais adequada às suas necessidades. Vamos imaginar que você decide comprar um carro usado de boa qualidade que viu na vitrine de uma concessionária.

Depois de definir essa preferência claramente, você entra na última fase psicológica da decisão de compra. Chamamos essa fase de Resolução de Preocupações, e, como veremos, esta pode ser uma das fases mais importantes e complexas de qualquer decisão. Durante essa fase, embora você tenha decidido que precisa mudar e que esse carro é a melhor opção considerada, você pode relutar em prosseguir. Você pensa em coisas como: "E se houver um defeito oculto que eu não percebi?", "Como vou dizer à minha família que decidi gastar tanto dinheiro?" ou "Será que o serviço pós-venda realmente é tão bom quanto dizem?". Antes de superar esses medos, você não estará pronto para avançar e tomar a decisão final.

O processo que descrevi para comprar um carro provavelmente se aplicaria da mesma forma a qualquer decisão de compra na qual (1) a decisão

Como os Clientes Tomam Decisões   **19**

é tomada ao longo de um período de tempo relativamente longo, e não em uma única reunião ou visita de vendas; (2) há alternativas concorrentes entre as quais você pode escolher; e (3) existem sanções ou riscos se você tomar uma decisão ruim. Sendo assim, comprar um pacote de feijão em um supermercado não é uma decisão que passa pelas três fases, porque, apesar de existirem marcas alternativas concorrentes, a decisão costuma ser tomada imediatamente e tem sanções insignificantes se você fizer a escolha errada. No entanto, a maioria das decisões de compra importantes que fazemos como indivíduos passa pela sequência de Reconhecimento de Necessidades, seguida da Avaliação de Opções e, por fim, pela Resolução de Preocupações. Todo o processo de decisão do cliente, incluindo essas fases, está ilustrado na Figura 1.1. Pense na última vez que você tomou qualquer decisão de compra de grande porte, como a compra de uma casa. Você provavelmente consegue se lembrar de cada fase, como se sentiu, e como, no papel de comprador, você teve preocupações diferentes em cada ponto.

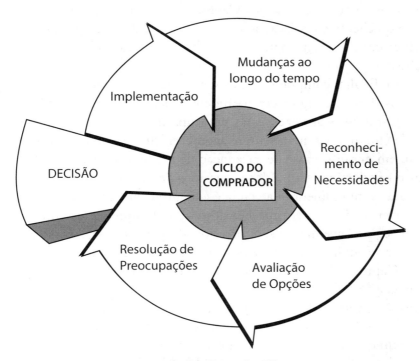

Figura 1.1. O Processo de Decisão do Cliente.

20
Capítulo 1

As mesmas fases ocorrem quando um de seus principais clientes está tomando uma decisão de compra importante. Primeiro, as pessoas se tornam insatisfeitas com a situação existente e começam a reconhecer uma necessidade de mudança. Durante essa Fase de Reconhecimento de Necessidades, a estratégia de venda mais eficaz, como veremos no Capítulo 3, é descobrir a fonte de insatisfação e aumentar a percepção dos clientes em relação a sua intensidade e urgência.

Depois que as pessoas concordam com a necessidade de mudança, a venda passa para a segunda fase – a Avaliação de Opções. Durante essa fase, o cliente está avaliando diversas opções e seus méritos. Às vezes, isso envolve um procedimento formal, com especificações escritas, um processo de proposta e uma comissão de avaliação. Em outras ocasiões, o procedimento pode ser livre e relativamente informal, de modo que apenas uma pessoa precisa ser convencida de qual é a melhor opção. Em ambos os casos, sua estratégia de venda ideal nessa fase da venda é influenciar a seu favor os critérios que o(s) comprador(es) está(ão) usando para avaliar as opções disponíveis. Veremos melhor como fazer isso nos Capítulos 4 e 5. Por fim, quando há um consenso do cliente em relação a quais opções atendem adequadamente aos seus critérios, começa a terceira e última fase da decisão: a Resolução de Preocupações.

Nesta fase final, o comprador pode apresentar uma grande ansiedade em relação aos riscos de seguir em frente com você e seu produto. Como veremos no Capítulo 6, às vezes, essas preocupações lhe são abertamente reveladas. No entanto, isso nem sempre acontece. Muitas vezes, os problemas que surgem durante a fase de Resolução de Preocupações podem ficar escondidos ou podem ser atribuídos a questões de preço. Uma boa estratégia de venda neste momento da venda é encontrar uma maneira de descobrir e resolver medos e preocupações desse tipo. É aqui, na fase final da venda, que você provavelmente será pressionado para negociar condições especiais ou fazer algumas concessões adicionais para conseguir fechar o negócio. No Capítulo 7, examinaremos as estratégias para uma negociação de vendas eficaz.

Em seguida, vem a decisão. Em vendas menores, quando a decisão é tomada, sua venda termina. Isso normalmente não acontece em vendas maiores. Geralmente há uma fase de Implementação na qual você continua a apoiar e ajudar o cliente após a venda ter sido realizada. Durante essa fase,

Como os Clientes Tomam Decisões   **21**

existem algumas oportunidades interessantes de venda que as pessoas deixam passar. Veremos no Capítulo 8 como prestar atenção a essas oportunidades na formação de uma estratégia pós-venda eficaz.

Fases da Decisão de Compra

No início de nossa pesquisa, pedi a Fred Mostyn, da Central de Compras da British Petroleum, que descrevesse as fases de uma decisão de compra típica que ele ia enfrentar. Na época, não tínhamos criado o modelo de três fases de decisão de compra, por isso nem Fred nem eu sabíamos que sua resposta seria comparável às nossas descobertas. A seguir, com as fases entre parêntesis e marcadas em itálico, você verá a descrição que ele apresentou para uma típica decisão de compra.

"Não é exatamente um procedimento padrão, mas suponho que a maioria das novas aquisições – nas quais não temos um pedido de rotina com um fornecedor – começam porque alguém na organização tem um problema que não consegue resolver com o equipamento ou os suprimentos existentes. Ou é isso ou há uma insatisfação com relação à qualidade ou à entrega. (*Reconhecimento de Necessidades*)

Em seguida, recebemos um telefonema ou uma solicitação de um departamento. Discutimos o assunto e tentamos criar uma especificação com eles. Elaboramos, por exemplo, uma lista de 'é necessário ter' e 'seria bom ter'. Ajudamos as pessoas a pensarem objetivamente em como tomar uma decisão eficaz em termos de custo-benefício. Então avaliamos diversos fornecedores. (*Avaliação de Opções*)

Se for uma grande decisão, enviamos um pedido formal como proposta. No caso de decisões menores, o método varia muito. De qualquer maneira, quando descobrimos nossa pequena lista – que pode ter um, dois ou, possivelmente, três fornecedores potenciais –, avaliamos cuidadosamente cada um para confirmar suas referências, sua estabilidade financeira, sua capacidade de produção, e assim por diante. Não queremos correr riscos desnecessários, por isso esse processo de verificação é importante, ainda mais se tivermos preocupações quanto ao fornecedor." (*Resolução de Preocupações*)

Por que as Fases São Importantes

O projeto de pesquisa que inicialmente nos deu provas estatísticas concretas de que as vendas se encaixam nas fases que acabei de descrever foi realizado em 13 das empresas administradas pela Xerox na Europa. Pela primeira vez, tivemos a prova de que precisávamos de um modelo de estratégia de contas baseado no cliente. Foi uma descoberta importante, pois sabíamos que, em tese, um bom modelo estratégico tinha de ser baseado no cliente, e não no vendedor. Infelizmente, até os resultados da Xerox estarem disponíveis, não tínhamos informações suficientes sobre a psicologia do processo de decisão do comprador que nos permitissem construir um modelo válido baseado no cliente.

Como a maioria das outras pessoas que trabalha em vendas, os pesquisadores da Huthwaite sabiam muito mais sobre vender do que sobre comprar. Poderíamos gerar modelos estratégicos de como vender; na verdade, tínhamos gerado vários deles. Cada um desses modelos se baseava nas fases relativamente convencionais da venda, descritas a partir do ponto de vista da venda. Primeiro você prospecta, depois refina sua lista de *prospects* para achar os supostos compradores. Em seguida, você faz visitas de abordagem para coletar dados e descobrir informações. Você, então, faz as apresentações de vendas e, depois, a proposta. Em seguida, acompanha sua proposta e, por fim, fecha a venda.

Não há nada intrinsecamente errado com esse tipo de modelo estratégico baseado nas fases de venda. Mas, cada vez mais, nos sentíamos incomodados com nossos próprios modelos de fases de venda porque não achávamos que eles ajudavam a responder a perguntas importantes sobre o comportamento de compra do cliente e como influenciá-lo. Para nós, a pesquisa com a Xerox foi uma quebra de paradigma. Desde então, temos trabalhado para desenvolver essas conclusões iniciais e transformá-las em métodos práticos e estratégias para aumentar a probabilidade de sucesso nas vendas em cada uma das fases de decisão.

Estratégia de Vendas na Fase de Reconhecimento de Necessidades

Já dissemos que, durante a primeira fase de uma decisão de compra, as pessoas estão reconhecendo uma necessidade de mudança. Essa necessidade ge-

Como os Clientes Tomam Decisões **23**

ralmente começa como uma insatisfação com os métodos, sistemas, produtos ou fornecedores existentes. Durante esta fase, a insatisfação do cliente cresce até atingir um ponto crítico. Quando a insatisfação atinge um nível suficiente de intensidade ou urgência, o cliente toma a decisão de mudar.

A estratégia de venda mais eficaz durante esta fase é descobrir a insatisfação do cliente e desenvolver essa insatisfação até que ela atinja o ponto crítico. Pouca gente argumentaria contra o desenvolvimento da insatisfação como principal objetivo estratégico nas fases iniciais de uma grande venda. Não é necessário um gigantesco projeto de pesquisa para mostrar que a insatisfação é necessária para a mudança e que o vendedor que consegue descobrir e focar a insatisfação de maneira eficaz tem uma vantagem estratégica sobre os concorrentes. O objetivo de nossa pesquisa era descobrir exatamente como vendedores bem-sucedidos criam e desenvolvem a insatisfação do cliente. Nossa primeira constatação foi simples, mas crucial. Os vendedores bem-sucedidos fazem muito mais perguntas durante as visitas de vendas do que seus colegas não tão bem-sucedidos. Descobrimos que estes últimos tendem a falar mais que o cliente. Eles se envolvem na discussão do produto logo no início da venda. Frequentemente, fazem apresentações como uma forma de gerar interesse no cliente.

O que isso significa para a estratégia de venda? Como veremos no Capítulo 3, uma estratégia eficaz exige que, no início da Fase de Reconhecimento de Necessidades, você evite discussões ao apresentar o produto. Em vez disso, uma estratégia eficaz se concentra em desenvolver a insatisfação. Nossa pesquisa descobriu que os vendedores bem-sucedidos têm alguns métodos muito poderosos para desenvolver a insatisfação. Em especial, eles usam sequências de perguntas que não só ajudam o cliente a descobrir e articular a insatisfação, mas também intensificam qualquer insatisfação que o cliente já esteja sentindo.

Estratégia de Vendas na Fase de Avaliação de Opções

Depois que a insatisfação do cliente se intensificou ao ponto de ele "tomar uma decisão de agir", entramos na segunda fase – a Avaliação de Opções. Durante esta fase, a atenção do cliente se volta para fazer escolhas. Uma estratégia de venda bem-sucedida durante esta fase, que é a parte mais competitiva do

24 Capítulo 1

ciclo de venda, se concentra em conhecer, influenciar e responder aos critérios de decisão do cliente. Como veremos posteriormente, vendedores eficazes conseguem mudar a maneira pela qual os clientes avaliam seus produtos ou serviços. É especialmente importante, nesta fase da venda, que sua estratégia de venda consiga diferenciá-lo claramente de seus concorrentes.

Uma falha comum na estratégia de venda durante esta fase é a incapacidade de reconhecer que ocorreu uma mudança nas preocupações dos clientes. Como resultado, os vendedores continuam a se comportar como se ainda estivessem na Fase de Reconhecimento de Necessidades, descobrindo a insatisfação do cliente e desenvolvendo necessidades. Tive um exemplo pessoal claro disso na primeira vez que comprei um sistema de computadores para uma das minhas empresas. Tínhamos decidido que precisávamos de um sistema abrangente para lidar com uma série de necessidades de processamento de dados especializados. Estávamos usando métodos semiautomatizados complicados e tão caros que ficou evidente que um novo sistema se pagaria em menos de um ano. Por isso, decidimos avançar urgentemente, então concordamos com uma especificação geral que o novo sistema teria de cumprir e convidamos vários fornecedores para nos visitarem, para descobrirmos se algum de seus sistemas era o que estávamos procurando. Em outras palavras, não estávamos mais na Fase de Reconhecimento de Necessidades – já tínhamos decidido que nossa necessidade era urgente o bastante para justificar a mudança de nosso sistema. Estávamos firmes na Fase de Avaliação de Opções. Nosso interesse principal na reunião com os fornecedores era fazer uma escolha por meio de um entendimento melhor de como cada vendedor atendia à especificação provisória que havíamos definido.

A primeira vendedora com quem nos reunimos passou algumas horas tentando nos convencer de que nosso sistema atual tinha muitas desvantagens caras e que um novo sistema nos daria todos os tipos de benefícios. Se estivéssemos na Fase de Reconhecimento de Necessidades, teria sido uma jogada de venda muito eficaz. Ela certamente percebeu nossa insatisfação com o sistema atual. Se ela tivesse nos visitado alguns meses antes, eu teria ficado profundamente impressionado. Infelizmente para ela, eu não estava mais na Fase de Reconhecimento de Necessidades. Eu sabia que o sistema existente era insatisfatório. O que eu queria saber era como escolher entre o sistema dela e os outros três que estávamos avaliando. Ao final da reunião, tudo que eu tinha no meu bloco de notas era o nome dela, o nome de sua

Como os Clientes Tomam Decisões **25**

empresa e meia dúzia de rabiscos muito elaborados. A mesma história se repetiu com os dois vendedores que vieram depois.

No dia seguinte, nos reunimos com o último vendedor, que era da IBM. Ele começou dizendo: "É muito confuso escolher entre diferentes sistemas. Então eu gostaria de começar abordando alguns dos fatores que vocês devem considerar para ajudá-los a fazer a escolha certa". Ele prendeu nossa atenção. Isso era o que estávamos à espera de ouvir. Ao contrário de seus concorrentes, ele entendeu que estávamos na Fase de Avaliação de Opções. Nossa preocupação era com fazer escolhas, e ficamos atentos e impressionados quando encontramos alguém que entendeu o que estávamos passando. Desnecessário dizer que compramos o sistema da IBM, ainda que suspeitássemos que ele tivesse menos características e fosse mais caro que os outros.

Qual é a moral dessa história? Três dos quatro vendedores perderam uma venda potencial porque cometeram o erro estratégico elementar de não reconhecer em que fase do processo de decisão do cliente nós estávamos. No entanto, cada um deles vendeu corretamente, de acordo com os manuais. Cada um deles trabalhou para descobrir nossas necessidades e oferecer benefícios. Mas, assim como incontáveis milhares de vendedores bem-sucedidos, a incapacidade para combinar sua estratégia de venda com o processo de decisão do comprador lhes custou o negócio. Em contrapartida, o representante da IBM adaptou sua estratégia de venda para considerar em que ponto estávamos no processo de decisão e, em consequência, fez a venda.

É claro que nem sempre é tão simples. No nosso caso, não tínhamos critérios claros ou fixos de diferenciação entre os sistemas alternativos. Por conseguinte, até o vendedor nos ajudar, não tínhamos uma base adequada para tomar uma decisão. Éramos o típico cliente menos sofisticado que é comprador de primeira viagem. Quando os clientes compram com frequência em um mercado específico, o problema oposto pode ocorrer. Em vez da falta de orientações ou critérios de compra, o comprador pode ter critérios muito claros e fixos. O agente de compra que adquire repetidamente em um mercado e para quem o preço é o critério número um, número dois e número três seria um exemplo. Como veremos no Capítulo 4, mesmo em casos como esse existem estratégias de venda para influenciar e até mesmo mudar radicalmente critérios que são aparentemente rígidos e inflexíveis. Mas você não pode sair influenciando ou alterando os critérios de um comprador a menos que saiba que critérios são esses.

O Fracasso na Descoberta dos Critérios de Decisão

John C. vendia sistemas de controle industrial. Um de seus principais produtos era cerca de 5% mais caro que um produto equivalente vendido por seu principal concorrente. No entanto, John tinha aprendido a justificar seu preço um pouco maior mostrando que seu produto tinha certas características técnicas desejáveis que o concorrente não possuía. Quando ele e seu concorrente fizeram uma oferta para equipar uma nova fábrica, John soube que o comitê de compra ficou impressionado com as características técnicas de seu produto. Ele, portanto, confiantemente esperava conseguir o pedido, porque se sentia capaz de justificar a diferença de preço. Ele escreveu uma proposta mostrando que sua superioridade técnica mais do que compensava seu modesto preço premium, e fez uma apresentação para o comitê de compra, com foco na mesma mensagem. Ele se espantou, algumas semanas depois, ao saber que o concorrente tinha recebido o pedido.

Vários meses depois, ele estava almoçando com um membro do comitê que lhe disse: "Ficamos sentidos por não lhe dar o pedido, mas seu concorrente podia entregar o sistema em seis semanas, e você disse que levaria doze. A entrega era nosso critério número um, apesar de termos gostado mais do seu produto". "Mas", protestou John, "eu poderia ter entregado o sistema em cinco semanas, se soubesse que era tão importante para vocês. Só sugeri doze semanas porque achei que vocês levariam pelo menos esse tempo para deixar o local pronto para a instalação."

O erro de John foi ter suposto que conhecia os critérios de decisão do comitê. Como tantos vendedores na Fase de Avaliação de Opções, ele perdeu porque agiu sobre os critérios de decisão que, incorretamente, acreditou serem os mais importantes. Em contrapartida, o concorrente ganhou porque descobriu o critério crucial e usou isso em sua vantagem.

O erro estratégico mais comum que os vendedores cometem nesta fase da venda é não tentar descobrir as orientações ou critérios do cliente para tomar a decisão. Em consequência, eles não sabem como se diferenciar de seus concorrentes ou como enfatizar as coisas que terão maior impacto sobre o cliente. Isso é claramente ilustrado no caso anterior, no qual o fracasso em descobrir os critérios do cliente para tomar a decisão resultou na perda de uma venda.

Como os Clientes Tomam Decisões **27**

O pior é que tanto o vendedor quanto o cliente perceberam depois que o fracasso do vendedor em descobrir os critérios de decisão do cliente resultou em uma decisão abaixo da ideal para o comprador. Quando examinarmos a Fase de Avaliação de Opções mais de perto, veremos uma série de técnicas úteis para descobrir e influenciar os critérios de decisão que são uma parte essencial da estratégia de venda eficaz nesta fase crucial e competitiva da venda.

Estratégia de Vendas na Fase de Resolução de Preocupações

Depois de o cliente ter avaliado as alternativas concorrentes, a venda passa para sua fase final: a Resolução de Preocupações. Nessa última fase, surgem medos e preocupações de última hora que podem bloquear a decisão ou levar os clientes a reabrirem as discussões com os concorrentes. Às vezes, essa fase é insignificante. Por exemplo, você pode ser um fornecedor antigo com uma excelente reputação. Como o cliente sabe que seu produto atende bem às necessidades, você atravessou a Fase de Reconhecimento de Necessidades sem dificuldades. Durante a Fase de Avaliação de Opções, as pessoas continuam convencidas de que seu produto é melhor que as alternativas. Em circunstâncias como essas, é bem possível que seu cliente não tenha problemas para resolver. Você pode conseguir passar diretamente da Fase de Avaliação de Opções para a decisão final de compra.

Infelizmente, essas circunstâncias ideais são raras. Em uma venda complexa, não é comum um fornecedor satisfazer com perfeição a todas as necessidades. Durante a Fase de Avaliação de Opções, não é comum um fornecedor se destacar de forma tão clara de todos os outros, de modo que a escolha seja uma conclusão predeterminada. Um resultado mais comum no final da Fase de Avaliação de Opções é o cliente sentir que, ao fazer uma escolha entre soluções imperfeitas, um fornecedor é preferível aos outros de maneira equilibrada. Nessas circunstâncias, não é surpreendente que os clientes se sintam inseguros sobre se estão tomando a decisão certa. Se um cliente acha que a decisão é arriscada, a estratégia de venda deve levar isso em conta. Uma estratégia eficaz, como veremos no Capítulo 6, deve descobrir e ajudar a solucionar os riscos percebidos. Um erro estratégico perigoso, como ilustra o estudo de caso a seguir, é a esperança de que os riscos percebidos, de algum modo, se resolvam sozinhos. Eles não se resolvem sozinhos. As pessoas que são bem-sucedidas nesta fase do ciclo de venda são aquelas que trabalham para descobrir e resolver os problemas que estão incomodando o cliente – mesmo que essas questões sejam desconfortáveis e difíceis de discutir.

Não Ignore as Preocupações do Cliente

Esta história me foi contada por Ann Rivers, sócia de uma empresa de contabilidade local. Durante um ano, ela esteve em conversações com uma fábrica que precisava de ajuda para remodelar alguns de seus sistemas de controle financeiro. Ela sabia que a fábrica também estava conversando com outras empresas de contabilidade, mas sentia-se confiante de que ganharia o negócio.

Pouco antes da decisão final, ela teve uma reunião com o cliente potencial que estava menos amigável do que em reuniões anteriores e levantou uma série de pequenas questões sobre sua proposta. Ann lidou bem com cada questão, mas ficou com uma sensação desconfortável de que o cliente ainda estava insatisfeito com alguma coisa. "Será que devo tentar descobrir o que está errado", pensou ela, "ou será que isso é perigoso?" Talvez seja melhor ignorar seu comportamento e esperar que isso se resolva. Conforme previsto, depois de mencionar algumas outras questões insignificantes, o cliente parou de levantar objeções. Ann ficou aliviada. "Fiz a coisa certa", disse a si mesma. "Se eu tivesse tentado encontrar o que o estava incomodando, poderia ter gerado uma situação complicada."

Quando Ann descobriu que tinha perdido o negócio e que a fábrica tinha decidido contratar outra empresa, ela voltou para falar com o cliente. "Nós quase escolhemos sua empresa", disse-lhe ele, "mas ficamos preocupados de uma pequena empresa como a sua não ter o nível de experiência de que precisávamos. Discutimos o assunto por horas, mas, no final, sentimos que era mais seguro contratar uma empresa maior." Ann ficou atordoada. Sua empresa era especialmente bem qualificada nessa área e teria sido ideal para o cliente. "Por que você não me disse que estava preocupado?", perguntou ela. "Eu quase fiz isso", respondeu o cliente, "mas me senti constrangido de levantar questões relacionadas às qualificações profissionais".

Como os Clientes Tomam Decisões **29**

> Ann perdeu a venda porque não entendeu uma das regras estratégicas básicas para lidar com a Fase de Resolução de Preocupações da venda: é mais perigoso ignorar os sinais de preocupação do cliente do que explorar eventuais preocupações e resolvê-las.

Os capítulos posteriores explicam várias estratégias que você pode usar para descobrir as preocupações e ajudar o cliente a resolvê-las. Às vezes, nesta fase da venda, a negociação se torna uma importante ferramenta de venda. O cliente pode querer negociar termos especiais como condição para fechar o negócio, especialmente em relação a questões de preço ou de entrega. Existem algumas regras claras sobre a negociação de vendas bem-sucedidas, como veremos no Capítulo 7. A maioria das pessoas comete o erro de negociar cedo demais no ciclo de venda. E, muitas vezes, a negociação acaba se tornando uma estratégia inesperadamente cara para fechar o negócio. No entanto, a negociação de vendas pode ser uma ferramenta poderosa se for usada com cautela.

Estratégia de Contas na Fase de Implementação

É ingênua a visão de vendas que sugere que, depois de tomada a decisão, o trabalho de venda está acabado. Essa é uma maneira perigosamente limitada de se pensar em vendas ou em estratégia de contas. São poucas as grandes vendas que terminam quando o cliente assina o contrato. A maioria das vendas envolve implementação, instalação, suporte pós-venda ou algum outro contato permanente com o cliente. O período após a decisão é uma das áreas mais férteis da oportunidade de vendas. No Capítulo 8, veremos algumas estratégias para serem usadas com eficácia no período pós-venda.

Um Resumo e uma Perspectiva para o Futuro

Neste capítulo, abordamos alguns pontos básicos que vamos comentar em maior profundidade ao longo do livro. Vimos que:

- A estratégia de venda deve estar relacionada aos clientes e como influenciá-los. Portanto, quanto melhor você compreender o com-

30 Capítulo 1

portamento do cliente, mais fácil será a criação de uma estratégia de venda eficaz.

- O comportamento do cliente passa por três fases distintas na tomada de uma decisão de compra importante. Essas fases estão resumidas na Figura 1.2 a seguir.

- Após a decisão, geralmente há uma quarta Fase de Implementação, que é uma área negligenciada na estratégia de venda, mas que, se for bem tratada, pode gerar significativas oportunidades de vendas adicionais.

- Cada uma das quatro fases exige um conjunto diferente de estratégias e habilidades. Um vendedor pode ser muito eficaz em uma dessas fases, mas não ser qualificado em outra. Nos capítulos que se seguem, vamos examinar sucessivamente cada fase do processo de decisão do cliente. Vamos apresentar as estratégias que temos visto vendedores bem-sucedidos usarem para influenciar positivamente cada fase da decisão. Se há um lema ao longo do livro, é este: A estratégia de venda eficaz não se trata de um grande projeto e nem de truques espertos. Trata-se de compreender bem seus clientes – conhecer as preocupações que eles terão nas diferentes fases da venda e entender como responder a essas preocupações de forma eficaz.

Fase de decisão	Preocupações típicas do cliente durante esta fase	Sinal de que esta fase terminou e que a próxima está começando	Erros estratégicos comuns nesta fase
Reconhecimento de Necessidades	• Nós temos um problema? • Qual o tamanho dele? • Ele justifica uma ação?	O cliente aceita que o problema é grave o suficiente para justificar uma mudança e, portanto, decide agir.	• Fracasso na investigação e/ou no desenvolvimento das necessidades do cliente.
Avaliação de Opções	• Que critérios devemos usar ao tomar uma decisão? • Qual concorrente atende melhor aos nossos critérios?	O cliente tem um mecanismo de decisão claro e já o usou para selecionar um ou mais candidatos finais.	• Fracasso na descoberta dos critérios do cliente. • Poucas tentativas de influenciar e/ou moldar os critérios declarados.

Como os Clientes Tomam Decisões

Resolução de Preocupações	• Quais são os riscos de seguir em frente? • E se der errado? • Podemos confiar nessas pessoas?	O cliente toma a decisão de compra.	• Ignorar preocupações na esperança de que elas desapareçam. • Pressionar o cliente a tomar uma decisão.
Implementação	• Estamos obtendo valor com essa decisão? • Com que rapidez veremos resultados?	Surgem novas necessidades e insatisfações.	• Fracasso em tratar a implementação como uma oportunidade de venda. • Fracasso em antecipar pontos de implementação vulneráveis.

Figura 1-2. Fases da Decisão de Compra.

2

Estratégia de Entrada nas Empresas – Chegando aonde Importa

Eu estava discutindo estratégias para a venda de serviços profissionais com um grupo de sócios em uma das oito maiores empresas de contabilidade do mundo. Estávamos falando sobre a primeira parte do ciclo de decisão do cliente – a Fase de Reconhecimento de Necessidades. "Quando vocês estão vendendo serviços relacionados a impostos", perguntei a eles, "qual é a parte mais difícil dessa fase?" Eu esperava, confiante, que os sócios oferecessem respostas como "chegar a um consenso das necessidades quando várias pessoas diferentes estão envolvidas na decisão" ou "fazer com que os clientes vejam que a necessidade é urgente o suficiente para justificar uma ação". Havíamos descoberto que as pessoas geralmente têm verdadeira dificuldade em lidar com questões como essas. Fiquei surpreso quando o grupo concordou que, para eles, a parte mais difícil da fase era conseguir entrar na empresa. "Não é tão complicado depois que você fez o contato", disse um deles, "mas o problema é: Como conseguir ficar cara a cara com um cliente potencial?"

De volta ao escritório, conversei sobre isso com meu colega Dick Ruff. "Talvez profissionais técnicos, como contadores, fiquem relutantes em iniciar a venda", sugeri, "porque eles não gostam de bater nas portas." Dick havia trabalhado com grupos de venda para grandes clientes na área de bens de capital e tinha uma perspectiva diferente. "Pode ser um problema em qualquer grande venda quando um dos seus objetivos estratégicos é obter novos clientes", disse ele, "e isso é um problema complicado se não houver um departamento de compras estabelecido para o produto que você está vendendo." Eu não entendi claramente o que ele quis dizer. "Pode me explicar essa parte sobre 'departamento de compra estabelecido'?", perguntei. "Claro", respondeu Dick. "Suponha que você fabrique um produto que quer vender para lojas de varejo. Não é muito difícil chegar à venda face a face porque todas as lojas ou todas as redes têm um departamento de compras e têm compradores cuja função é conversar com pessoas como você." "Sim", concordei, "a questão estratégica de venda, nesses casos, é como você convence os compradores, e não como você consegue contato com eles." "Mas", continuou Dick, "suponha que você está tentando vender algo para o qual não há um departamento de compras. Por exemplo, vamos supor que sua empresa inventou um equipamento que reconhece a voz das pessoas. Você decide vendê-lo para bancos, porque, se um cliente do banco telefona querendo fazer uma operação, o equipamento pode ser usado para verificar a autenticidade da voz do cliente, o que evitaria fraudes. Agora, com quem você vai falar no banco para vender sua máquina?". "Se ele impede fraudes", sugeri, "você poderia falar com o chefe da segurança". "E o que você faz", perguntou Dick, "se o assistente do chefe da segurança diz: 'Não podemos ajudá-lo. Tratar com os clientes pelo telefone é responsabilidade do departamento de Serviço de Atendimento ao Cliente (SAC); não temos orçamento para essas coisas'". "Então você fala com o SAC", respondi. "E, quando você chega lá," continua Dick, "eles dizem: 'Ah, sinto muito. O SAC não possui orçamento para equipamentos de segurança'". "Isso é o que quero dizer com 'sem departamento de compra estabelecido'. Ninguém na conta é responsável – ou tem orçamento – para comprar a coisa que você quer vender."

O Canal de Compras

Devo admitir que Dick tinha uma excelente questão. Como começar o ciclo de vendas quando não há um canal de compras definido para as coisas que você está tentando vender? A resposta clássica para começar em uma nova

Estratégia de Entrada nas Empresas – Chegando aonde Importa

conta é você normalmente encontrar os guardiões – pessoas cujo trabalho é filtrar potenciais fornecedores e permitir a entrada apenas do fornecedor que tenha algo a oferecer. Guardiões, como o nome sugere, são pessoas que conseguem impedir seu acesso ou dificultar sua entrada na empresa. Eles influenciam a decisão de acesso, mas não influenciam positivamente a decisão de compra. Suponha que você consiga passar pelos guardiões; então, a teoria tradicional sugere que você provavelmente está próximo de encontrar influenciadores – pessoas como assistentes, técnicos, usuários e conselheiros. Influenciadores não têm poder para tomar decisões, mas, como o nome indica, eles exercem uma influência significativa. Finalmente, existem os tomadores de decisão – indivíduos ou grupos de indivíduos que têm poder para comprar o seu produto.

Os modelos de guardião, influenciador e tomador de decisão e suas variantes mais sofisticadas, como as desenvolvidas por Webster e Wind (*Organizational Buying Behavior*, Prentice-Hall, 1972), são úteis quando há um canal de compra estabelecido. Mas os modelos baseados em canais de aquisição estabelecidos são menos úteis quando seu produto ou serviço é inovador ou novo para o cliente. Como ilustra o exemplo de Dick Ruff do equipamento de reconhecimento de voz, o modelo falha quando o cliente não tem um departamento de compra pronto e esperando por seu produto. Sem um canal de compra, entrar na empresa certamente é uma das tarefas mais difíceis no ciclo de venda. A boa notícia é que você encontra menos guardiões porque o cliente não está sendo importunado por vendedores que oferecem produtos e serviços semelhantes.

Onde Está o Tomador de Decisão?

Embora os guardiões possam representar uma dificuldade real para o vendedor inexperiente, eles são um obstáculo menor para os vendedores bem conceituados e experientes. Em consequência, não é estrategicamente importante que, em geral, existam menos guardiões envolvidos na compra de produtos e serviços inovadores. O que é importante no nível estratégico é a ausência de tomadores de decisão. "Meu problema", disse o vice-presidente de uma empresa de consultoria, "é saber quem pode tomar a decisão entre as dezenas de pessoas com quem eu falo em uma conta potencial. Para mim,

36 Capítulo 2

estratégia de venda significa uma forma sistemática de procurar uma agulha no palheiro até encontrá-la".

Monitoramos as vendas de produtos inovadores nas quais até 15 visitas de vendas foram feitas para uma única empresa a fim de descobrir o tomador de decisão. Pior ainda, tivemos casos em que – após meses de esforço frustrante – o vendedor corretamente concluiu que ninguém na conta é tomador de decisão para o novo produto.

A estratégia de entrada é ainda mais complicada pelo irritante hábito de alguns clientes fingirem que têm poder de decisão quando não o têm. A quantidade dessas pessoas parece quase perfeitamente equilibrada com a quantidade de pessoas que provavelmente poderiam tomar a decisão, mas encontram todos os tipos de maneiras de se isentar de qualquer responsabilidade de decisão. Lembro-me de um gerente de vendas australiano de sistemas de comunicação em Melbourne, que expressou a frustração de muitos vendedores em uma linguagem poeticamente explícita demais para eu repetir com exatidão. "Não parece justo", protestou ele, "você ter se esforçado muito para chegar ao tomador de decisão e a primeira coisa que o sacana faz é dizer que ele não pode tomar a decisão. É ainda pior quando, para chegar lá, você desperdiça meses se esforçando, vendendo para aqueles que juraram que tinham autoridade para assinar o pedido e você descobre que eles têm tanto poder quanto um mosquito."

O Tomador de Decisão Esquivo

Neil R. (você pode adivinhar sua identidade secreta) tinha inventado um método computadorizado para os gerentes de vendas treinarem seus funcionários durante visitas de vendas. Os testes mostraram que o método gerava ganhos significativos de produtividade, então Neil tinha esperanças de que sua melhor ratoeira não apenas teria uma recepção positiva, mas também geraria vendas substanciais para sua empresa.

Primeiro, ele visitou gerentes de treinamento em vendas, porque parecia óbvio que eles eram os compradores do novo sistema. Mas, embora os treinadores de vendas em geral ficassem impressionados, eles explicavam que não tinham controle sobre a gerência de vendas em campo.

Estratégia de Entrada nas Empresas – Chegando aonde Importa **37**

"Esse sistema poderia alterar os padrões de trabalho e as prioridades de nossos supervisores de vendas", explicou um dos treinadores, "e o departamento de treinamento em vendas não pode tomar essa decisão. É melhor você falar com a gerência de vendas de linha".

Depois de ouvir essa história várias vezes, Neil mudou sua estratégia e começou a abordar a gerência de vendas sênior. Eles também geralmente eram receptivos em nível teórico. "Mas", explicou o gerente de vendas, "você está falando com as pessoas erradas. Este é um programa de *coaching*. É uma decisão de *treinamento*. Não temos orçamento para algo como isso."

Finalmente, Neil decidiu que devia falar com um nível mais alto na organização, no qual o treinamento e as vendas se reuniam em um único indivíduo – geralmente, o vice-presidente de marketing. Foi muito difícil obter acesso a esses indivíduos de nível mais elevado, mas Neil conseguiu se reunir com vários deles. Era sempre a mesma história. "Grande ideia", disse um, "mas não me incomode com isso. Estou longe demais da posição de supervisor de vendas para avaliar se isso é prático para esta empresa. Você deve falar com o gerente de vendas ou com o departamento de treinamento em vendas."

Esta não foi a venda fácil que Neil esperava. Como muitos outros otimistas que concebem novos produtos e serviços, ele não tinha percebido a terrível desvantagem que pode ocorrer quando não há um canal de compras estabelecido para seu produto.

Estratégia de Entrada

Então, como é que pessoas bem-sucedidas criam uma estratégia de entrada que as conduz, de maneira econômica e eficiente, até o tomador de decisão de verdade, mesmo quando não há um canal de compra definido? Interrogamos vendedores bem-sucedidos de uma variedade de setores de mercado inovadores, como consultoria, sistemas técnicos de primeira linha e serviços financeiros especializados. Todas essas pessoas tinham demonstrado sua capacidade de rastrear o tomador de decisão esquivo. Estávamos procurando um padrão. Como eles chegavam ao tomador de decisão? Havia algumas regras que poderiam ajudar outros vendedores que ainda estavam lutando para encontrar a estratégia de entrada certa?

Encontramos uma variação considerável nas abordagens adotadas por essas pessoas bem-sucedidas. Mas um padrão surgiu com alguma constância. As pessoas bem-sucedidas tendem a procurar um patrocinador – um indivíduo dentro da empresa que ajuda, aconselha e, se necessário, os representa em lugares aos quais não teriam acesso. Essa não era uma nova descoberta. Os autores que escrevem sobre vendas têm enfatizado que é muito mais fácil entrar tanto em contas novas quanto em existentes quando você tem apoio político dentro da conta. Assim, não foi surpresa que um fator comum às estratégias de entrada bem-sucedidas é a identificação, o cultivo e a utilização de um patrocinador. Muitas vezes, em vez de confiar em um único indivíduo para atuar como patrocinador, os vendedores bem-sucedidos tentam encontrar uma função ou área específica de uma conta para patrociná-los. Eles encontravam um foco na conta – uma pessoa, um comitê ou um departamento – que os ajudava a chegarem a um ponto a partir do qual eles poderiam começar a desenvolver necessidades. Por exemplo, eles podiam ir ao departamento de pessoal para obter um patrocínio que lhes daria acesso ao departamento de treinamento. Ou podiam pedir a um pesquisador para patrociná-los a fim de chegarem até o Comitê de Avaliação de Engenharia. Em vendas realmente complexas, era comum encontrar pessoas bem-sucedidas usando vários patrocinadores diferentes, ou pontos focais, para ajudá-los a entrar na conta.

Os Três Pontos Focais de uma Estratégia de Entrada

Em nossas observações e discussões, ficou claro que uma empresa tinha três pontos focais diferentes nos quais as pessoas bem-sucedidas conseguiam encontrar patrocinadores. Como ilustra a Figura 2.1, esses pontos eram:

- O *Foco de Receptividade* – no qual havia pessoas receptivas que estavam preparadas para escutar com simpatia.
- O *Foco de Insatisfação* – no qual havia pessoas insatisfeitas com o atual sistema ou fornecedor.
- O *Foco de Poder* – no qual as pessoas podiam tomar a decisão.

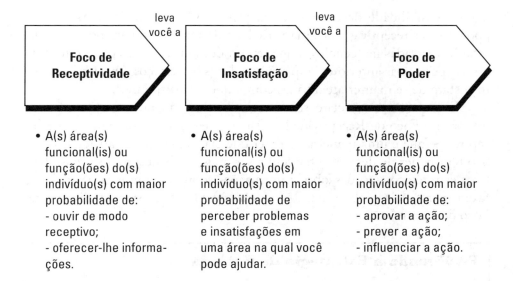

Figura 2-1. Estratégia de Entrada. Às vezes, um indivíduo pode ser responsável por mais de um desses papéis dos clientes.

Embora inicialmente tenhamos desenvolvido este modelo de Estratégia de Entrada especificamente para empresas em que não existiam canais de compras, descobrimos – como veremos mais tarde – que suas ideias também podem ser úteis para se conseguir entrar em uma ampla gama de grandes empresas.

Em vendas menores, é comum achar que um cliente individual pode abranger todas as três áreas de foco. Nesses casos, em que um único indivíduo é receptivo, há um problema que você pode resolver e o cliente tem o poder de tomar a decisão, a entrada é relativamente fácil. Em contas mais complexas, as três áreas de foco tendem a envolver pessoas e funções diferentes – a pessoa mais receptiva pode não ter um problema, ou a pessoa com o problema pode não ter autoridade para tomar a decisão.

O Foco de Receptividade

Se você está tentando entrar em uma nova conta, o ponto de partida mais fácil geralmente é encontrar uma pessoa ou função receptiva – alguém que esteja preparado para ouvir. É aqui, no Foco de Receptividade, que você terá maior possibilidade de encontrar seu primeiro "patrocinador". As pessoas podem estar receptivas por uma variedade de razões. Podem, por exemplo, estar interessadas na tecnologia que seu produto utiliza. Elas podem ter tido boas experiências anteriores com seus produtos ou serviços. Ou simplesmente gostam de se manter atualizadas com o que está disponível.

É importante ser claro sobre seus objetivos quando se aproximar de pessoas no Foco de Receptividade. Visitas a pessoas que são puramente receptivas – que é uma maneira de dizer que elas não estão insatisfeitas e que não têm poder de decisão – tendem a ser mais bem-sucedidas se seus objetivos estratégicos são descobrir informações sobre a conta e as pessoas que fazem parte dela e obter acesso a outras pessoas que estão localizadas no Foco de Insatisfação.

Facilitando a Estratégia de Entrada

Uma vizinha minha, Mary J., está no negócio de editoração eletrônica. Certo dia, em um voo, o homem a seu lado percebeu que ela estava lendo um catálogo sobre impressoras a laser. "Nunca vi essa impressora antes", observou ele, "e tenho muito interesse em impressoras a laser." Mary descobriu que seu companheiro de viagem era gerente do escritório de uma associação comercial localizada em seu território. "Enviamos boletins informativos toda semana", ele disse a ela. "Eles são caros e demoram para ser produzidos – e são horríveis." Uma conversa mais aprofundada revelou que ele estava voltando de uma reunião comercial na qual passaram para ele um orçamento de seis dígitos para melhorar os boletins. Ao final do voo, Mary tinha marcado uma demonstração. Três semanas depois, ela recebeu o pedido.

Mary teve sorte. Ela conheceu, por acaso, uma única pessoa que combinava os três pré-requisitos para uma estratégia de entrada bem-sucedida: receptividade, insatisfação e poder. Seu companheiro de viagem estava interessado em novas tecnologias – por isso, ele foi receptivo. Ele também estava insatisfeito com seus boletins – o que o levou a buscar uma mudança. Finalmente, ele tinha acabado de receber a aprovação para comprar e, por isso, tinha o poder de tomar uma decisão de compra. É raro, no caso de grandes vendas, que as três características sejam encontradas em uma única pessoa.

Estratégia de Entrada nas Empresas – Chegando aonde Importa

Os Perigos da Receptividade

Uma pessoa receptiva está pronta para ouvir – e, às vezes, isso é perigoso. Quando você está falando com alguém que está disposto a ouvir, uma demonstração de interesse pode facilmente ser interpretada como progresso. Você sente que está avançando na venda mesmo quando está, na verdade, parado no mesmo lugar. Há três perigos comuns para prestar atenção quando você estiver vendendo no Foco de Receptividade: o perigo da distração, o perigo da má interpretação e o perigo da apresentação.

- *Perigo da distração.* Acima de tudo, pessoas receptivas podem distraí--lo de outras atividades mais rentáveis. É confortável falar com alguém que está disposto a ouvir, o que significa que é provável que você continue visitando uma fonte receptiva, mesmo que a venda não esteja chegando a lugar nenhum. É por isso que é tão importante definir objetivos claros que o ajudarão a fazer progressos ao entrar na conta. Ao visitar uma pessoa receptiva, seus objetivos estratégicos são informação e acesso. Se você não está recebendo nenhum dos dois, não se deixe distrair. É fácil fazer muitas visitas ao Foco de Receptividade por causa da recepção confortável que lhe é oferecida.

- *Perigo da má interpretação.* Não confunda o indivíduo com a empresa. Apesar de você estar encontrando a receptividade de uma pessoa, isso não significa que você vai ter uma recepção igualmente positiva em outras áreas da empresa. Em geral, os que estão no Foco de Receptividade são mais propensos a recebê-lo do que aqueles no Foco de Insatisfação ou no Foco de Poder. Muitos vendedores ficam com expectativas infladas por falarem com pessoas que estão no Foco de Receptividade. Isso pode tornar sua estratégia de vendas irrealista e levar à decepção quando finalmente chegar ao Foco de Insatisfação ou de poder.

- *Perigo da apresentação.* Se alguém está preparado para ouvir, você deve estar preparado para falar. Um erro comum no Foco de Receptividade é o vendedor falar sem parar – na verdade, transformar o debate em uma apresentação. Isso é particularmente verdadeiro quando a pessoa receptiva está interessada por motivos técnicos ou profissionais. Ela pode ter muitas perguntas sobre detalhes para fazer a você.

É fácil cair na armadilha de passar a reunião toda apresentando ou respondendo a perguntas, até descobrir, no final, que o cliente aprendeu tudo sobre você e você não aprendeu nada sobre ele. Se deixar isso acontecer, você desperdiçou uma oportunidade. Um de seus objetivos estratégicos para fazer uma visita ao Foco de Receptividade é descobrir informações que irão ajudá-lo a vender. Se você tornou-se um apresentador, e não um pesquisador, então não cumpriu um objetivo importante da visita.

A disposição das pessoas receptivas para ouvir e fazer ruídos positivos de aprovação pode seduzir até mesmo os vendedores mais experientes. A maioria daqueles que indagamos admitiu que visitou várias vezes pelo menos um cliente potencial só porque recebeu uma recepção calorosa. Embalados pela receptividade, eles muitas vezes pensavam que estavam fazendo progressos. Eu tenho um cliente como esse em Nova York. Ele está sempre feliz em me ver, sempre me diz como meu trabalho é maravilhoso, sempre me escreve uma mensagem depois, dizendo que tivemos uma ótima reunião, e, sim, ele até mesmo paga o almoço. Levei muitos anos para perceber que nunca vou vender um único centavo para ele, porque ele não tem nenhum problema que eu possa resolver.

Passando da Receptividade à Insatisfação

Descobrimos que os vendedores com uma estratégia de entrada bem-sucedida frequentemente começavam a entrar em uma conta quando encontravam uma pessoa ou função receptiva. Seu objetivo era usar esse Foco de Receptividade para conseguir acesso a uma pessoa ou departamento em que houvesse uma provável causa de insatisfação. Eles faziam à pessoa receptiva perguntas como: "Você conhece alguém na sua empresa que esteja enfrentando problemas nessa área?", "Você me apresentaria a ele?" ou "Você concordou que este é um produto útil – quais departamentos da sua empresa poderiam se beneficiar dele?". Dessa maneira, eles usavam o Foco de Receptividade como trampolim para chegar ao próximo nível – o Foco de Insatisfação.

Vendedores com estratégias de entrada menos bem-sucedidas se concentram em impressionar a pessoa receptiva. Eles se comportavam como se

Estratégia de Entrada nas Empresas – Chegando aonde Importa

a pessoa que estava falando com eles pudesse tomar a decisão. Às vezes, tinham sorte – acabavam descobrindo que estavam falando com alguém que não apenas era receptivo, mas que também estava insatisfeito com os fornecedores ou sistemas existentes e tinha o poder de fazer algo para resolver isso. Mas, como vimos, essas três funções raramente são combinadas em uma única pessoa. Com muita frequência, seu esforço de venda parava no Foco de Receptividade.

Os Perigos da Receptividade

Um engenheiro chamado John C. deixou seu emprego para iniciar sua própria empresa. Sua primeira tarefa era gerar negócios, por isso sua estratégia inicial foi visitar clientes que ele tinha conhecido no emprego anterior. Como João era um excelente engenheiro, com uma reputação muito boa na indústria, esses clientes geralmente tinham prazer em vê-lo. John não poderia ter uma receptividade melhor. Muitos dos clientes que ele visitou até mesmo o convidaram para almoçar – algo que ele entendeu como um sinal real de interesse. Além disso, eles pediram seu conselho em todos os tipos de questões técnicas e de engenharia, de modo que John sentia que estava construindo uma credibilidade que, em última instância, devia levar a negócios.

Seis meses depois, John ainda estava visitando as mesmas pessoas. Eles ainda estavam receptivos e ainda pagavam o almoço, mas ninguém lhe dava negócios. John estava conversando com as pessoas erradas. A receptividade – isoladamente – não leva a negócios. É preciso também ter insatisfação e poder. As pessoas para quem John vendia não estavam insatisfeitas. Eles não tinham quaisquer problemas em áreas nas quais ele poderia ajudar. O erro de John foi acreditar que a receptividade por si só é suficiente para conseguir resultados. Se fosse mais experiente, ele teria usado o Foco de Receptividade para levá-lo ao Foco de Insatisfação, e teria questionado as pessoas receptivas para descobrir quem no cliente estava insatisfeito nas áreas em que ele podia ajudar. Mas, como muitos especialistas técnicos, John sentia-se feliz em falar com aqueles que estavam interessados em tecnologia – foi onde ele começou e onde deveria ter continuado.

44 Capítulo 2

Vale a pena perguntar por que é tão importante encontrar o Foco de Insatisfação. Dito de modo mais simples, sem insatisfação não há base para uma venda. Um cliente que genuinamente se sente totalmente satisfeito não precisa de você. As necessidades começam com a insatisfação. Visto de outra maneira, podemos definir um produto ou serviço como uma solução para o problema de um cliente. Se você vende telefones, está resolvendo problemas de comunicação. Se você vende carros, obviamente resolve problemas de transporte, mas também pode resolver problemas mais sutis, como os de imagem, status e satisfação do ego. Ao resolver problemas, você remove a fonte de insatisfação. Pensar nos produtos em termos de solução de problemas é uma importante mentalidade para a venda bem-sucedida. É uma das diferenças mais visíveis entre os vendedores bem-sucedidos e os não tão bem-sucedidos.

O Lançamento de Produto em Acapulco

Tive um exemplo claro de como as pessoas bem-sucedidas pensam de modo diferente quando fui convidado para o lançamento de um produto em Acapulco alguns anos atrás. A empresa era uma grande corporação de serviços financeiros e estava introduzindo algumas importantes ofertas de novos produtos para sua força de vendas. Lembro que, após o lançamento do produto, houve um grande jantar para distribuir prêmios para os melhores vendedores da empresa. Os melhores estavam todos sentados juntos a uma mesa perto do palco, e eu tinha sido colocado com eles. Ouvi com grande interesse enquanto eles discutiam os novos produtos. Tudo que eles diziam se referia aos problemas que esses produtos poderiam resolver para os clientes. Eles diziam coisas como: "Um dos meus clientes tem um problema de fluxo de caixa, e penso que este produto poderia ajudar" ou "Tenho um cliente que está muito insatisfeito nessa área e até agora não tínhamos um produto. Com este novo produto posso oferecer-lhe algo positivo".

Mais tarde naquela noite, circulei por outras mesas e me sentei com um grupo de vendedores novatos. Eles também estavam discutindo os produtos. No entanto, a conversa era muito diferente. Na conversa deles, os problemas do cliente mal entravam. A maior parte da discussão era sobre os detalhes do produto, do tipo "Como vai funcionar o processo de 30 dias de crédi-

Estratégia de Entrada nas Empresas – Chegando aonde Importa **45**

to?" ou "Qual é o procedimento de reembolso?". Ficou claro que as pessoas inexperientes se concentravam no produto, enquanto as experientes e bem-sucedidas se concentravam nos problemas e nas insatisfações do cliente.

Identificando o Foco de Insatisfação

Em termos de estratégia de entrada, pensar nos produtos em termos de solução de problemas é uma mentalidade útil porque automaticamente leva você ao segundo dos nossos três tipos de patrocinadores – o Foco de Insatisfação. Se você quiser ser bem-sucedido ao entrar na conta, deve haver uma pessoa, grupo ou função com insatisfação em uma área na qual você pode oferecer uma solução. Como dissemos, os vendedores bem-sucedidos usam os contatos receptivos para levá-los a essas fontes de insatisfação. Como eles pensam em seus produtos em termos de solução de problemas, eles estão sempre à procura de insatisfações que podem resolver.

Procurando a Insatisfação

Quando os aparelhos de fax estavam se consolidado como a principal mídia de transmissão de mensagens rápidas, o mercado de fac-símile tornou-se extremamente competitivo e mais vendedores fracassaram do que tiveram sucesso nele. Um sucesso que conhecemos é Wayne Davis. Sua empresa introduziu um aparelho de fax de preço médio nos escritórios de pequenas e médias empresas. Infelizmente, em parte por causa de uma forte concorrência nesse setor, as vendas globais da empresa foram decepcionantes. No entanto, Wayne foi muito bem-sucedido. Suas vendas ficaram tão à frente de qualquer outra pessoa na equipe de vendas que seu gerente decidiu descobrir o que ele estava fazendo de diferente.

Quando questionado, Wayne explicou: "Você nos disse para vender esse produto para os escritórios, mas descobri que não ia chegar a lugar nenhum, porque a maioria das deles estava feliz com os equipamentos que já tinha. Então eu me perguntei: 'Quem mais poderia ter um problema que essa máquina poderia resolver? Descobri que a maioria das organizações de vendas de pequenas empresas tinha filiais com apenas alguns vendedores, uma secretária e um telefone. Eles não tinham equipamento de fax.

Então perguntei se eles estavam satisfeitos com o tempo que demoravam para receber uma proposta urgente pelo correio de seus clientes. A maioria deles não tinha pensado em usar um fax como ferramenta de vendas, por isso foi fácil vender. Quanto mais eles pensavam nisso, mais se sentiam descontentes por não terem um equipamento de fax".

O sucesso de Wayne foi resultado da descoberta de novas fontes de insatisfação. Ele percebeu que a estratégia de marketing de sua organização, voltada para escritórios, não o colocava em contato com o Foco de Insatisfação. Ao contrário da maioria de seus colegas, que continuaram suas visitas improdutivas a clientes que não estavam insatisfeitos, Wayne foi a áreas onde conseguiu encontrar e "utilizar" a insatisfação.

A orientação das pessoas bem-sucedidas em direção à insatisfação muitas vezes as leva a olhar para um cliente de maneira diferente. Durante nossa pesquisa, pedi aos vendedores para identificarem as pessoas mais importantes para o sucesso das vendas e por que elas eram tão importantes. Os vendedores menos bem-sucedidos normalmente escolhiam aqueles que eram receptivos ou aqueles que tinham poder. Eles diziam, por exemplo: "A Sra. Anderson é importante porque está sempre disposta a ouvir" ou "A pessoa mais importante é o Dr. Martin, porque ele é o único que pode tomar a decisão". Vendedores de alto nível também escolhem pessoas receptivas e tomadores de decisão – clientes que, em outras palavras, eram o Foco de Receptividade ou o Foco de Poder. No entanto, suas descrições tinham mais probabilidade de incluir, também, clientes que estavam no Foco de Insatisfação. Eles normalmente diziam: "Kurt Johannsen é crucial, porque é a ele que o problema está prejudicando mais" ou "Joana está chateada com o fornecedor existente, de modo que ela será importante nessa venda".

Influenciando o Foco de Insatisfação

Não é coincidência que as pessoas bem-sucedidas prestem tanta atenção ao Foco de Insatisfação como pedra angular de sua estratégia de entrada. Nossos estudos sobre o sucesso das vendas constantemente demonstram que a capacidade de descobrir e desenvolver a insatisfação é a mais importante de

Estratégia de Entrada nas Empresas – Chegando aonde Importa   **47**

todas as habilidades de vendas. No próximo capítulo, vamos olhar mais de perto exatamente como os vendedores bem-sucedidos desenvolvem a insatisfação. Por enquanto, vamos apenas observar que é aqui, no Foco de Insatisfação, que começa a venda real.

Basicamente, existem dois objetivos estratégicos para visitas de vendas a indivíduos ou departamentos no Foco de Insatisfação. Esses objetivos são os seguintes:

1. Descobrir a insatisfação e desenvolvê-la até um ponto em que o cliente deseje agir.
2. Usar a insatisfação que você desenvolveu para ter acesso ao tomador de decisão, seja diretamente ou por intermédio de seu patrocinador para vender em seu nome.

Observe como esses objetivos diferem daqueles para visitas de vendas às pessoas no Foco de Receptividade. Lembre-se, em nossas discussões anteriores, de que as visitas a indivíduos que são puramente receptivos provavelmente são mais bem-sucedidas se elas se concentrarem em encontrar informações sobre a conta e as pessoas dessa conta (em vez de desenvolver a insatisfação) e obter acesso ao Foco de Insatisfação (e não ao Foco de Poder).

Um Jogo de Poder Prematuro

Pat M. foi um brilhante, ousado e agressivo jovem representante de vendas de bens de capital. Ele aprendeu na escola de negócios que você sempre deve começar no topo. Como tinha uma boa formação acadêmica – e era muito bem conectado –, achou relativamente fácil marcar compromissos com os tomadores de decisão nas organizações de seu cliente. Pat se orgulhava de ter a capacidade de chegar ao Foco de Poder. "Por que perder tempo na sarjeta quando você pode ir direto ao palácio?", era como ele descrevia sua estratégia de entrada.

Apesar de Pat ter um nível de acesso que a maioria dos vendedores invejaria, seu registro de vendas era medíocre. Embora ele conseguisse chegar aos tomadores de decisão, ele não sabia o suficiente sobre a organização e seus problemas para causar um impacto convincente depois que chegava lá. Em consequência, ele não sabia como relacionar seus produtos às necessidades que o tomador de decisão estava vivenciando. Por causa disso, Pat era frequentemente recusado, até que finalmente percebeu que estava ficando sem contatos, então seria melhor usá-los com mais cuidado.

48   Capítulo 2

> Ele mudou sua estratégia. Em vez de tentar convencer os tomadores de decisão, ele descrevia brevemente os produtos e, em seguida, perguntava se o tomador de decisão poderia apresentá-lo a alguém mais abaixo na organização que pudesse ter problemas cujos seus produtos pudessem resolver. Pat, então, prometia descobrir tudo que conseguisse sobre as pessoas com problemas e depois voltar ao tomador de decisão com uma recomendação. No início, Pat tinha grandes esperanças de que isso seria um sucesso. Ele teve acesso a pessoas no Foco de Insatisfação – pessoas com problemas –, além da promessa de uma reunião de retorno com o tomador de decisão. Infelizmente para Pat, ele descobriu que, quando voltava com as recomendações, muitos tomadores de decisão já não estavam dispostos a vê-lo. Uma resposta típica da secretária do tomador de decisão quando ele telefonou para marcar a reunião de retorno era: "O Sr. Smith está muito ocupado para uma reunião com o senhor agora. Por favor, deixe uma mensagem, e ele irá repassá-la às pessoas adequadas".
>
> O erro de Pat foi ter ido direto ao Foco de Poder sem se preparar adequadamente antes, falando com as pessoas no Foco de Insatisfação. Como resultado, na primeira reunião, ele não tinha nenhuma munição poderosa para impressionar o tomador de decisão. Ao lembrar que a primeira reunião tinha sido um evento decepcionante, a maioria dos tomadores de decisão não queria ver Pat novamente.

Desenvolver a insatisfação é especialmente importante se você estiver vendendo produtos inovadores ou se não houver um canal de compra definido. Mas, mesmo quando há um processo de compra muito bem estruturado, isso pode ser muito útil para encontrar e usar o Foco de Insatisfação. Lembro-me de viajar com um vendedor muito bem-sucedido de uma divisão da Exxon.

Ele estava vendendo produtos químicos para o agente de compras de uma empresa fabricante. Na visita que observei, ele estava tentando convencer o comprador a especificar a Exxon como um fornecedor. O comprador estava usando produtos de um concorrente que geralmente era mais barato e, consequentemente, não sentia nenhuma pressão para mudar. O vendedor da Exxon, que era um bom estrategista, tinha entendido que sua única chance de entrada era o Foco de Insatisfação. Então, na semana anterior, tinha visitado químicos na fábrica e descoberto uma considerável insatisfação com o produto devido à

Estratégia de Entrada nas Empresas – Chegando aonde Importa **49**

especificação inconsistente e à entrega do concorrente. Durante a reunião, ele conseguiu convencer o agente de compras a chamar um dos químicos para verificar se havia problemas de entrega. Devido a essa conversa, a Exxon foi listada como um fornecedor. Como disse o vendedor da Exxon depois: "A menos que você tenha um preço anormalmente bom, você precisa ter um amigo na conta se quiser influenciar o agente de compras. E o melhor amigo é a pessoa que está tendo mais problemas com seu concorrente".

Movendo-se para o Foco de Poder

Dissemos que existem dois objetivos estratégicos ao fazer visitas de vendas ao Foco de Insatisfação. O primeiro deles é intensificar a insatisfação – e no próximo capítulo vamos ver como isso é feito. O segundo objetivo é usar o Foco de Insatisfação para ajudar você a identificar e a chegar ao Foco de Poder. Como vimos anteriormente, identificar o tomador de decisão pode ser um problema sério. É difícil, senão impossível, uma pessoa fora da conta dizer quem tem e quem não tem poder de decisão. No Foco de Insatisfação, você vai encontrar as pessoas na conta que têm mais incentivo para mudar as coisas. E, se você fez um bom trabalho ao desenvolver sua insatisfação, eles serão seus maiores aliados na busca de quem pode – e quem não pode – tomar a decisão de adquirir seus produtos e serviços. Isso pode ser valioso para a eficiência do seu esforço de vendas.

Certa vez, estávamos envolvidos em vender para a Citicorp um projeto gigantesco que afetava o funcionamento de mais de 20 de suas maiores unidades de negócios. Teríamos levado anos para encontrar todas as pessoas que precisavam estar envolvidas na decisão e, como a Citicorp tem uma estrutura descentralizada de tomada de decisões, não poderíamos ter continuado sem a aprovação de mais de 40 pessoas diferentes. Se tivéssemos ficado por nossa conta, ainda estaríamos tropeçando tentando encontrar o Foco de Poder. Felizmente para nós, tínhamos patrocinadores no Foco de Insatisfação. Eram três pessoas que estavam tão determinadas a mudar as coisas que reuniram seus colegas tomadores de decisão para que pudéssemos, de maneira rápida e eficiente, levar a mensagem até eles. A decisão foi tomada em questão de semanas. Sem a intervenção ativa dessas pessoas do Foco de Insatisfação, o custo de venda de um projeto como esse teria sido astronômico, e o ciclo de venda, interminável.

Vendendo no Foco de Poder

A vida seria simples se, depois de chegar ao Foco de Poder, tudo que você tivesse de fazer fosse convencer os tomadores de decisão e receber o pedido. Em grandes vendas, como vimos, isso raramente vai acontecer. O tomador de decisão pode estar na fase de Reconhecimento de Necessidades, na fase de Avaliação de Opções ou, até mesmo, na fase de Resolução de Preocupações. E, como também já vimos, cada fase representa diferentes orientações psicológicas e, portanto, cada uma delas requer uma estratégia de venda diferente. O resto do livro aborda em detalhes essas fases e como lidar com elas. Por enquanto, eu gostaria apenas de salientar uma questão geral sobre venda no Foco de Poder. É difícil ter acesso aos tomadores de decisão – portanto, não desperdice essa chance. Por que estou oferecendo conselhos tão óbvios? Porque, a partir de nossos estudos de muitos milhares de vendedores e seus clientes, descobrimos que uma das mais frequentes de todas as falhas de venda é desperdiçar o acesso aos tomadores de decisão. Entre as formas mais comuns pelas quais os vendedores desperdiçam esse acesso, descobrimos que as seguintes são mais constantes:

- *Falha ao fazer o dever de casa.* Vendedores frequentemente desperdiçam a maior parte da visita recolhendo fatos que poderiam ter sido obtidos a partir de relatórios da empresa ou com informações fornecidas por pessoas nos níveis inferiores da organização. Se os tomadores de decisão ouvem perguntas de rotina, como "Quantas pessoas você emprega?", ficam entediados e, em seguida, impacientes.
- *Falha ao assumir o controle.* Muitos vendedores, quando se vêm cara a cara com um tomador de decisão, se comportam como se esperassem que o tomador de decisão assumisse o controle total da conversa. É verdade que os tomadores de decisão geralmente são ocupados, por isso eles podem parecer impacientes e ansiosos para adiantar a conversa. Também é verdade que eles geralmente são pessoas mais velhas que estão acostumadas a assumir o controle. Mas isso não significa que você pode se dar ao luxo de sentar e esperar que o tomador de decisão controle a conversa e a canalize para as áreas mais adequadas. É fundamental que você tenha um plano sobre como pretende usar seu tempo – e que compartilhe o plano com o tomador de deci-

são no início da conversa. Você pode dizer, por exemplo: "Sei como está ocupado, Dr. Frankenstein, então gostaria de assegurar que vou usar seu tempo de forma eficiente. Se o senhor concordar, eu gostaria de cobrir três áreas durante os próximos 15 minutos. Essas áreas são...". Infelizmente, já vi centenas de conversas nas quais, em vez de assumir o controle dessa forma, o vendedor esperava o tomador de decisão estruturar a reunião. Como resultado, 18 minutos de uma conversa de 20 minutos eram gastos em brincadeiras e curiosidades, enquanto os últimos 2 minutos se tornavam uma declaração frenética das características do produto. Nunca deixe isso acontecer com você. Quando chegar ao Foco de Poder, dedique uma atenção cuidadosa e explícita ao planejamento e à estruturação eficientes de cada reunião.

- *Reuniões prematuras*. Há uma superstição em vendas de que quanto mais cedo você consegue chegar até o tomador de decisão, melhor. Dizem que a venda eficaz é ir direto ao Foco de Poder. Essa é uma opinião discutível. Há muitas evidências de que as pessoas que têm maior impacto sobre os tomadores de decisão são aquelas que prepararam um processo por meio de conversas no Foco de Insatisfação. Certa vez, me ensinaram uma lição valiosa nessa área. Eu estava voando de Estocolmo a Londres com meu colega Bill Allen. O mau tempo atrasou o voo por várias horas, e acabamos conversando com outro passageiro que simplesmente era o CEO de um grande conglomerado. Enquanto conversávamos, ficou claro que havia uma oportunidade de vender ao CEO um estudo significativo de consultoria. "Esse é um problema muito urgente para nós", disse-nos o CEO. "Venham almoçar comigo amanhã, em Londres, para que possamos falar mais sobre esse assunto." Que sorte! Um encontro casual nos levou diretamente ao Foco de Poder. Eu confiantemente esperava que Bill agarrasse a possibilidade. Em vez disso, ele perguntou: "Será que podemos marcar para depois de amanhã?" No voo de volta, eu lhe perguntei por que ele adiou a reunião por 24 horas. "Porque", explicou ele, "eu ainda não sei o suficiente sobre o problema deles. Consequentemente, você e eu vamos passar cada minuto de amanhã falando com os funcionários dele e entendendo os problemas. Depois disso, estaremos prontos para falar com ele." Bill era um ótimo vendedor. Eu gostaria que mais vendedores percebessem o poder com que poderiam influenciar o tomador de decisão se fizessem reuniões preparatórias com as pessoas que estão no Foco de Insatisfação.

■ *Expectativas inadequadas.* Reuniões com as pessoas no Foco de Poder muitas vezes são desperdiçadas porque o vendedor tem uma expectativa inflacionada quanto à capacidade do tomador de decisão para tomar uma decisão unilateral. Vinte anos atrás, a maioria das culturas corporativas permitia que as pessoas dos níveis mais altos tomassem decisões, inclusive decisões de compra, com pouca ou nenhuma consulta. O atual clima administrativo da maioria das organizações mudou. Consultar agora é a regra, e não a exceção. Embora o tomador de decisão possa ter autoridade formal para tomar uma decisão sem envolver os outros, na prática, geralmente é mais sensato consultar. Tenho visto muitos vendedores – incluindo aqueles que são experientes o suficiente para saber das coisas – agindo como se o tomador de decisão devesse assinar o contrato na hora. Fiquei apavorado ao ver esses vendedores pressionando o cliente a tomar uma decisão e tratando com ceticismo declarado a necessidade de o tomador de decisão fazer uma consulta. No caso de uma decisão de compra maior, é raro o Foco de Poder se localizar exclusivamente em um indivíduo. A distinção tradicional entre influenciadores e tomadores de decisão está sendo demolida. Em minha própria organização, eu sou o presidente e – você poderia pensar, se visse o organograma da empresa – sou o tomador de decisão. Algumas semanas atrás, minha empresa comprou uma série de sistemas de editoração eletrônica. Fiquei muito interessado nessa decisão, porque eu mesmo ia usar um dos sistemas, então fiz de tudo para influenciar o resultado. No entanto, minha voz era apenas uma das dez que estavam envolvidas na colocação do pedido. Eu pedi, implorei, gemi e chorei para obter o sistema de que mais gostei. Mas Elaine, nossa coordenadora de produção, e Sandy, uma de nossas artistas gráficas, foram as que tiveram maior impacto sobre a decisão, e elas me mantiveram no meu lugar. A julgar pelas descrições de cargos e pelos organogramas, elas eram apenas influenciadoras. Na realidade, os papéis foram, em grande parte,

Estratégia de Entrada nas Empresas – Chegando aonde Importa **53**

revertidos. Não está claro, mesmo para nós, quem realmente fez a escolha final, e suspeito que nossa tomada de decisão não é muito diferente da tomada de decisão da maioria das outras organizações. Então, quando você se reunir com pessoas que estão no Foco de Poder, não deixe que sua venda se torne distorcida por expectativas irreais de tomadas de decisões unilaterais imediatas.

Quando o Foco de Poder Muda

A mensagem principal deste capítulo é que existem três áreas diferentes de foco que as pessoas bem-sucedidas consideram ao preparar uma estratégia de entrada eficaz. Em nome da simplicidade, falei como se cada área de foco residisse em funções ou indivíduos específicos. Falei como se, por exemplo, houvesse no Foco de Poder indivíduos diferentes dos indivíduos no Foco de Insatisfação. Isso nem sempre é verdade. É frequente ver dois papéis – ou, às vezes, todos os três – combinados em uma única pessoa. Por exemplo, uma pessoa insatisfeita muitas vezes é receptiva e, às vezes, a pessoa com o problema também tem poder de decisão.

Os três papéis de foco não são estáticos. Às vezes, alterações na empresa ou no mercado fazem com que os papéis mudem, com resultados devastadores. A Divisão de Ciências da Saúde da Kodak oferece um exemplo clássico do que pode acontecer quando o Foco de Poder muda. Durante anos, a força de vendas da divisão foi muito bem-sucedida na venda de filmes de raios-X para radiologistas, e a excelência dos produtos da Kodak e seu excepcional suporte técnico permitiram que a empresa construísse uma posição dominante no mercado. Os radiologistas geralmente combinavam os três papéis de foco. Eles eram receptivos porque eram fortemente orientados pela técnica, e os vendedores da Kodak geralmente eram bem informados sobre a evolução e as mudanças na tecnologia. Os radiologistas também estavam no Foco de Insatisfação porque eram as pessoas cujos problemas o departamento de desenvolvimento de produtos da Kodak tinha decidido resolver. Finalmente, e mais importante, os radiologistas estavam no Foco de Poder, porque as decisões de compra saíam diretamente de seus orçamentos. No entanto, durante a década de 1980, o mercado começou a mudar. Os administradores de hospitais assumiram os orçamentos e tiraram os radiologistas do Foco de

54 Capítulo 2

Poder. A força de vendas da Kodak, que antes experimentava o raro luxo de um único cliente combinar todos os três papéis, foi subitamente confrontada com radiologistas que não podiam decidir e administradores que não tinham nenhum interesse na tecnologia. Foram necessárias mudanças traumáticas em todos os níveis da organização de vendas para realinhar as estratégias de venda para lidar com a mudança no Foco de Poder.

Desenvolvendo Estratégias de Entrada

Quando começamos a investigar os três pontos focais: receptividade, insatisfação e poder, fizemos isso para ajudar as pessoas a elaborarem melhores estratégias de entrada para produtos inovadores, nos quais não havia nenhum canal de compra definido. Desde então, descobrimos que o conceito se revelou útil até mesmo para aqueles que vendem produtos já existentes por meio de canais bem definidos de compra. Como você pode usar a ideia dos três pontos focais para ajudar a desenvolver melhores estratégias de entrada e obter acesso de venda a contas importantes?

Aqui está uma típica sequência de passos que você pode seguir, usando os conceitos que discutimos neste capítulo para ajudá-lo a chegar ao Foco de Poder:

- Primeiro, decida quem tem mais probabilidade de ser receptivo a produtos ou serviços como o seu. Você pode, por exemplo, vender um produto com uma nova tecnologia que provavelmente interessaria mais a engenheiros, ou talvez você tenha descoberto que os funcionários de produção tendem a ser receptivos às ideias que você está oferecendo. Lembre-se de que a questão é a receptividade. A pessoa que você está procurando vai escutar e lhe fornecer informações. Neste ponto, não faça a si mesmo as costumeiras perguntas de vendedor sobre quem vai comprar. Isso virá mais tarde.
- Aborde o indivíduo ou departamento que você suspeita que será receptivo e tente marcar uma reunião. Tenha cuidado com o modo como você faz sua abordagem.

Estratégia de Entrada nas Empresas – Chegando aonde Importa

Quando o Foco de Poder Muda

Dan E. vendia para a Divisão de Sistemas Gerais da IBM. Ele teve uma carreira bem-sucedida vendendo computadores *mainframe* e agora esperava ser igualmente bem-sucedido na venda de minicomputadores. No passado, ele tinha sido muito eficaz ao trabalhar com gerentes de processamento de dados porque era tecnicamente bem informado. Durante o primeiro ano no novo trabalho, Dan se saiu bem vendendo minicomputadores para departamentos de processamento de dados.

Então o mercado mudou. Os departamentos de usuários não se apoiavam mais nos departamentos de processamento de dados para tomar decisões em seu nome. O Foco de Poder mudou. Os departamentos individuais agora compravam minicomputadores com seus próprios orçamentos, e os departamentos de processamento de dados não exerciam mais do que um papel consultivo. Como muitas mudanças graduais, a mudança não era óbvia. Dan não a percebeu a tempo, então continuou a dirigir seus esforços de venda aos velhos amigos: os gerentes de processamento de dados. Suas vendas começaram a cair. Quando ele percebeu o que estava acontecendo, os concorrentes tinham se aproximado mais dos potenciais usuários e erodido sua base de vendas.

O erro de Dan, do qual ele nunca se recuperou, foi confiar em velhos padrões de compra e não tentar perceber mudanças no Foco de Poder. Quando acontecem essas mudanças, elas podem ocorrer em toda uma indústria com uma rapidez notável – 2 ou 3 anos, neste caso. E, dentro de uma conta individual, a mudança pode acontecer da noite para o dia. A razão pela qual os concorrentes de Dan o superaram foi, ironicamente, porque Dan tinha um relacionamento *muito bom* com uma área de foco na conta. Por isso, ele conseguiu vender se apoiando em apenas um cliente: o gerente de processamento de dados. Em contraste, seus concorrentes, que não tinham a forte relação existente, foram forçados a olhar de forma mais ampla em busca de apoio. Eles conversaram com vários departamentos e descobriram que esses departamentos se tornaram o Foco de

Insatisfação. Quando os departamentos de usuários receberam orçamentos e também se tornaram Foco de Poder, os concorrentes repentinamente ficaram em uma posição forte.

Este caso apresenta duas lições. Em primeiro lugar, sempre busque mudanças no Foco de Poder. Segundo, se essas mudanças são prováveis, amplie seus contatos pelas várias áreas da conta – não confie em um único indivíduo no Foco de Poder existente.

- Muitas pessoas receptivas, por não terem poder e, portanto, não poderem tomar uma decisão, relutam em conversar com vendedores. Eles temem que o vendedor pressione-os tentando vender algo que eles não têm autoridade para comprar. Portanto, uma boa abordagem afastará esse medo potencial. Você pode, por exemplo, dizer algo como: "Sra. Flávia, eu sei que, como tecnóloga de alimentos, a senhora não tem nada a ver com a compra de equipamentos de processamento de alimentos. No entanto, estamos lançando um novo produto para seu setor, e estou tentando obter a opinião de alguns tecnólogos de alimentos qualificados. Gostaria de saber se eu poderia ir visitá-la por alguns minutos para explicar nosso novo produto e para lhe fazer algumas perguntas sobre como um tecnólogo de alimentos julgaria algumas de nossas características."

- Na reunião, faça exatamente o que você prometeu. Não tente vender nada. Explique coisas sobre o produto que você acha que podem interessar a pessoa receptiva. Faça muitas perguntas para saber o que a pessoa pensa. Em especial, faça perguntas para descobrir informações sobre a compra. Quem são os "players"? Que produtos competitivos eles usam? Finalmente, e mais importante, você deve tentar descobrir onde está o Foco de Insatisfação. Quem, na conta, tem um problema que seu produto poderia resolver? Será que a pessoa receptiva o ajudaria a marcar uma reunião com eles?

- Quando tiver localizado o Foco de Insatisfação e, se possível, marcado uma reunião, você deve preparar uma lista de perguntas a fazer para descobrir a insatisfação potencial. Falaremos mais sobre como fazer isso no próximo capítulo.

Estratégia de Entrada nas Empresas – Chegando aonde Importa **57**

- O encontro com seu contato no Foco de Insatisfação pode muito bem ser o primeiro de vários. Muitas vezes você vai precisar se reunir com outros indivíduos para entender o problema e desenvolver insatisfação suficiente para justificar o envolvimento das pessoas que estão no Foco de Poder. Lembre-se de que seu primeiro objetivo nessas reuniões é desenvolver a insatisfação – intensificar a percepção da gravidade do problema e do valor que o produto poderia proporcionar por resolvê-lo.

- Seu segundo objetivo nas reuniões com o Foco de Insatisfação é encontrar um patrocinador que pode apresentá-lo ou representá-lo no Foco de Poder. Não se sinta derrotado se seu patrocinador não deixar você se reunir diretamente com o tomador de decisão. Como veremos no próximo capítulo, é mais importante que suas ideias principais cheguem ao tomador de decisão do que você apresentá-las pessoalmente.

Depois de chegar até esse ponto na conta, você pode dizer que a entrada foi concluída e que sua venda já está bem encaminhada. Você iniciou o ciclo de compras que discutimos no primeiro capítulo e agora está firmemente na fase de Reconhecimento de Necessidades. No Capítulo 3, vamos olhar mais de perto essa fase e apresentaremos algumas técnicas para desenvolver necessidades que são a pedra angular da estratégia eficaz durante essa fase tão importante da venda.

3

Como Fazer seus Clientes Precisarem de Você: Estratégias para a Fase de Reconhecimento de Necessidades

Sempre que falo em conferências de vendas, sei que, quando chega a hora das perguntas, alguém inevitavelmente me indaga: "Que fase do processo de compra tem mais importância quando você está vendendo – a fase de Reconhecimento de Necessidades, a fase de Avaliação de Opções ou a fase de Resolução de Preocupações?". Você pode dizer que tenho experiência em pesquisa porque minha resposta padrão para essa pergunta é inútil: "Depende de cada venda". Se eles me pressionam mais – e às vezes isso acontece –, confesso que, se eu tivesse de apostar em algum lugar, seria na fase de Reconhecimento de Necessidades, mostrada na Figura 3.1. Meu raciocínio é simples. Se esta primeira fase do ciclo é bem cuidada, todas as fases posteriores se tornam mais fáceis. Por outro lado, se cometer erros graves nesta primeira parte da venda, você pode não sobreviver por tempo suficiente para chegar a qualquer uma das outras fases.

Figura 3-1. O processo de decisão do cliente. A conta reconhece que existe uma necessidade que justifica uma ação de compra. Objetivos estratégicos: descobrir a insatisfação, desenvolver a insatisfação e canalizar seletivamente a insatisfação.

Objetivos para a Fase de Reconhecimento de Necessidades

Vamos imaginar que você está prestes a começar a vender para uma nova conta no início da fase de Reconhecimento de Necessidades. Eu escolho uma nova conta para simplificar, pois não há histórico de venda anterior a considerar, mas os mesmos princípios se aplicam a vendas adicionais para uma conta existente. Vamos supor que, usando as ideias que discutimos no Capítulo 2, você já progrediu além do Foco de Receptividade e está agora prestes a conhecer seu primeiro cliente potencial no Foco de Insatisfação. Que objetivos estratégicos você deve estabelecer?

Lembre-se de que, durante esta etapa da decisão, as pessoas estão tentando decidir se existe uma necessidade e, em caso afirmativo, se ela é suficientemente importante para justificar a atenção. Sua venda nesta etapa deve assegurar que o processo de reconhecimento de necessidades trans-

Como Fazer seus Clientes Precisarem de Você: Estratégias para a Fase de...

corra suave e eficientemente e de modo que predisponha o cliente a querer o tipo de solução que seus produtos e serviços podem proporcionar. Especificamente, isso significa que você terá três objetivos estratégicos durante a fase de Reconhecimento de Necessidades. Você deve ter por objetivo:

1. *Descobrir a insatisfação*, porque sem ela não há razão para se comprar.
2. *Desenvolver a insatisfação*, de modo que, como resultado de suas discussões de vendas, a insatisfação desenvolvida alcance um nível de gravidade que leve à ação.
3. *Canalizar seletivamente a insatisfação*, para que as pessoas sintam a insatisfação nas áreas em que seus produtos e serviços lhes proporcionam as melhores soluções.

Para atingir esses objetivos, é necessário interagir com indivíduos no Foco de Insatisfação ou no Foco de Poder. Claro que, como vimos no capítulo anterior, a vida fica muito mais fácil se você tiver a sorte de falar com um único indivíduo que combine insatisfação e poder.

Descobrindo a Insatisfação

Como você alcança seu primeiro objetivo estratégico – descobrir a insatisfação do cliente com o produto, método ou processo existente? A resposta é muito simples. Você faz perguntas. Mas há dois outros passos que devem ser seguidos antes de começar a fazer perguntas a um cliente para descobrir problemas. A primeira delas é tão óbvia que é ignorada pela maioria dos vendedores. Você deve começar abordando quais problemas seu produto pode resolver para os clientes.

Este primeiro passo parece tão evidente que você não imaginaria que ele precisa de muita atenção. No entanto, sua importância ficou muito clara para mim no início da minha carreira de vendas, quando eu estava viajando com um vendedor experiente da Xerox. Você pode calcular há quanto tempo este evento ocorreu porque a Xerox tinha acabado de inventar uma nova máquina, que era a primeira copiadora comercial no mundo capaz de fazer cópias frente e verso. Que problemas a nova máquina resolvia para os clientes naquela época? Obviamente, ela permitia que eles copiassem nos dois lados do papel, e não apenas em um. Mas, para o vendedor experiente com quem eu estava, a resposta não era tão óbvia. "Os problemas realmente impor-

62 Capítulo 3

tantes que essa máquina resolve", disse ele, "não são problemas de cópias diretamente. Por exemplo, tenho muitos clientes que estão enfrentando problemas de custos criados pelo aumento repentino nas tarifas postais no ano passado." Não consegui ver a relação imediatamente, então ele explicou: "No momento, tenho um cliente que envia cerca de 5 mil documentos volumosos por semana, portanto, o recente aumento das tarifas postais está custando milhares de dólares a mais a cada mês. Ao copiar em ambos os lados do papel, você pode ter um documento com metade do número de páginas, o que reduz o peso e, portanto, reduz os custos de envio. Assim, uma copiadora frente e verso poderia compensar o preço dos serviços postais, e iria se pagar dentro de dois meses."

Que Problemas seu Produto Resolve?

Ao estudar as vendas de *commodities* petroquímicas, entrevistamos Bill S., cuja principal linha de produtos eram os solventes. Ele representava uma grande empresa multinacional que, na época, estava sofrendo porque seus concorrentes menores conseguiam usar a volatilidade do mercado petroquímico para oferecer preços mais baixos. Os produtos de Bill eram verdadeiras *commodities* – ou seja, seus solventes eram, em termos químicos, exatamente iguais aos de seus concorrentes mais baratos. Mas, enquanto outros na força de vendas estavam perdendo negócios, Bill estava conseguindo negócios extras, apesar de sua desvantagem de preço.

Quando falamos com Bill, ele nos disse: "Os produtos químicos de todos os concorrentes resolvem exatamente os mesmos problemas técnicos e de produção. Então percebi que, se quisesse vender a um preço diferenciado, eu teria de encontrar alguns problemas exclusivos que eu poderia resolver. No começo, eu não conseguia pensar em nenhum, porque, afinal, nossos solventes eram exatamente iguais aos solventes deles. Então tive uma ideia. Falei com os compradores cujos contratos de fornecimento com um concorrente estavam se aproximando da hora de renovação. Eu sabia que a maioria dos compradores ficava muito agitada quando se falava em aumentos de preços e tinha medo de ser enganada durante as renegociações de contrato. Ofereci-me para resolver esse problema por eles. 'Olhem', eu lhes

> disse, 'neste momento, vocês estão recebendo 100% de seu fornecimento de um único fornecedor. Como está sua posição de negócio? Não seria mais fácil se você conseguisse o máximo na alavancagem de preço na renegociação dando 25% do seu negócio para nós? Dessa maneira, seu atual fornecedor quase certamente se sentiria vulnerável e, com medo, lhe daria um preço melhor'. Eu estava oferecendo a eles uma apólice de seguro. Funcionou maravilhosamente bem."
>
> O sucesso de Bill veio de uma simples estratégia de vendas. Ele pensou em quais problemas poderia resolver para os clientes. E não parou nos problemas mais óbvios. Bill continuou pensando até chegar a problemas em que ele tinha uma vantagem sobre seus concorrentes.

Assim, o ponto de partida para sua estratégia deve ser pensar cuidadosamente sobre os problemas que seus produtos e serviços podem resolver para os clientes. Vá além do óbvio. Procure exemplos como o da cópia frente e verso que resolveu problemas de custo de envio. Os melhores exemplos podem ser exclusivos para determinado cliente. Lembro-me de quando as máquinas de fax eram um conceito novo e eram muito caras. Este é um exemplo clássico de como naquela época o fax era a maneira mais eficaz de transmissão de dados. Um vendedor particularmente inteligente percebeu que as plataformas de petróleo em alto-mar tinham um problema. Todos os dias, eles tinham de enviar leituras sismográficas para o continente. Como essas leituras eram em forma de gráficos complexos, eles não podiam se comunicar verbalmente pela linha telefônica entre a plataforma e o continente. Por conseguinte, diariamente a empresa petrolífera enviava um helicóptero para pegar os gráficos. O custo de levar as informações até a praia era de vários milhares de dólares por dia. Ao instalar máquinas de fax, as leituras poderiam ser transmitidas pela linha telefônica. O sistema de fax resolveu um único problema e se pagou em questão de minutos. *Isso* é que é solução de problema. Naturalmente, essas soluções elegantes nem sempre são possíveis. Mas, mesmo que você só consiga pensar em capacidades de solução de problemas relativamente comuns para seus produtos, pergunte a si mesmo se há algum problema que você possa resolver e que os concorrentes não consigam.

Estabelecendo seus Objetivos

Compreender a gama de problemas que seu produto pode resolver é o primeiro passo para definir objetivos de visitas de vendas eficazes – uma parte importante, mas negligenciada, da venda bem-sucedida. É impressionante como raramente os vendedores fixam *qualquer* tipo de objetivo de visita – muito menos eficazes. Embora a maioria dos livros sobre vendas enfatize a importância de se ter objetivos de visita claros, é raro ver essas recomendações transformadas em prática. Uma razão, acredito, é o fato de muitas pessoas não saberem quais objetivos devem definir para a fase de Reconhecimento de Necessidades. É muito cedo na venda para se esperar um pedido, de modo que esse não é um objetivo. E, se você não pode receber um pedido, qual deveria ser seu objetivo? Quando questionadas, a primeira resposta que as pessoas apresentam é que seu objetivo deve ser "construir relacionamentos". Passei a desconfiar de objetivos gerais de construção de relacionamento porque eles são vagos e não têm o tipo de especificidade que pode ser transformada em ação mensurável. Em minha experiência, são os vendedores menos bem-sucedidos que definem objetivos gerais desse tipo. Pessoas mais bem-sucedidas tendem a definir objetivos que fazem a venda progredir de maneira mensurável. Em vez de "construir relacionamentos", elas provavelmente definem objetivos de visita como, por exemplo, "conseguir uma indicação do Departamento de Planejamento" ou "combinar as etapas que devemos percorrer para chegar à lista de fornecedores". Seus objetivos especificam uma ação que faz a venda progredir.

Se construir relacionamentos é o primeiro objetivo questionável, o segundo deve ser o "recolher informações". Não que a coleta de informação seja um objetivo ruim. Longe disso. É uma parte essencial de toda visita de vendas. No entanto, com exceção das visitas iniciais de vendas com Foco de Receptividade, a coleta de informações provavelmente não será eficaz, a menos que tenha alguns objetivos muito específicos que apoiam um objetivo geral da visita. Assim, enquanto vendedores menos bem-sucedidos tendem a definir objetivos de coleta de informações muito amplos, como "descobrir coisas sobre o cliente", vendedores mais bem-sucedidos normalmente definem objetivos específicos, como: "descobrir quais indivíduos têm problema com a confiabilidade da máquina" ou "descobrir se John King é a única pessoa na conta que faz avaliações técnicas".

Defini duas características gerais dos objetivos de visita eficazes. Bons objetivos devem ser *específicos* – de modo que declarem metas claramente identificadas, e não intenções globais, como "recolher informações" ou "construir relacionamentos" – e *voltados para a ação* – de modo que façam a venda progredir de maneira claramente identificável.

Como você se certifica de que seus objetivos – nesta fase de Reconhecimento de Necessidades da venda – são específicos e voltados para a ação? A maneira mais fácil de avaliar isso é se perguntar em que nível seus objetivos de visita fazem você avançar para os objetivos estratégicos globais desta etapa. Você se lembrará de que o conjunto dos objetivos estratégicos durante a fase de Reconhecimento de Necessidades é descobrir, desenvolver e canalizar seletivamente a insatisfação do cliente. No início da etapa, por exemplo, em sua primeira visita a um cliente no Foco de Insatisfação, seu principal objetivo pode ser descobrir a insatisfação. Pergunte-se qual insatisfação você está esperando descobrir e como, ao descobri-la, você pode fazer a venda progredir. Visitas posteriores podem ter objetivos essencialmente relacionados ao desenvolvimento ou à canalização seletiva da insatisfação. Novamente, a pergunta que você deve responder para determinar se seus objetivos específicos são úteis é: "Como desenvolver ou canalizar a insatisfação pode fazer a venda progredir?".

Planejando suas Perguntas

Assim que tiver decidido sobre os objetivos de sua visita, planeje algumas perguntas que você pode fazer. Essas perguntas devem incentivar o cliente a falar sobre o problema que você está esperando descobrir. Para ajudar seu planejamento e suas perguntas, você pode dividir as perguntas que pretende fazer em duas classes:

- *Perguntas de Situação* – coletam dados sobre a conta e as pessoas que fazem parte dela. Perguntas de Situação típicas seriam: "Quantas pessoas você emprega?", "Que tipo de equipamento você usa?", "Você os possui ou aluga?" e "Quem será responsável por definir as especificações de compra?". Essas perguntas fornecem os dados factuais básicos de que você precisa para montar uma estratégia de vendas.

66 Capítulo 3

■ *Perguntas de Problema* – sondam em busca de problemas, dificuldades ou insatisfações. Perguntas de Problema típicas seriam: "Você está satisfeito com sua atual taxa de retorno?", "Que tipo de problemas de segurança você tem com esse equipamento mais antigo?", "É complicado executar essa operação com o atual sistema?" e "Quais são as partes mais difíceis da operação?". Essas perguntas descobrem a insatisfação do cliente.

Por que é tão importante dividir suas perguntas nesses dois tipos? É importante porque cada tipo tem um efeito psicológico diferente sobre o comprador. Veja os exemplos das Perguntas de Situação e pergunte a si mesmo: "Quem se beneficia mais com essas perguntas: o vendedor ou o comprador? O vendedor necessita da informação, portanto ele é o beneficiário óbvio. O comprador ganha pouco ao fornecer os fatos ao vendedor. Como comprador, eu reclamo quando me fazem Perguntas de Situação como, por exemplo: "Há quanto tempo sua empresa está no mercado?" ou "Que tipo de sistema que você está usando?". Como a maioria dos outros compradores, sinto que estou perdendo um tempo precioso instruindo a pessoa que está vendendo para mim. Minha esperança é que, depois de eu fornecer todos esses fatos, a conversa chegue a algum lugar útil. Mas minha experiência me diz que isso nem sempre acontece. A maioria dos compradores aprendeu da maneira mais difícil que responder a uma longa série de Perguntas de Situação pode ser algo demorado e, em última instância, insatisfatório para o cliente.

Por outro lado, as Perguntas de Problema têm um efeito psicológico mais positivo sobre o comprador. As Perguntas de Problema, por definição, indagam sobre áreas nas quais o comprador pode ter preocupações ou insatisfações. É razoável supor que o comprador vai se sentir mais motivado a responder às perguntas nessas áreas psicologicamente mais interessantes. Realizamos uma extensa pesquisa para demonstrar a ligação entre as Perguntas de Problema e o sucesso nas vendas. Essas pesquisas, e vários outros estudos relacionados aos quatro tipos de perguntas discutidas neste capítulo, estão descritos em detalhe em outro livro meu: *Alcançando Excelência em Vendas: SPIN® Selling*[1]. Qualquer leitor interessado na justificativa de pes-

---

[1] Neil Rackham, *Alcançando Excelência em Vendas: SPIN® Selling* (São Paulo: M.Books, 2009). SPIN® é marca registrada da Huthwaite Inc.

Como Fazer seus Clientes Precisarem de Você: Estratégias para a Fase de... **67**

quisas para o que estou dizendo aqui ou que queira material adicional sobre esta fase da venda, pode achar útil ler esses estudos.

Como observação geral, vendedores menos experientes tendem a fazer Perguntas de Situação em demasia – e até mesmo pessoas experientes podem fazer mais Perguntas de Situação do que imaginam. Uma das razões pelas quais é útil planejar suas perguntas com antecedência, classificando-as em Perguntas de Situação ou Perguntas de Problema, é que o tamanho da sua lista pode alertá-lo, antes da visita, de que você está dando atenção demais aos detalhes da situação e negligenciando os problemas do cliente. Se, por exemplo, a lista de perguntas tem três vezes mais Perguntas de Situação do que Perguntas de Problema, você deve reconsiderar sua estratégia. Dê mais atenção às Perguntas de Problema ou encontre maneiras de reduzir o número de Perguntas de Situação, evitando assim entediar o comprador.

Fazendo Perguntas de Situação

A partir de nossa pesquisa, conseguimos chegar a algumas regras gerais sobre as Perguntas de Situação e como fazê-las. Em vendas complexas, é necessário fazer muitas Perguntas de Situação, porque há muitas informações que se deve obter. No entanto, vendedores eficazes não fazem Perguntas de Situação desnecessariamente. Veja como você pode evitar o excesso de Perguntas de Situação:

- *Faça seu dever de casa.* Use fontes como sites na internet, relatórios anuais, revistas e jornais especializados para descobrir fatos básicos com antecedência.
- *Use o Foco de Receptividade.* Faça Perguntas de Situação às pessoas no Foco de Receptividade, de modo que você não precise perder tempo fazendo perguntas básicas de averiguação às pessoas no Foco de Insatisfação ou no Foco de Poder. Como regra geral, uma pessoa receptiva na conta provavelmente será tolerante com Perguntas de Situação.
- *Distribua suas perguntas.* Não tente fazer todas as Perguntas de Situação durante uma única reunião. Em vez disso, distribua suas perguntas por várias reuniões, usando cada encontro como uma

oportunidade para reunir mais fatos. Não cometa o erro de esperar descobrir tudo de que precisa em uma única longa conversa.

- *Conquiste o direito de fazer Perguntas de Situação.* Os clientes estarão preparados para responder às suas Perguntas de Situação se você deixar claro para eles que a única razão pela qual você deseja conhecer os fatos é ajudar o cliente a resolver um problema. Assim, deixe claro que suas perguntas são motivadas pelo interesse nos problemas do comprador e por um desejo de ajudar a resolvê-los.

Fazendo Perguntas de Problema

Já dissemos que os vendedores mais inexperientes relutam em fazer Perguntas de Problema. É uma pena, porque Perguntas de Problema são parte essencial de uma estratégia eficaz durante a fase de Reconhecimento de Necessidades da venda. Lembre-se de que seu primeiro objetivo estratégico durante esta etapa é descobrir a insatisfação que seus produtos ou serviços podem ajudar a resolver. Não é possível descobrir a insatisfação com eficiência sem antes perguntar aos clientes sobre seus problemas. Infelizmente, muitos vendedores parecem não acreditar nisso. Em especial, é comum, durante a fase de Reconhecimento de Necessidades, encontrar vendedores que tentam descobrir os problemas do cliente não por meio de suas perguntas, mas pela exaustiva descrição de seus produtos. Eles são a razão pela qual tantos compradores profissionais – e outros que tomam decisões de compra frequentes – desenvolveram um profundo ódio por apresentações de vendas.

Há uma diferença curiosa entre a eficácia das Perguntas de Problema em vendas pequenas e grandes. Nas vendas pequenas – e aqui me refiro ao tipo de venda que normalmente pode ser concluída em uma única visita –, quanto mais Perguntas de Problema você fizer, maior a probabilidade de a venda ser bem-sucedida. Isso não acontece em vendas maiores, em que o número de Perguntas de Problema que você faz tem uma correlação relativamente baixa com o sucesso da venda. Interpretamos isso como evidência de que os objetivos estratégicos são diferentes em grandes vendas. Na venda pequena, o principal objetivo estratégico provavelmente é descobrir problemas. Se você descobrir os problemas e demonstrar que pode resolvê-los, provavelmente já

Como Fazer seus Clientes Precisarem de Você: Estratégias para a Fase de... **69**

fez a venda. Não é assim nas grandes vendas. Ainda que seja importante descobrir problemas, o sucesso se encontra muito mais em como os problemas são desenvolvidos depois que você os descobre – em como você chega a um acordo com o cliente sobre a extensão do problema e sua urgência.

Como os Problemas se Desenvolvem

Neste momento, você está falando com o Foco de Insatisfação. Você fez Perguntas de Situação e de Problema e, como resultado, descobriu a insatisfação do cliente em uma área na qual seu produto pode ajudar. A partir daqui, qual é o próximo passo? A maioria das pessoas responde que, depois de identificar o problema, o próximo passo deve ser mostrar ao cliente que seu produto tem benefícios que podem solucionar ou amenizar o problema que você descobriu.

No entanto, nossos estudos com vendedores bem-sucedidos mostraram que, antes de oferecer benefícios, capacidades ou soluções, eles primeiro fazem perguntas adicionais que *desenvolvem* as necessidades do cliente de maneira a tornar essas necessidades mais claras e mais urgentes. Vejamos um exemplo mostrando algumas das perguntas que um vendedor bem-sucedido pode fazer e que poderiam intensificar a necessidade de compra do cliente. Suponha que o produto do vendedor é um sistema novo e mais rápido. O cliente começa com uma fraca percepção da necessidade:

> CLIENTE: Não estou totalmente satisfeito com a velocidade do sistema atual, mas também não estou muito preocupado, porque aprendemos a viver com isso.

O que o cliente está dizendo ao vendedor aqui? A mensagem essencial é que a necessidade é pequena e que o cliente não sente nenhuma urgência de agir. Qual seria o impacto de descrever os benefícios do sistema mais rápido que o vendedor tem a oferecer? Muito pequeno, porque o cliente ainda não sente a necessidade de mudar, portanto, mostrar que o novo sistema seria mais rápido não vai ter muito impacto. Mesmo assim, vendedores inexperientes não conseguem resistir a entrar de cabeça neste ponto com depoimentos elogiosos sobre a velocidade de sua máquina.

Por outro lado, veja como um vendedor bem-sucedido poderia lidar com a declaração do cliente.

VENDEDOR: Você diz que "não está inteiramente satisfeito" com a velocidade do sistema atual. Isso é por que a velocidade mais lenta está fazendo você perder produção?

CLIENTE: Não. Conseguimos manter a produção por meio de um planejamento da carga de trabalho em todo o sistema. Por exemplo, programando com uma semana de antecedência, conseguimos distribuir a carga de modo a não criar um gargalo no sistema.

VENDEDOR: Entendo. Mas você não perde flexibilidade quando tenta agendar com tanta antecedência?

CLIENTE: Até certo ponto. Sei que não é o ideal.

VENDEDOR: Que impacto teria sobre sua empresa se um de seus principais clientes quisessem uma produção mais flexível – o que você reduziria no cronograma de produção?

CLIENTE: Como você sabe, isso tem acontecido com mais frequência hoje em dia. Até agora, temos enfrentado isso com a contratação de mão de obra terceirizada.

VENDEDOR: E, se você é forçado a enviar trabalho para terceirizados externos, como isso afeta o controle de qualidade?

CLIENTE: Essa é uma das nossas grandes preocupações. Não dá para manter com a terceirizados o mesmo padrão que mantemos com nossos contratados.

VENDEDOR: Com certeza. E enviar trabalho não programado em cima da hora torna ainda mais difícil conseguir um bom terceirizado?

CLIENTE: Exatamente. Ontem mesmo o Comitê de Produção concordou que precisamos de uma revisão urgente dos padrões de qualidade de nossos terceirizados. Mas, como eu disse a eles, não podemos esperar conseguir os melhores terceirizados se lhes damos apenas um dia de aviso.

Como Fazer seus Clientes Precisarem de Você: Estratégias para a Fase de... **71**

VENDEDOR: Então, parece que a lentidão de seu sistema atual está criando alguns problemas reais com a rigidez do cronograma, que estão levando a dificuldades no controle de qualidade de seus terceirizados.

CLIENTE: Eu não havia pensado nisso em termos da velocidade do sistema, mas você está certo – temos um problema sério com isso.

O exemplo, obviamente, é artificial. Para comprovar o que digo, condensei em menos de um minuto uma conversa que, na vida real, poderia ter levado mais de dez minutos. Mas observe o tipo de pergunta que o vendedor está fazendo. Cada uma delas é um exemplo de *Pergunta de Implicação*. As Perguntas de Implicação desenvolvem um problema questionando seus efeitos ou consequências. Em grandes vendas, as Perguntas de Implicação estão fortemente vinculadas ao sucesso durante a fase de Reconhecimento de Necessidades.

Vendendo para o Foco de Insatisfação

Perguntas de Implicação são especialmente poderosas para ajudá-lo a vender com mais eficácia para o Foco de Insatisfação. No último capítulo, especificamos dois objetivos estratégicos para fazer visitas de vendas às pessoas no Foco de Insatisfação. O primeiro desses objetivos é descobrir a insatisfação e desenvolvê-la até o ponto em que o cliente deseje agir. Perguntas de Problema, como vimos, são uma maneira eficaz de descobrir a insatisfação. Perguntas de Implicação permitem que você desenvolva a insatisfação que você descobriu. Quando treinamos vendedores em estratégia de contas, ajudá-los a planejar melhor as Perguntas de Problema e de Implicação provou ser uma poderosa ferramenta para aumentar seu impacto no Foco de Insatisfação.

Conseguindo Acesso ao Tomador de Decisões

O segundo objetivo para fazer visitas de vendas ao Foco de Insatisfação é usar a insatisfação que você desenvolveu como meio de obter acesso ao tomador de decisões – para chegar ao Foco de Poder.

Fazendo Perguntas de Implicação

Perguntas de Implicação podem ter um impacto profundo sobre o sucesso das vendas, como mostra o caso a seguir. Brian Palmer vendia instrumentos científicos. Ele era brilhante – "brilhante demais para seu próprio bem", disse-nos seu gerente –, autoconfiante, motivado e energético. Apesar disso, seu registro de vendas era fraco, e seu futuro na área de vendas era uma incógnita.

Acompanhamos Brian em suas visitas de vendas e descobrimos que ele cometia um erro comum a muitas pessoas brilhantes. Assim que identificava um problema, ele supunha que o cliente também o via. Se o cliente dissesse: "Concordo que o equipamento que estou usando não tem boa resolução, mas o tenho usado com sucesso durante anos, por isso não estou muito preocupado", a primeira suposição que Brian faria era que o cliente havia entendido todas as implicações da baixa resolução que poderiam agravar o problema. Assim, em vez de fazer perguntas para explorar cada implicação, Brian se lançava em uma descrição de como a tecnologia de seu produto lhe dava uma resolução superior. Evidentemente, os clientes que não viam o problema não percebiam muito valor no que Brian estava oferecendo.

Encorajamos Brian a planejar suas visitas, fazendo uma lista de problemas que o cliente poderia ter e que o seu equipamento poderia resolver. Quando em sua lista apareceu um problema do tipo "baixa resolução", pedimos a Brian para escrever as implicações da baixa resolução que podem gerar problemas para o cliente. Em seguida, pedimos que ele reformulasse cada afirmação da implicação na forma de uma pergunta que ele poderia fazer durante a visita. No início, Brian achou isso muito difícil. Fazer perguntas a partir de uma lista parecia artificial e estranho – e nem sempre provocava uma resposta positiva por parte do cliente. No entanto, ele perseverou e, com o passar do tempo, suas Perguntas de Implicação se tornaram mais espontâneas. Três meses depois, seu desempenho tinha melhorado a tal ponto que seu futuro já não estava em questão. Um ano depois, ele estava entre os 5% melhores em termos de desempenho em vendas. Brian acredita que seu sucesso veio da mudança em sua estratégia de questionamento. "Não há dúvida", diz ele, "que o esforço de fazer Perguntas de Implicação compensou. Isso ajudou a me comunicar com mais eficácia com os clientes."

Obviamente, quanto melhor você desenvolver a insatisfação, mais disposto o cliente estará a apresentá-lo às pessoas no Foco de Poder. E a maioria de nós aprendeu que chegar ao Foco de Poder é a grande questão das vendas. Livros sobre vendas, por exemplo, constantemente enfatizam como é vital ficar cara a cara com o tomador de decisões. Eles dão a ideia de que a venda está fadada ao fracasso se você não conseguir chegar ao Foco de Poder.

Embora seja verdade que o acesso direto ao Foco de Poder é uma grande vantagem e aumenta suas chances de sucesso nas vendas, *não* é verdade que não conseguir acesso direto ao tomador de decisões significa uma derrota. Em algumas grandes vendas, os fornecedores nunca ficam cara a cara com o tomador de decisões. E em muitas outras, nas quais várias pessoas no Foco de Poder estão envolvidas em uma decisão, um fornecedor pode se encontrar com apenas um ou dois responsáveis. Lembro-me de como fiquei surpreso alguns anos atrás, quando eu estava prestando serviços de consultoria para a AT&T. Eu tinha conseguido vender para eles um projeto de pesquisa e pensei que havia falado com o único tomador de decisões. Depois que o contrato foi assinado, descobri que havia seis pessoas envolvidas na tomada da decisão. Conheci um só e nem sequer fiquei sabendo os nomes dos outros cinco.

Com a crescente tendência em direção à tomada de decisões compartilhada e às compras por comitês, o acesso a toda a gama de indivíduos no Foco de Poder provavelmente se tornará cada vez mais difícil. Os vendedores devem aprender métodos indiretos mais eficazes para influenciar essas pessoas invisíveis, mas poderosas.

Vendendo Indiretamente para os Tomadores de Decisão

O que fazer se você não conseguir obter acesso aos tomadores de decisão? É uma questão estratégica interessante e que está se tornando mais importante, porque, a julgar pelo consenso geral dos vendedores com quem falamos, obter esse acesso está ficando cada vez mais difícil na maioria dos mercados. Se você não consegue ficar frente a frente com o tomador de decisões, o que você *deveria* fazer? A resposta é use seus patrocinadores no Foco de Insatisfação para vender para o tomador de decisões em seu nome. Isso é fácil de falar, mas está longe de ser fácil de fazer de maneira bem-sucedida. Uma

74 Capítulo 3

história desastrosa que os vendedores costumam contar é a do patrocinador que insistiu em apresentar em nome deles e prejudicou a apresentação. Talvez por isso a abordagem dos livros insista que você *deve* fica frente a frente com o tomador de decisões, pois o patrocinador não é confiável para fazer uma apresentação adequada em seu nome. Porém, na realidade, em muitas situações você será forçado a depender do patrocinador – alguém do Foco de Insatisfação que tem um problema e um grande interesse em resolvê-lo.

Preparando seu Patrocinador

Quando você é forçado a vender indiretamente por meio de um patrocinador, a questão passa a ser – como você pode preparar melhor seu patrocinador para fazer uma apresentação convincente em seu nome.

Ensaiando o Cliente

Em alguns setores da indústria gráfica, é notoriamente difícil entrar em contato com o tomador de decisões. Por causa disso, muitas forças de vendas bem-sucedidas são compostas de pessoas mais velhas e com experiência nesse setor, que obtêm acesso porque construíram uma rede de contatos ao longo de muitos anos. Não é comum pessoas mais novas entrarem em uma equipe de vendas e competir, porque, sem contatos, eles não conseguem obter o mesmo nível de acesso aos tomadores de decisão.

Quando Susan T. se juntou à força de vendas de uma pequena empresa nesse setor, alguns de seus colegas ou concorrentes acharam que ela só duraria um ano. "Para começar", disse um desses céticos, "ela não tem os contatos, por isso ela nunca chegará aos tomadores de decisão – e, neste negócio, se você não consegue ficar cara a cara com os que tomam a decisão, você está morto."

Mas essas previsões sombrias estavam erradas. O registro de vendas de Susan se revelou acima da média. No entanto, havia algo incomum sobre seu estilo de venda. Diferentemente da maioria dos outros vendedores bem-sucedidos no setor gráfico, ela muito raramente ficava cara a cara com os tomadores de decisão – Susan não se encontrava com os clientes no Foco de

Poder. Em vez disso, ela vendia principalmente para as pessoas no Foco de Insatisfação – algo que os profissionais experientes do setor nos disseram ser uma estratégia de venda difícil, se não impossível.

Como ela conseguiu ser bem-sucedida em um nível de contato no qual a maioria dos outros havia fracassado? Quando a vimos vender, descobrimos que, ao contrário dos vendedores menos bem-sucedidos, ela passava um bom tempo preparando as pessoas no Foco de Insatisfação para representá-la no Foco de Poder. Percebendo que não conseguiria ter acesso direto, ela treinou aqueles que conseguiam. Em especial, descobrimos que ela os treinou com o uso de perguntas. Em vez de dizer "Diga a seu chefe que isso será um benefício", ela perguntava: "Por que seu chefe acharia que isso é um benefício? Como você explicaria isso para ele?" Suas perguntas ajudaram os clientes a expressarem os benefícios em suas próprias palavras e a se prepararem para uma reunião bem-sucedida com o tomador de decisões.

A maioria dos vendedores comete um erro fundamental aqui. Eles tentam preparar um patrocinador explicando e sugerindo ideias que ele deve explicar ao tomador de decisões. "Lembre-se de mencionar como o motor aumenta a eficiência", diz o vendedor normalmente, "e fale sobre o desconto por quantidade. E não se esqueça de dizer que oferecemos manutenção gratuita por um ano." O que há de errado com essa maneira de preparar o seu patrocinador? Duas coisas:

1. As pessoas não se lembram de tudo que lhes foi dito. Muito do que você informa a seu patrocinador será omitido ou filtrado até a hora de ser dito para o tomador de decisões.

2. As pessoas nunca transmitem a mensagem de outra pessoa de maneira tão convincente quanto transmitiriam sua própria mensagem. Então, se você colocar palavras na boca do seu patrocinador, é exatamente assim que vai parecer para o tomador de decisões – algo artificial e sem convicção.

Perguntas de Necessidade de Solução

Então, se você não pode instruir seus patrocinadores sobre o que dizer, como irá prepará-los para vender em seu nome? As pessoas bem-sucedidas "ensaiam" seus patrocinadores. Eles encorajam os patrocinadores a encontrarem suas próprias maneiras de expressar as ideias principais que estão tentando transmitir. Eles então treinam os patrocinadores para que as ideias surjam de maneira clara e natural. Embora isso possa parecer ótimo em teoria, a maioria das pessoas acha que é um conceito difícil de pôr em prática.

Descobrimos que uma das maneiras mais eficazes para ensaiar um patrocinador é fazendo *Perguntas de Necessidade de Solução*. São perguntas que indagam ao cliente sobre o valor ou a utilidade de determinada solução, produto ou abordagem. Exemplos típicos incluem: "Como isso pode ajudá-lo?", "Por que isso seria útil?" ou "Se pudéssemos cortar seus custos nessa área em 5%, isso seria uma economia válida?". Nossa pesquisa revelou que as Perguntas de Necessidade de Solução estão fortemente associadas ao sucesso das vendas ao longo do ciclo de vendas. Em outras palavras, descobrimos que as visitas de vendas têm mais probabilidade de serem bem-sucedidas se o vendedor fizer várias Perguntas de Necessidade de Solução. A força das Perguntas de Necessidade de Solução é que elas fazem o *cliente* explicar os benefícios. Consequentemente, elas são uma forma especialmente poderosa de se ensaiar um cliente para vender em seu nome. Quando você não consegue ter acesso direto às pessoas no Foco de Poder, sua estratégia de contingência deve ser fazer Perguntas de Necessidade de Solução às pessoas no Foco de Insatisfação para que elas entendam a explicação dos benefícios que seu produto oferece.

A Estratégia de Perguntas SPIN®

No início deste capítulo, dissemos que os três objetivos estratégicos para a fase de Reconhecimento de Necessidades da venda são *descobrir a insatisfação* com a situação existente, *desenvolver a insatisfação* para que os problemas sejam percebidos pelo cliente como suficientemente graves para justificar uma ação, e *canalizar seletivamente a insatisfação* para que você desenvolva as áreas de insatisfação nas quais seu produto ou solução melhor se adapta às necessidades do cliente.

Também consideramos quatro tipos de perguntas que fornecem uma sequência de sondagem que você pode usar no planejamento e execução de visitas para ajudá-lo a atingir esses objetivos. Os tipos são:

Perguntas de Situação – coletam dados e fatos antecedentes. Dissemos que as Perguntas de Situação devem ser usadas com moderação, porque os compradores podem ficar entediados, impacientes ou até mesmo hostis se essas perguntas forem usadas em demasia. Nossas evidências sugerem que, se possível, você deve fazer a maioria de suas Perguntas de Situação básicas no Foco de Receptividade, de modo que você descubra o máximo possível de informações factuais antes de falar com outras partes da conta. Repare que não estamos sugerindo que você evite completamente as Perguntas de Situação com pessoas no Foco de Insatisfação ou de poder. Isso não seria realista – Perguntas de Situação lhe proporcionam informações essenciais, e você não conseguiria vender sem elas. No entanto, tenha em mente que, como as Perguntas de Situação são facilmente usadas em excesso, você deve tentar fazê-las de forma eficiente.

Perguntas de Problema – descobrem problemas, dificuldades e insatisfações. Perguntas de Problema são especialmente úteis no Foco de Insatisfação. Ao compreender os problemas que seus produtos podem resolver e fazendo as Perguntas de Problema adequadas, você pode começar a atingir o primeiro de seus três objetivos estratégicos para esta etapa da venda – descobrir a insatisfação.

Perguntas de Implicação – exploram as consequências ou implicações dos problemas de um cliente. Perguntas de Implicação são especialmente úteis para a realização do segundo e do terceiro de seus objetivos estratégicos – desenvolver e canalizar seletivamente a insatisfação para onde você pode fornecer a solução mais eficaz. Nossas pesquisas descobriram que as Perguntas de Implicação são fortemente associadas ao sucesso das vendas durante a fase de Reconhecimento de Necessidades da venda. Elas são valiosas em qualquer das três áreas do foco, embora tenhamos descoberto que são especialmente associadas ao sucesso nas vendas para os tomadores de decisão no Foco de Poder.

Perguntas de Necessidade de Solução – exploram o valor ou a utilidade da solução de um problema. Perguntas de Necessidade de Solução estão fortemente associadas ao sucesso quando feitas no Foco de Insatisfação ou no Foco de Poder. Uma função específica das Perguntas de Necessidade de Solução é ajudar você a ensaiar patrocinadores que vão vender em seu nome para as pessoas que estão no Foco de Poder.

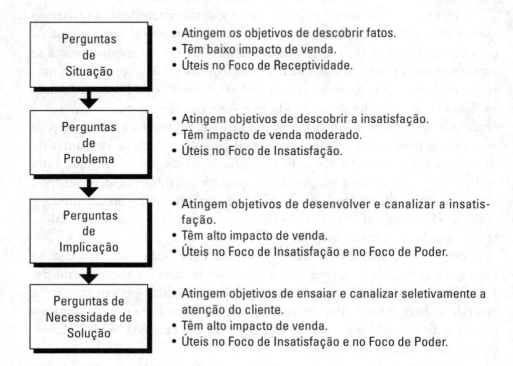

Figura 3-2. A estratégia de perguntas SPIN®.

As iniciais de cada tipo de pergunta geram a sigla "SPIN", nome pelo qual o modelo de perguntas se tornou amplamente conhecido. Muitas das forças de vendas líderes do mundo agora usam este modelo como parte central de seu treinamento de habilidades. Neste capítulo, abordei apenas os fundamentos do modelo. Para saber mais, recomendo que você leia *Alcançando Excelência em Vendas: SPIN®Selling*, no qual dediquei o livro inteiro ao modelo SPIN® e alguns de seus meandros.

As perguntas SPIN® podem ser úteis em qualquer fase do ciclo de venda, mas são especialmente poderosas na fase de Reconhecimento de Necessidades. Como mostra a Figura 3.2, as perguntas que compõem o modelo

Como Fazer seus Clientes Precisarem de Você: Estratégias para a Fase de...

SPIN® são ferramentas que lhe permitem progredir em seus objetivos estratégicos para esta etapa da venda. E, como dissemos anteriormente, se você conseguir exercer um forte impacto sobre seus clientes durante esta etapa inicial do ciclo de venda, você estará bem posicionado para enfrentar o desafio estratégico da próxima fase – Avaliação de Opções –, na qual a concorrência mostra suas garras.

4
Influenciando a Escolha do Cliente: Estratégias para a Fase de Avaliação de Opções

Foi na quinta visita a um cliente novo e promissor que surgiu a grande ideia. A venda havia começado com um encontro casual em um evento social no qual a vendedora, Mary Morales, foi falar com o tecnólogo de um potencial grande cliente. A partir desse contato inicial com uma pessoa no Foco de Receptividade, tinha sido um caso clássico. Mary tinha progredido para o Foco de Insatisfação e conseguido descobrir alguns problemas significativos que ela poderia resolver. Por meio de discussões com as pessoas no Foco de Insatisfação, ela havia encontrado um patrocinador e o convenceu de que os problemas eram urgentes e graves o suficiente para precisar de atenção imediata. Mary não conseguiu falar diretamente com o tomador de decisões, mas achava que tinha feito um bom trabalho de ensaiar seu patrocinador, por isso estava confiante do sucesso. Eu estava sentado com ela no escritório de seu patrocinador, esperando para ouvir o resultado da reunião do patrocinador com seu chefe – a pessoa que estava no Foco de Poder.

O patrocinador de Mary retornou da reunião com um amplo sorriso. "Nós conseguimos", disse ele. "O chefe concordou que o problema é sério e que o sistema tem de ser substituído." Despedimo-nos alegremente. "Foi um trabalho árduo", Mary me contou enquanto descíamos no elevador, "mas valeu a pena porque é provável que seja uma venda grande, e tudo que tenho a fazer agora é aguardar o pedido."

Quando a encontrei três meses depois no escritório da filial, perguntei a Mary qual foi, afinal, o tamanho do pedido. "Não sei", confessou ela, "ainda não o recebemos". "O que aconteceu?", perguntei a ela. "Eles montaram um comitê", respondeu ela, "e, se isso não fosse o suficiente, ainda criaram especificações e as enviaram a nossos principais concorrentes com solicitações de orçamento. Ainda temos uma boa chance de conseguir a venda, pois nós influenciamos a especificação. Mas, cantei vitória cedo demais, quando disse que só tinha de esperar o pedido. Tive de trabalhar muito mais – e ainda não terminei."

Como muitos outros vendedores, Mary estava enfrentando os difíceis problemas de vendas que surgem durante a fase de Avaliação de Opções da venda. Por pura coincidência, eu estava com ela no momento em que essa fase começou. A transição da fase de Reconhecimento de Necessidades para a fase de Avaliação de Opções, neste caso, foi clara e visível. No momento em que seu patrocinador lhe disse que seu chefe havia concordado em substituir o sistema, o problema não era mais "precisamos disso?" – o cliente já não estava preocupado com o Reconhecimento de Necessidades. Em seu lugar, havia todo um novo conjunto de problemas do comprador. Por um período de três meses, a energia de compra foi canalizada para a criação de um comitê de avaliação, a decisão sobre a especificação de compra, a localização de outros fornecedores e o pedido de orçamentos, a seleção dos orçamentos recebidos, e as apresentações dos fornecedores. Qual é o fator comum nesta grande onda de atividade da conta? Cada uma dessas ações foi motivada por uma única pergunta: "Como podemos fazer a melhor escolha?" Esse é o principal fator psicológico nesta etapa da venda, a fase de Avaliação de Opções, ilustrada na Figura 4.1.

As pessoas na conta sabem que têm uma necessidade – essa não é mais a questão. Agora suas preocupações são sobre escolhas – sobre a Avaliação de Opções.

Reconhecendo a Fase de Avaliação de Opções

Antes de começar a executar uma estratégia de venda eficaz para a fase de Avaliação de Opções, você deve primeiro ter certeza de que identificou corretamente em que a fase está a venda. No caso que acabamos de ver, o reconhecimento não era o problema. O cliente nos disse que seu chefe tinha decidido agir – em outras palavras, tinha reconhecido a necessidade, o que nem sempre é tão simples.

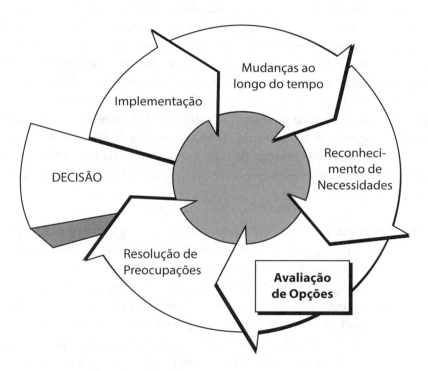

Figura 4-1. A Fase de Avaliação de Opções. O cliente faz escolhas entre alternativas concorrentes. Objetivos estratégicos: descobrir os critérios de decisão, influenciar os critérios de decisão e maximizar a adequação percebida.

Em muitas vendas, o cliente já entrou na fase de Avaliação de Opções antes de você fazer seu primeiro contato cara a cara.

Isso quase certamente seria o caso quando a venda começa com uma Solicitação de Proposta ou uma especificação de proposta enviada pelo cliente. A necessidade foi definida antes de você chegar. Naturalmente, isso não significa que você não deve perguntar sobre as necessidades. Pode ser apropriado, em um primeiro encontro – mesmo quando o cliente está na fase de Avaliação de Opções –, explorar necessidades ou até mesmo tentar redefini-las. Mas é importante entender que a atenção psicológica do cliente estará direcionada a fazer escolhas. Um concorrente que ajuda o cliente a entender como fazer escolhas tem uma probabilidade maior de exercer mais impacto do que aquele que quer reabrir a discussão das necessidades.

Outro fator complicador para decidir se você entrou na fase de Avaliação de Opções é o problema de ter vários tomadores e influenciadores de decisão. Às vezes uma pessoa na conta já está convencida da necessidade de agir e agora está buscando opções alternativas. Simultaneamente, na mesma conta, pode haver pessoas que ainda não estão convencidas de que há alguma necessidade de mudança. Por conseguinte, na mesma conta, você algumas vezes pode enfrentar clientes que estão em diferentes etapas da decisão. No entanto, apesar disso, costuma ser relativamente fácil saber quando uma parcela significativa das pessoas de uma conta passou da fase de Reconhecimento de Necessidades para a fase de Avaliação de Opções. Preste atenção em sinais como:

- *Especificações publicadas*. Quando você recebe uma especificação ou uma Solicitação de Proposta por escrito, é justo supor que a maioria das pessoas no Foco de Poder e no Foco de Insatisfação está na fase de Avaliação de Opções da venda. Se a especificação for muito vaga (se, por exemplo, disser apenas: "Estamos interessados em adquirir um novo sistema de telefonia e gostaríamos de que você enviasse informações detalhadas de seus sistemas"), é provável que você esteja bem no início da fase. A necessidade foi reconhecida, mas o cliente ainda não desenvolveu critérios de compra específicos. Por outro lado, se a especificação for muito detalhada (se disser algo como "o sistema escolhido deve ter capacidade de 700 unidades, possibilidade de programação por meio de software e deve ter um registro de uso de unidades baseado no tempo"), a conta já está mais avançada na fase de Avaliação de Opções.
- *Comitês de compras*. Quando o cliente estabelece um comitê de compras ou de avaliação, ou delega as decisões de compra ou as recomendações

a um grupo de indivíduos, isso é um sinal de que a fase de Avaliação de Opções está em curso. Há muitos vendedores que têm uma antipatia tão grande por comitês de compras que beira o ódio. Eles acreditam que esses comitês devem, inevitavelmente, atrasar a venda e emaranhá-la em uma burocracia que desperdiça tempo. Provas objetivas sugerem que o oposto é verdadeiro. A razão para o comitê de compra é que não há uma pessoa no Foco de Poder que esteja disposta ou seja capaz de tomar uma decisão sozinha. O comitê é um mecanismo para superar isso – para compartilhar o risco de decisão, de modo que a venda possa progredir. A má reputação dos comitês de compra ocorre principalmente porque uma organização tende a estabelecê-los quando ela não tem a experiência necessária para tomar uma decisão. Assim, um comitê de avaliação normalmente é criado quando o cliente nunca comprou esse tipo de produto ou serviço. Por conseguinte, os comitês se movem lentamente. Mas pense em quanto mais lenta a decisão seria sem o comitê. É por isso que vendedores muito experientes – quando veem que um cliente não especializado está entrando na fase de Avaliação de Opções – realmente sugerem à conta a criação de um comitê de compra. Certa vez, testemunhei uma conversa acalorada entre um gerente de vendas da IBM e um de seus funcionários. "Você fez o quê?", explodiu o gerente de vendas, quando ouviu que o vendedor tinha sugerido a um patrocinador que ele deveria criar um comitê de avaliação. "Agora vamos precisar de seis meses até eles chegarem a uma decisão." "Você provavelmente está certo", respondeu o vendedor. "Pode demorar seis meses, mas se eles não montarem um comitê isso vai levar um ano." Então, não fique desanimado ou negativo sobre os mecanismos do comitê. Basta considerá-los um sinal de que o cliente entrou com firmeza na fase de Avaliação de Opções da venda.

■ *Apresentações de fornecedores.* Outro sinal claro de que você está na fase de Avaliação de Opções é quando o cliente está solicitando apresentações de diversos fornecedores. Às vezes, se ele convoca uma "feira de fornecedores", vários fornecedores fazem apresentações no mesmo dia ou na mesma semana. Nesses casos, o comitê assiste a uma série de apresentações. Devo confessar que não gosto de arranjos nos quais mais de três fornecedores fazem apresentações sucessivas. Depois de participar de comitês de compras, notei que, em uma longa série de fornecedores, uma apresentação se confunde com a outra; os membros da comissão ficam entediados; e uma apresentação divertida e animada algumas vezes pode receber muito mais crédito do que merece porque o comitê fica agradecido por um breve alívio. Mas uma série de apresentações concentradas pode ter duas vantagens claras para o vendedor – um processo de decisão mais rápido e uma indicação clara de quem são os concorrentes. E conhecer seus concorrentes é essencial. Raramente é possível fazer um trabalho eficaz na fase de Avaliação de Opções se você não sabe com quem está competindo.

Escolhendo a Estratégia de Venda Errada

O especialista em compra de materiais de uma empresa que era grande usuária de abrasivos industriais ligou para um fornecedor potencial e sugeriu uma reunião para discutir um contrato de fornecimento. Isso foi uma oportunidade para Willard F., representante de vendas daquela região. O cliente que estava pedindo a reunião era o maior na região de Willard, embora atualmente apenas um pequeno usuário de seus produtos. Willard estava ansioso para melhorar sua penetração no mercado.

Durante a reunião, que durou três horas, Willard tentou descobrir e desenvolver necessidades. Ele fez várias perguntas para convencer o cliente de que os abrasivos soltos existentes eram um perigo para a segurança e a saúde. Seu objetivo era desenvolver a necessidade por um dos produtos de sua empresa – um abrasivo embutido em resina que soltava menos faíscas ou partículas de poeira. No final da reunião, o cliente lhe disse: "Concordo plenamente com você de que precisamos mudar para os abrasivos embutidos em resina". Willard ficou satisfeito consigo mesmo, pois teve uma reunião muito bem-sucedida. Por isso, ficou surpreso quando, seis semanas depois, ouviu que o cliente havia comprado um abrasivo embutido em resina de outro fornecedor.

Influenciando a Escolha do Cliente: Estratégias para a Fase de Avaliação de Opções **87**

O que deu errado? Conversamos com o cliente de Willard, que nos disse: "Tivemos uma boa reunião com Willard. Ele foi muito profissional e me impressionou. Eu gostaria de fazer negócios com ele algum dia. Infelizmente, ele passou toda a reunião me convencendo que precisávamos mudar para abrasivos embutidos, mas eu não precisava ser convencido. Eu já havia decidido que deveria mudar. O que eu precisava saber era como os abrasivos de Willard eram diferentes dos abrasivos de seus concorrentes. Eu estava tentando decidir qual abrasivo embutido escolher – não se abrasivos embutidos eram a melhor opção. Então, na semana seguinte, falei com um de seus concorrentes, que me mostrou algumas das coisas que eu precisava considerar na escolha entre os diferentes produtos à base de resinas. Fiquei impressionado e optei pelo concorrente".

O erro de Willard foi acreditar que o cliente ainda estava na fase de Reconhecimento de Necessidades da venda. Como resultado, ele se concentrou em desenvolver uma necessidade de mudança. Se ele tivesse percebido que o cliente já tinha decidido mudar, ele poderia ter adotado a estratégia usada por seu concorrente bem-sucedido – ele poderia ter influenciado os critérios de decisão do cliente e aumentado muito suas chances de sucesso.

Objetivos para a Fase de Avaliação de Opções

Quais são seus objetivos estratégicos globais para esta fase da venda? Obviamente, você quer emergir como o principal concorrente – você quer garantir que o cliente avalie as opções oferecidas por você como superiores àquelas que os concorrentes disponibilizam. Aliás, como veremos no próximo capítulo, quando consideramos como o cliente avalia as opções, os concorrentes não devem ser rigidamente definidos como outros fornecedores que vendem produtos comparáveis. Demandas alternativas no orçamento do cliente, por exemplo, podem ser um concorrente tão importante quanto outro fornecedor.

Mas, além de seu objetivo estratégico geral de emergir como o principal candidato, que objetivos específicos você deve definir para esta fase que o ajudarão a planejar e executar visitas de vendas eficazes? Nossas pesquisas sugerem que você deve ter três objetivos estratégicos específicos em mente

88 Capítulo 4

quando fizer visitas de vendas durante a fase de Avaliação de Opções. Tenha como meta:

- *Descobrir os critérios de decisão*. Descubra quais os fatores ou critérios que o cliente pretende utilizar para fazer escolhas entre os fornecedores. O preço, por exemplo, é mais importante que a qualidade? A entrega é um fator decisivo?
- *Influenciar os critérios de decisão*. Introduza critérios ou fatores que devem ser importantes na tomada da decisão, mas que o cliente pode não ter considerado. E influencie a importância relativa dos critérios já existentes do cliente para que seu produto ou serviço seja julgado favoravelmente em relação aos concorrentes.
- *Maximizar o ajuste percebido com os critérios de decisão*. Demonstre ao cliente que seu produto ou serviço se encaixa adequadamente nos critérios que serão utilizados para tomar a decisão.

Para ver como você pode atender a esses objetivos estratégicos, vamos olhar mais de perto a psicologia que há por trás da tomada de decisão – como as pessoas e as organizações fazem escolhas.

Como as Pessoas Fazem Escolhas

De que modo um cliente lida com a tarefa de fazer uma escolha entre fornecedores? Existem regras gerais que podem influenciar a estratégia de vendas? Para responder a essas perguntas, devemos entender a psicologia da decisão. Quando um cliente está escolhendo entre as alternativas concorrentes, o processo de decisão normalmente passa por três fases claras, que são as seguintes:

1. *Identificar os diferenciais*.
2. *Estabelecer a importância relativa dos diferenciais*.
3. *Julgar as alternativas usando os diferenciais*.

Isso é mostrado na Figura 4.2. Vamos dar uma olhada em cada um deles.

Identificando Diferenciais

No início do processo, o cliente pode não ter nenhuma ideia de como começar a fazer uma escolha. Isso não é tão improvável como pode parecer.

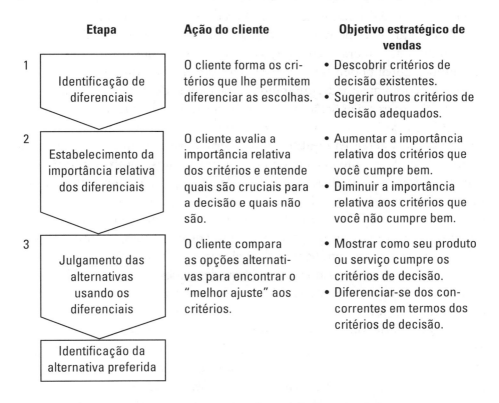

Figura 4-2. As Três Etapas Psicológicas na Avaliação de Opções alternativas.

Há muitos exemplos cotidianos de compradores potenciais cujas decisões estão paralisadas porque eles não têm um mecanismo de escolha. Veja um caso típico. Uma pessoa que não sabe nada sobre fotografia decide comprar uma câmera. Essa pessoa visita uma loja de fotografia. O vendedor demonstra uma atordoante gama de câmeras, que vão desde sofisticados sistemas de 35mm a opções simples e automáticas. Os preços variam de câmeras que custam pouco mais do que um rolo de filme até aquelas que exigem que o cliente faça uma hipoteca. Os formatos variam, a automação varia. Das câmeras que o cliente viu até agora, não há duas iguais. E existem outros 50 modelos claramente visíveis na loja. Se o infeliz cliente não sabe nada sobre câmeras, não há maneira de ele fazer uma escolha válida. A primeira tarefa da decisão para esse cliente é estabelecer diferenciais – identificar o que uma câmera faz que é diferente da outra. O preço é um diferenciador evidente e é fácil de medir. Mesmo um cliente totalmente ingênuo pode avaliar o custo relativo de cada câmera apenas olhando a etiqueta de preço. Outros diferenciais importantes podem se tornar evidentes à medida que o cliente pensa sobre eles, como qualidade, durabilidade, facilidade de uso, versatilidade. Alguns desses diferenciais serão mais difíceis de avaliar do que outros.

Diferenciais são critérios que o cliente pode usar para julgar entre alternativas. Nós geralmente utilizamos o termo critérios de decisão quando estamos falando de diferenciais, embora outros termos, como orientações de decisão, parâmetros de seleção, critérios de avaliação ou fatores diferenciais também sejam adequados. Há dois elementos importantes que geram um diferenciador ou critério de decisão eficaz. O primeiro deles, obviamente, é que o critério permite que o cliente diferencie – então, algumas opções são superiores a outras em termos daquele critério. Não seria um critério de decisão eficaz se todas as opções tivessem desempenho idêntico. No nosso exemplo da câmera, um critério de decisão ineficaz, por exemplo, é o fato de a câmera ser leve o suficiente para ser transportada por uma pessoa. Não é um bom critério, pois todas as câmeras na loja vão passar; o critério, portanto, não diferencia. No entanto, no século XIX, quando algumas câmeras chegavam a pesar várias centenas de quilos, o critério "pode ser carregada por uma pessoa" poderia muito bem ter sido um diferenciador importante.

O segundo elemento necessário a um critério de decisão eficaz é que ele se relacione de alguma forma às necessidades do cliente. Voltando novamente ao exemplo da câmera, seria possível estabelecer um critério de decisão relacionado ao nível de ruído do obturador da câmara. Ele certamente se diferenciaria. Câmeras diferentes têm diferentes níveis de ruído – obturadores mecânicos tendem a ser mais barulhentos que os obturadores eletrônicos, por exemplo. Se, por algum motivo, o cliente precisasse de uma câmera muito silenciosa, este seria um critério de decisão apropriado – ele se diferencia e se relaciona às necessidades. Mas não seria um critério muito eficaz se, como na maioria das compras da câmera, o nível de ruído do obturador não importasse para o cliente. Como veremos no capítulo seguinte, ajudar o cliente a desenvolver e utilizar diferenciais eficazes é de importância vital para o sucesso na venda competitiva.

Estabelecendo a Importância Relativa dos Diferenciais

Depois que o cliente identificou alguns diferenciais – ou critérios de decisão – que estão relacionados às necessidades e que permitem a diferenciação entre as opções alternativas, o próximo passo psicológico no processo de decisão é o cliente decidir qual desses diferenciais potenciais é o mais importante na tomada de decisão. A qualidade é mais importante que o preço? É crucial ter mais velocidade? Será que realmente importa se só pudermos entregar daqui a três meses? Como resultado de fazer a si mesmos perguntas como essas, os clientes transformam "listas de desejo" desestruturadas em escalas ponderadas coerentes. Colocado em forma de diagrama, como ilustra a Figura 4.3, o que os clientes estão fazendo é classificar os critérios de decisão potenciais em uma escala de importância que varia entre crucial e incidental.

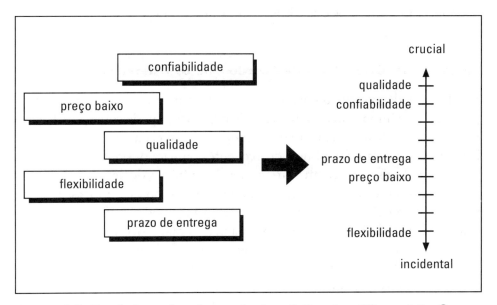

Figura 4-3. Estabelecendo a importância relativa dos diferenciais. O cliente pensa em necessidades e critérios, depois decide quais são os mais importantes.

92   Capítulo 4

Isso parece um processo muito formal e estruturado. Às vezes, é apenas isso. Em muitas decisões de comitês, a primeira tarefa na agenda do comitê é estabelecer critérios de decisão e estabelecer sua importância relativa. Em muitos outros casos, no entanto, tudo que acontece é um processo de triagem informal que se passa na cabeça de um indivíduo. Quando você está vendendo, muitas vezes pode dizer até onde o cliente chegou nessa etapa de estabelecimento da importância relativa dos diferenciais. No início da fase de Avaliação de Opções, o cliente muitas vezes considera, de maneira irreal, todos os critérios igualmente cruciais. Sendo assim, você vai encontrar clientes que sinceramente acreditam que devem conseguir encontrar a mais alta qualidade, a maior versatilidade, a maior confiabilidade e o menor preço no produto de um concorrente. Posteriormente nessa etapa, os clientes tendem a ser mais realistas. Quando eles passam a entender que nenhum produto pode lhes dar tudo, eles trocam um critério por outro. Então, percebem que, se quiserem garantir a qualidade, eles terão de sacrificar preços ou obter maior velocidade pode significar aceitar menor confiabilidade. Como resultado, alguns dos critérios de decisão que antes eram considerados cruciais podem ser minimizados e se tornar menos importantes.

Julgando as Alternativas de Acordo com os Diferenciais

Finalmente, depois que o cliente tem uma lista de critérios de classificação por ordem de importância, o processo de julgamento pode começar. O cliente avalia as alternativas concorrentes para ver como cada uma corresponde à lista de classificação. Simplificando, o cliente compara os pontos fortes e fracos dos produtos concorrentes em termos dos critérios de decisão. Mais uma vez, é importante ressaltar que, dito desta forma simples, o processo parece muito mais mecânico do que tende a ser na vida real. Muitas vezes, especialmente quando há apenas uma pessoa para tomar a decisão, não há sinais visíveis do processo que acabei de descrever – quando muito, notas rabiscadas no verso de um papel. Mas é quase certo que uma sequência informal de eventos muito semelhante acontece na mente do cliente.

Como os Critérios de Decisão Influenciam o Sucesso em Vendas

Quando estou ajudando vendedores a melhorar suas estratégias de venda, sempre os incentivo a dar muita atenção a como o cliente forma e utiliza os critérios de decisão. No primeiro momento, muitos dos vendedores com quem trabalho dizem: "Isso é interessante, mas é muito teórico. Como é que entender a psicologia da tomada de decisões pode nos ajudar a fazer mais vendas?". Se as pessoas dizem isso em voz alta o suficiente, costumo fazer uma pausa para tentar um pequeno exercício que ajuda a demonstrar por que é tão importante entender os critérios de decisão. Se estiver inseguro sobre a relevância desses conceitos para seu sucesso em vendas, convido você a fazer este exercício. Pense em uma venda que você fechou, e elabore os critérios que você acha que o cliente usou para tomar a decisão de compra. Classifique esses critérios em "cruciais" e "incidentais" em uma escala. Ao lado, classifique os pontos fortes e fracos de seu produto como você acha que o cliente os avaliou, usando uma escala que vai de "forte" a "fraco". Seu resultado deve ficar parecido com o exemplo da Figura 4.4 a seguir.

Você verá que, no exemplo, há uma proximidade entre as duas escalas. O produto foi percebido pelo cliente como forte nas dimensões ou critérios que eram cruciais. Sempre que o produto era visto como fraco, o critério era pouco importante, ou incidental, para o cliente. Em geral, em vendas bem-sucedidas, há uma proximidade entre as duas escalas. É provável que as duas escalas no seu exemplo também sejam razoavelmente próximas. É raro, porém, encontrar uma combinação perfeita, por isso não se surpreenda se encontrar pequenas diferenças.

Agora tente exatamente o mesmo procedimento com uma venda mal-sucedida. Qual a proximidade entre as duas escalas? É provável que a proximidade seja muito menor, como no exemplo da Figura 4.5. Nesse caso, existem duas grandes disparidades. O produto é forte em termos de qualidade, mas esse não é um critério importante para este cliente. Uma disparidade ainda mais grave ocorre na área de compatibilidade, que é crucial para o cliente, e na qual este produto é claramente fraco. É fácil ver por que a venda foi perdida. Olhe para seu próprio caso. Quais foram as disparidades que lhe custaram a venda?

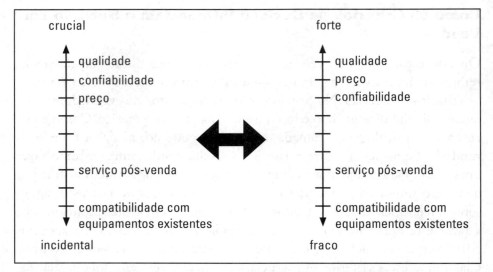

Figura 4-4. Critérios de decisão para uma venda tipicamente bem-sucedida. Esquerda: Critérios de decisão do cliente. Direita: Como o cliente avaliou o produto bem-sucedido.

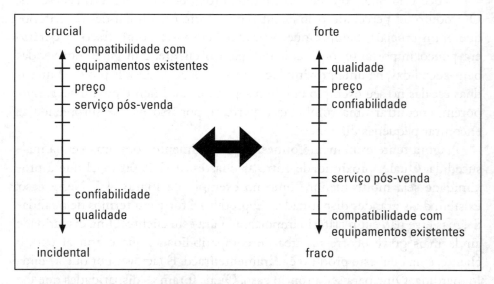

Figura 4-5. Critérios de decisão para uma venda tipicamente malsucedida. Esquerda: Critérios de decisão do cliente. Direita: Como o cliente avaliou o produto malsucedido.

Influenciando a Escolha do Cliente: Estratégias para a Fase de Avaliação de Opções **95**

Gosto desse pequeno exercício porque ele mostra como os critérios de decisão dos clientes estão ligados ao sucesso da venda. Quanto maior a proximidade entre os critérios de decisão do cliente e seu produto, mais provável será o cliente escolher você. Como veremos no próximo capítulo, ao elaborar escalas como essas quando você planeja uma visita, é possível prever sua força em relação aos concorrentes e, em consequência, desenvolver melhores estratégias competitivas.

Um ponto ainda mais importante sobre essas escalas é que elas raramente são fixas e imutáveis. Vendedores habilidosos influenciam os critérios de decisão para proporcionar um ajuste melhor a seus produtos. Em caso de fracasso (Figura 4.5), por exemplo, o produto é forte em termos de qualidade, mas o cliente acha que a qualidade não é importante. Se o vendedor tivesse elaborado essas escalas durante a fase de Avaliação de Opções da venda, ficaria imediatamente evidente que um dos objetivos estratégicos urgentes para a próxima visita seria mostrar a importância da qualidade para o cliente. O vendedor poderia, por exemplo, planejar convencer o cliente da importância da qualidade, explorando os problemas e as implicações que podem surgir quando se adquire um produto sem qualidade. Um objetivo estratégico de venda mais difícil – mas igualmente vital – neste exemplo seria reduzir a importância da compatibilidade como critério crucial. O cliente vê a compatibilidade como crucial, e o produto do vendedor é fraco. Em casos como esses, como veremos no restante deste capítulo, existem algumas técnicas que os vendedores bem-sucedidos utilizam para reduzir a importância dos critérios de decisão cruciais que não podem cumprir.

A sequência de julgamento para *identificar diferenciais, estabelecer a importância relativa dos diferenciais* e *julgar as alternativas usando diferenciais* geralmente acontece nas três etapas que descrevemos. No entanto, se os clientes encontram dificuldades em qualquer etapa, o vendedor pode voltar e reavaliar uma etapa anterior da sequência. Se, por exemplo, durante a etapa de julgamento, parece que nenhum dos produtos concorrentes atende adequadamente a um critério de decisão crucial, o cliente pode voltar a uma etapa anterior e rever a importância do critério ou mudá-lo de alguma forma.

Ao compreender o processo de decisão do cliente durante a fase de Avaliação de Opções da venda, você vai achar mais fácil definir objetivos de visita eficazes e verá que os três objetivos estratégicos de venda gerais

96   Capítulo 4

para esta etapa – *descobrir os critérios de decisão, influenciar os critérios de decisão* e *maximizar a adequação percebida com os critérios de decisão* – se referem a influenciar as etapas do processo de decisão do cliente que descrevemos.

Alguns Pontos sobre os Critérios de Decisão

Se estamos falando sobre a venda de um produto novo para um novo cliente, é muito provável que a primeira vez que o cliente vai pensar seriamente sobre os critérios de decisão é durante a fase de Avaliação de Opções. Mas isso não significa que os clientes não estão cientes dos critérios de decisão ou não estão envolvidos em questões de avaliação durante as outras etapas do ciclo de compra. Por exemplo:

- *O cliente pode definir os critérios antes das necessidades serem totalmente estabelecidas.* Muitas organizações definem critérios de seleção antes mesmo de terem identificado necessidades específicas. Esses critérios constituem algumas "obrigações" mínimas que um fornecedor será obrigado a cumprir antes de ser colocado em uma lista de fornecedores. Então, quando surge uma necessidade, o departamento de compra da organização consulta a lista de fornecedores para decidir quem deve ser convidado a apresentar uma proposta. Em geral, os critérios de decisão desenvolvidos nessa etapa de análise são muito gerais e será relativamente fácil um fornecedor sério cumpri-los. Há exceções. Às vezes, são definidos critérios políticos – especialmente em compras governamentais. A mensagem vem do alto dizendo, por exemplo, que devemos dar mais negócios para pequenas empresas. Assim, as organizações maiores, que podem ser mais bem equipadas para gerar valor, podem, neste caso, não conseguir apresentar propostas porque não cumprem o critério de seleção de tamanho. A maioria dos vendedores experientes com que falamos fez uma distinção entre critérios de seleção "isolados" e critérios "constantes". Quando o critério é "isolado", a conta o definiu para uma única compra. A maioria das pessoas experientes sente que, a menos que seja uma venda de importância estratégica para o negócio, é melhor não tentar desafiar critérios isolados, mesmo que eles o excluam da venda. Eles argumentam que não é necessariamente ruim ser excluído de vez em quando, desde que a exclusão envolva uma parte pequena do negócio e não ajude um concorrente estratégico a conquistar uma posição segura na conta. Isso é especialmente verdadeiro quando o comprador se sente desconfortável em ter um único fornecedor.

Em contrapartida, quando os critérios de seleção excluem você continuamente – o que chamaríamos de critérios de seleção constante –, você não tem escolha senão desafiar o critério pelo qual foi excluído. Alguns vendedores ficam relutantes em aumentar o desafio, mesmo que os critérios de seleção existentes os impeça totalmente de fazer negócios. Certa vez, conheci uma consultora que era especialista em projeto de treinamento. Seu escritório ficava a menos de um quilômetro de distância de uma grande empresa aérea com a qual eu estava trabalhando. "Por que você não faz negócios com a empresa aérea?", perguntei. "Eles usam uma série de serviços de consultoria na área de treinamento." "Não há nenhuma chance de entrar", respondeu ela. "Basta olhar para as especificações na proposta." Ela me entregou uma lista de critérios de seleção que a empresa aérea tinha desenvolvido para consultores. Mais ou menos da metade para baixo da lista, havia o critério "deve ter experiência anterior no setor aéreo". "Eu nunca trabalhei com empresas aéreas antes", disse ela, "então não há como eu apresentar uma proposta de contrato." Na semana seguinte, eu estava conversando com o chefe de treinamento da empresa aérea. "É uma pena", disse eu, "que seus critérios de seleção afastem algumas pessoas muito boas." "Sinceramente", respondeu ele, "metade dos consultores que trabalham para nós não atendem aos critérios. Se a pessoa é boa, nós sempre abrimos uma exceção." Mesmo depois de ter passado essa informação para a consultora, ela ainda estava relutante em fazer uma aproximação – porque, suponho, ninguém gosta de se arriscar a fracassar. Foi necessário que eu e seus outros associados insistíssemos muito até ela superar sua relutância e apresentar uma proposta vencedora. A empresa aérea acabou se tornando seu segundo maior cliente. A moral dessa história é que não se deve considerar os critérios de seleção tão rigidamente. Geralmente vale a pena fazer pelo menos um desafio exploratório se você sente que pode atender às necessidades do cliente, ainda que não cumpra os critérios de seleção.

- *Os clientes podem ter critérios preexistentes.* Para manter o conceito simples, dei a entender que os clientes não têm nenhum critério de decisão até a fase de Avaliação de Opções da venda. Então, ao pensarem nos diferenciais, os clientes começam a desenvolver critérios. Isso pode ser verdadeiro se o cliente nunca comprou produtos como o seu. Mas é óbvio que não será verdadeiro se o cliente já tem experiência de comprar produtos como os que você está oferecendo. Através de pesquisa, compra anterior ou contato com produtos semelhantes, os clientes podem ter um conjunto preexistente de critérios de decisão antes da fase de Avaliação de Opções começar. A maioria de nós, por exemplo, tem critérios de decisão para a compra de um carro. No meu caso, posso dizer que a confiabilidade é importante, além da segurança. Não estou preocupado com tamanho – para mim, não importa se o carro que vou comprar é grande ou pequeno –, mas me importo com o valor de revenda. No entanto, embora eu possa lhe dar alguns dos critérios de decisão que eu usaria para escolher um carro, isso não significa que eu preciso comprar um. O fato de eu ter critérios revela que tenho experiência de compra anterior nessa área; isso não quer dizer que tenho necessidades.

Critérios de decisão preexistentes podem dificultar a venda. Isso é especialmente verdadeiro quando você está vendendo para "especialistas". Por definição, um especialista é uma pessoa com experiência na área, e, inevitavelmente, essa experiência significa que o especialista já tem alguns critérios de decisão para tomar decisões de compra mesmo antes da venda começar. Se seu produto não atende a esses critérios, você pode descobrir que o especialista é resistente à discussão das necessidades. Por isso, muitas vezes é necessário, quando você está vendendo para especialistas técnicos, influenciar seus critérios antes de tentar descobrir e desenvolver necessidades.

Influenciando a Escolha do Cliente: Estratégias para a Fase de Avaliação de Opções **99**

- *Ao desenvolver necessidades, você influencia os critérios de decisão.* Durante a primeira fase da venda, o Reconhecimento de Necessidades, seu objetivo estratégico é descobrir e desenvolver as necessidades dos clientes nas áreas nas quais seus produtos ou serviços podem proporcionar a melhor solução. Ao fazer isso, você também inicia o processo de influenciar os critérios de decisão do cliente. Suponha, por exemplo, que seu produto é o mais rápido no mercado. É provável que, durante a fase de Reconhecimento de Necessidades, você faça Perguntas de Problema e Perguntas de Implicação para descobrir e desenvolver a insatisfação do cliente com a velocidade do equipamento existente. Se suas perguntas forem bem-sucedidas, o cliente vai sentir a necessidade de uma máquina mais rápida. Então, quando pensar em critérios de decisão, o cliente provavelmente incluirá velocidade. Lembre-se de que um critério de decisão eficaz deve ter dois componentes: deve permitir a diferenciação entre as alternativas e deve refletir as necessidades do cliente. Ao desenvolver a necessidade de velocidade, você garantiu um dos componentes de um critério de decisão – que ele deve refletir a necessidade do cliente. E, como a velocidade o diferencia objetivamente de seus concorrentes, você também tem a base para o outro componente – diferenciação entre as alternativas. Assim, quando o cliente entra na fase de Avaliação de Opções, a velocidade se torna um critério de decisão pronto. O vendedor, neste caso, transformou uma necessidade em um critério de decisão e, no processo, derrubou alguns dos principais concorrentes.
- *Os critérios de decisão permanecem depois da venda.* Temos enfatizado a importância dos critérios de decisão durante a fase de Avaliação de Opções. No entanto, eles têm uma influência que se estende além dessa etapa e até mesmo além da venda atual. Uma diferença interessante entre uma necessidade e um critério de decisão é que uma necessidade que desaparece depois de ter sido satisfeita. Em contrapartida, um critério de decisão permanece para influenciar as vendas futuras. Quando você acaba de comprar um carro novo, por exemplo, geralmente não sente necessidade de sair para comprar outro. A compra satisfaz sua necessidade, e a necessidade não existe

mais. Por outro lado, os critérios de decisão que você desenvolveu para ajudá-lo a escolher que carro comprar permanecem com você após a compra. Se, ao pensar em que carro comprar, você decidiu que a confiabilidade ou a capacidade de carga eram cruciais, é provável que eles continuem a ser igualmente cruciais depois de você tomar a decisão. Ao contrário das necessidades, os critérios de decisão não desaparecem assim que a decisão é tomada.

Talvez seja porque os critérios de decisão continuam a influenciar decisões futuras que os vendedores bem-sucedidos dedicam uma atenção considerável a eles quando vendem. A durabilidade dos critérios de decisão os torna especialmente importantes no desenvolvimento de negócios de longo prazo com grandes clientes. Se conseguir convencer o cliente de um critério importante em uma área na qual seus produtos são fortes, você terá uma vantagem competitiva contínua.

Influenciando os Critérios de Decisão

Obviamente, se você consegue influenciar positivamente os critérios de decisão, o cliente provavelmente avalia seu produto de uma forma que o diferencia favoravelmente dos concorrentes. É por isso que a influência dos critérios de decisão é sua principal tarefa estratégica de venda durante a fase de Avaliação de Opções. Infelizmente, também é a principal tarefa estratégica de seus concorrentes. Cada vendedor habilidoso que fala com o cliente durante essa etapa tentará influenciar os critérios de decisão de alguma forma. O que sabemos sobre como influenciar os critérios de decisão com sucesso? O que você pode fazer para criar o melhor ajuste entre seus produtos e serviços e os critérios de decisão que o cliente usará para julgar você e seus concorrentes? Em primeiro lugar, antes mesmo de começar a influenciar os critérios de decisão, é importante se livrar de todas as suposições que você possa ter sobre a forma como os clientes fazem julgamentos. É fatalmente fácil imaginar que, como você acha que um critério de decisão específico é importante, o cliente também achará.

Influenciando a Escolha do Cliente: Estratégias para a Fase de Avaliação de Opções **101**

Vendendo para Especialistas Técnicos

No complexo campo das telecomunicações, muitos clientes utilizam especialistas técnicos – especialistas internos ou consultores externos – para avaliar fornecedores e fazer recomendações de compra. Carol L. era muito bem-sucedida em vender para esses "especialistas", mesmo não sendo uma engenheira eletrônica. A maioria dos outros vendedores de sua empresa – muitos dos quais eram engenheiros – iniciava discussões com o especialista técnico tentando descobrir e entender as necessidades. Carol, por outro lado, não começava com as necessidades. Ela começava com os critérios de decisão. "Como você julga um sistema de telecomunicações?", ela perguntava. "Que tipo de opção de emulação de dados é importante em um sistema flexível? Quanta economia de custo um sistema precisa ter para que valha a pena sacrificar a velocidade de transmissão?" Através de perguntas um tanto abstratas como essas, ela descobria quais critérios os especialistas utilizavam para julgar os sistemas de telecomunicações. Como resultado, ela conseguia posicionar seus produtos em termos que atendiam aos critérios dos especialistas. Ao estabelecer que ela estava "na mesma onda que eles", como ela dizia, os especialistas geralmente ficavam mais dispostos a se abrir e falar sobre necessidades.

O sucesso de Carol veio de perceber que os critérios de decisão globais dos especialistas muitas vezes são mais importantes para eles do que as necessidades específicas dos clientes que deveriam representar. Ao compreender seus critérios, ela conseguia apelar para seus julgamentos fundamentais de especialistas. "Eu não teria colocado a questão em termos tão pomposos", disse ela. "Eu apenas tento falar sobre as coisas que interessam às pessoas. E os especialistas realmente gostam de explicar como tomam suas decisões."

Quanto mais você sabe sobre seus produtos e o mercado, mais fácil cair na armadilha de saber quais "deveriam" ser os critérios de decisão e supor que o cliente julga da mesma forma. Não faça suposições. Se os critérios de decisão do cliente são precisos ou imprecisos, bem pensados ou mal concebidos, eles são o mecanismo pelo qual a decisão será tomada, e é importante

102   Capítulo 4

que você os entenda. Existem quatro grandes estratégias para influenciar os critérios de decisão. Algumas estratégias são mais fáceis de usar que outras. Em ordem de dificuldade, começando com a mais fácil, são elas:

- Desenvolver critérios de decisão a partir das necessidades que você descobriu durante a fase de Reconhecimento de Necessidades da venda.
- Reforçar os critérios de decisão cruciais que você pode cumprir.
- Incrementar os critérios de decisão incidentais em áreas nas quais você é forte.
- Reduzir a importância dos critérios de decisão cruciais que você não pode cumprir.

Como acontece com outras abordagens eficazes de venda, a flexibilidade é importante para influenciar os critérios de decisão, e não há nenhuma sequência rígida em que você deve usar as quatro estratégias listadas aqui. Mas, como regra geral, é melhor usar as mais fáceis primeiro.

Vamos considerar cada uma das quatro mais detalhadamente.

Desenvolvendo Critérios a partir das Necessidades Descobertas no Início da Venda

O método mais básico para influenciar os critérios de decisão é desenvolver necessidades nas quais seu produto ou serviço é mais forte e fazer o cliente concordar que essas necessidades serão utilizadas como critérios para tomar a decisão de compra. É especialmente eficaz fazer isso com as necessidades que você pode atender melhor do que os concorrentes. Se você consegue obter o acordo do cliente em relação a um critério de decisão que seus concorrentes não podem cumprir, você, obviamente, se coloca em uma posição estratégica muito forte.

Fazendo Suposições Erradas sobre os Critérios de Decisão

Paul T. tinha sido convidado a apresentar uma proposta para um contrato de fornecimento de revestimento de piso para um laboratório industrial. Ele visitou o laboratório e descobriu que eles trabalhavam com materiais corrosivos que podiam danificar pisos convencionais. Por isso, ele propôs uma cobertura cara que era resistente ao ácido e que, mesmo com o derramamento de líquidos corrosivos, devia durar pelo menos vinte anos. Parecia evidente para Paul que a resistência à corrosão devia ser o critério de decisão número um, então ele não deu atenção ao fato de que a especificação pedia uma superfície de vinil mais barata. "Eles não pensaram nisso", argumentou ele, "então, se eu enfatizar na minha proposta que minha superfície é resistente à corrosão, eles vão se convencer."

Paul não conseguiu o negócio. "Não acredito que eles podem ser tão burros", queixou-se aos amigos. "Eles compraram um vinil barato que não vai durar dois anos." Um ano depois, quando o laboratório fechou as instalações existentes e se mudou para um novo prédio, Paul percebeu seu erro. Como a mudança estava sendo planejada, a resistência à corrosão no longo prazo não era um critério de decisão crucial.

Reforçando os Critérios de Decisão Cruciais que Você Pode Cumprir

A próxima estratégia para influenciar os critérios de decisão é fortalecer e reforçar os critérios de decisão cruciais que o cliente já possui nas áreas em que seu produto ou serviço é forte. Ao longo da fase de Avaliação de Opções da venda, pessoas bem-sucedidas ouvem com atenção as declarações de clientes, que sugerem critérios de decisão em áreas nas quais seus produtos têm um bom desempenho. Elas fazem perguntas para incentivar o cliente a falar sobre cada critério e, se conseguem fazer um bom trabalho em cumpri-los, eles reforçam sua importância.

Aumentando os Critérios Incidentais nos quais Você é Forte

Muitos vendedores cometem o erro de concentrar toda a atenção nos critérios de decisão que o comprador diz que são cruciais. Obviamente, se você está na feliz posição de conseguir atender a esses critérios de decisão cruciais melhor que seus concorrentes, não há problema em dedicar a eles 100% de sua atenção. Mas isso não acontece com frequência. É mais comum o cliente expressar critérios de decisão que você só consegue cumprir parcialmente.

Critérios de decisão cruciais são importantes para o cliente, e isso pode torná-los difíceis de influenciar. Não dedique toda a sua atenção aos critérios de decisão cruciais que você não pode cumprir. As tentativas de reduzir a importância dos critérios de decisão cruciais muitas vezes fracassam e podem contrariar o comprador. É uma estratégia melhor capitalizar sobre as áreas nas quais você é mais forte. Reforce os critérios de decisão cruciais que você pode atender, mas depois volte sua atenção para a construção de critérios de decisão menos importantes em áreas nas quais seu produto é forte.

Quando um comprador considera um critério de decisão irrelevante ou incidental, pode ser por uma de duas razões:

- *O comprador não pensou no critério* e, portanto, nem sequer considerou que poderia ser importante.
- *O comprador pensou no critério e o descartou*, de modo que ele é considerado irrelevante ou incidental como resultado de uma reflexão cuidadosa e consciente. Quanto mais o cliente pensa em um critério de decisão, mais difícil pode ser para você mudá-lo.

Mas, se um critério de decisão é visto como irrelevante porque o cliente não pensou muito nele, e se for de uma área na qual seu produto é forte, ele será relativamente fácil de alterar. Desenvolver a importância desses critérios de decisão é a maneira mais fácil de melhorar o ajuste entre seu produto e os critérios que o cliente usará para julgá-lo. De quais habilidades você precisa para desenvolver a importância de um critério de decisão que o cliente vê como incidental ou irrelevante? Exatamente as mesmas que você usaria para desenvolver a importância de um problema durante a fase de Reconhecimento de Necessidades. As perguntas SPIN®, especialmente as Perguntas de

Influenciando a Escolha do Cliente: Estratégias para a Fase de Avaliação de Opções **105**

Implicação, podem ser usadas para desenvolver critérios de decisão incidentais exatamente da mesma maneira como desenvolvem necessidades.

Reduzindo a Importância de Critérios de Decisão Cruciais

Até agora, discutimos três estratégias para influenciar os critérios de decisão do cliente. Dissemos que você pode desenvolver critérios de decisão a partir de necessidades que você descobriu anteriormente, durante a fase de Reconhecimento de Necessidades; reforçar os critérios de decisão cruciais que você pode cumprir e construir critérios de decisão incidentais nos quais seu produto é forte. Cada uma dessas estratégias é relativamente fácil de pôr em prática, porque em cada uma delas o comprador provavelmente será receptivo e não especialmente resistente à mudança. Mas a quarta estratégia – reduzir a importância dos critérios de decisão cruciais que você não pode cumprir – é mais difícil de executar.

Por que é tão difícil mudar um critério crucial? Porque:

- O cliente já *pensou* em todos os problemas que são percebidos como cruciais – e as pessoas não mudam facilmente de opinião se tiverem pensado no assunto.
- A questão é *importante* para o cliente – e as pessoas são mais resistentes a mudanças nas áreas que elas consideram importantes.

Embora seja difícil mudar os critérios de decisão cruciais, certamente não é impossível. Vendedores bem-sucedidos frequentemente levam os clientes a reavaliarem a importância dos critérios de acordo com os quais as decisões serão tomadas. Existem quatro métodos com um bom histórico de ajudar a reduzir a importância dos critérios de decisão cruciais. São eles:

- Ultrapassagem
- Redefinição
- Troca
- Criar soluções alternativas

Vejamos cada um desses métodos mais de perto.

Ultrapassagem. O primeiro método para lidar com um critério crucial (preço, por exemplo) que você não consegue cumprir é pegar um critério que possa ser cumprido – de preferência, um que já seja bem importante para o cliente – e aumentar sua importância para que ele ultrapasse o preço e o substitua como o critério mais crucial.

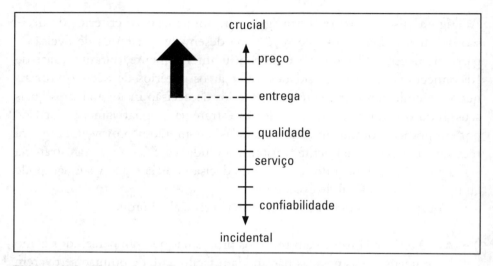

Figura 4-6. Ultrapassando um critério de decisão crucial. Aumentar a importância de um critério insignificante de modo que ele se torne mais importante que o critério crucial que você não pode cumprir.

No exemplo da Figura 4.6, o produto do vendedor é mais caro que o dos concorrentes, mas está disponível para instalação imediata. No entanto, o concorrente mais barato requer um maior prazo de entrega para todos os produtos – fazendo com que a entrega seja uma área na qual o outro vendedor é forte.

O método de ultrapassagem muitas vezes pode ser usado até mesmo no início do ciclo de venda, durante a fase de Reconhecimento de Necessidades. Como vimos anteriormente, ao desenvolver as necessidades dos clientes nas áreas em que é mais forte, você pode aumentar a importância dessas necessidades e influenciar o cliente a utilizá-las como critérios de decisão durante a fase de Avaliação de Opções. Ultrapassagem não lida diretamente com critérios de decisão cruciais que você não pode cumprir. Deixa os critérios de decisão cruciais de lado e aumenta a importância de outras áreas. O próximo método, por outro lado, lida diretamente com os critérios de decisão cruciais e como reduzir sua importância.

Influenciando a Escolha do Cliente: Estratégias para a Fase de Avaliação de Opções **107**

Redefinição. Quando os clientes lhe dizem que o critério é "importante", eles estão comunicando que o critério é importante para eles – e que vai ser difícil mudar. Então, se você não consegue cumprir bem o critério, não cometa o erro de tentar convencer o cliente de que aquilo não é importante. As tentativas de dissuadir as pessoas quanto a critérios de decisão cruciais geralmente falham e muitas vezes só tornam o critério ainda mais forte. Isso não é algo que acontece apenas em vendas.

Ultrapassando um Critério de Decisão Crucial

Um sistema de editoração eletrônica era relativamente barato, mas sua qualidade de resultado era pior que o resultado das máquinas de concorrentes mais caros. Cristian Y. estava tentando vender esse sistema para uma organização de consultoria para quem a qualidade do resultado era o critério de decisão crucial. "Prefiro pagar mais", disse seu cliente, "se isso significar que posso obter uma qualidade melhor." Cristian sabia que o cliente estava conversando com um concorrente que era muito caro, mas que proporcionava excelente qualidade de resultado, muito superior a qualquer oferta de Cristian. Ele sabia que o concorrente tinha impressionado o cliente, por isso estava com medo de perder a venda. "Não acho que eu tenha mais de 1% de chance de conseguir essa venda", disse ele a seu gerente.

Mas, contrariando todas as expectativas, Cristian conseguiu a venda. "Como você fez isso?", perguntou seu gerente. "Fiz o cliente perceber que a tecnologia de editoração eletrônica está mudando rapidamente", explicou Cristian, "e que dentro de um ano haveria uma qualidade ainda melhor do que há disponível agora. Portanto, se o cliente realmente queria qualidade, seria melhor esperar alguns meses. O cliente certamente queria qualidade, mas não podia esperar. Então sugeri que ele instalasse um regime temporário para supri-lo até que estivesse disponível uma nova tecnologia, que poderia lhe oferecer a qualidade que ele queria. Ele gostou da ideia. No entanto, se o sistema era para ser temporário, ele não queria pagar muito por isso. Então, de repente, o preço se tornou um critério mais importante. Por conseguinte, como tínhamos uma qualidade razoável por um preço baixo, cumprimos seu critério melhor do que o concorrente." O sucesso de Cristian veio do uso do método da Ultrapassagem para mudar o critério de decisão crucial do cliente.

108 Capítulo 4

O que acontece se você juntar duas pessoas que têm crenças opostas sobre o que é importante – em áreas como política, religião e educação? Quanto mais eles falam, mais fortes se tornam as crenças existentes de cada um. O desafio serve apenas para aumentar a importância de crenças fortemente arraigadas.

Dessa forma, como você pode lidar com um critério crucial sem questioná-lo e aumentar ainda mais sua importância? Um dos métodos mais poderosos é a *Redefinição*. A Redefinição não contesta a importância do critério; em vez disso, ela o redefine de modo que o critério muda seu significado. Naturalmente, em vendas, a Redefinição é usada para mudar o significado de modo a permitir que o vendedor cumpra melhor um critério crucial. Por exemplo, um cliente pode estar pensando em comprar um computador e pode estar usando a facilidade de operação do teclado como critério crucial. Um vendedor cuja máquina possui um teclado desajeitado vai estar em apuros a menos que o critério possa ser redefinido de alguma forma. Nesse exemplo, o cliente compara a facilidade de uso a um teclado simples. O vendedor não desafia a importância do critério do cliente, mas o redefine para incluir as áreas nas quais o vendedor é forte – software fácil de usar e suporte no treinamento – e ambos contribuem para a facilidade de uso. Como resultado, o cliente ainda considera a "facilidade de uso" como o critério mais importante, mas, como novos elementos foram inseridos na definição, ele agora vê a "facilidade de uso" de uma maneira que o vendedor está mais capacitado a cumprir. Assim, Redefinição não contesta a importância de um critério, mas permite que o vendedor interprete seu significado de forma mais favorável. A Figura 4.7 ilustra a Redefinição que acontece nesse exemplo do teclado.

Redefinição é um método tão versátil e importante para lidar com critérios de decisão cruciais que quase todas as vendas complexas oferecem oportunidades para sua utilização. Muitos "causos" de como uma situação de venda difícil sofreu uma reviravolta envolvem a Redefinição dos critérios de decisão.

Quase todos os vendedores experientes podem se lembrar dos tempos em que uma venda dependia da capacidade de redefinir um critério de decisão crucial e reexpressá-lo de maneira que o vendedor pudesse cumprir. Lembro-me de vender um programa de desenvolvimento de supervisores. O cliente, um grande conglomerado europeu, estava preocupado porque o

Influenciando a Escolha do Cliente: Estratégias para a Fase de Avaliação de Opções **109**

treinamento deveria ser "eficaz". Infelizmente para mim, o cliente media a eficácia principalmente em termos do entusiasmo com que os supervisores que haviam passado por programas de diferentes fornecedores relatassem suas experiências. Devido a esse critério, o cliente estava perto de comprar o programa de um concorrente que era muito agradável e divertido, mas fazia pouco para ajudar os supervisores a terem um desempenho mais eficaz.

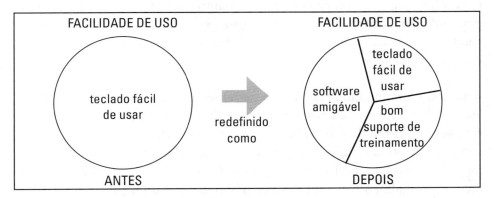

Figura 4-7. Redefinindo um critério de decisão crucial. ANTES: "Facilidade de uso" significa um teclado fácil de usar. DEPOIS: "Facilidade de uso" também significa um bom suporte de treinamento e software, de modo que "teclado fácil de usar" se torna um componente menos importante.

O programa que eu estava vendendo era um trabalho árduo. Ele provocou apenas um nível médio de entusiasmo nos supervisores participantes. No entanto, meu programa tinha um excelente projeto de aprendizagem e um bom registro em termos de gerar produtividade no trabalho. Felizmente, ao incentivar o cliente a modificar a definição de "eficaz" para incluir fatores como esses, eu consegui cumprir o critério de "eficácia" e fechar o negócio.

Nos casos que analisamos aqui, a Redefinição envolveu o acréscimo de novos elementos. Embora a introdução de novos elementos seja a forma mais comum de Redefinição, também é possível redefinir um critério sem aumentar o número de elementos que o cliente está considerando. Assim, por exemplo, um cliente pode definir a "qualidade" de um produto em termos de sua durabilidade, sua aparência e o uso de materiais caros na fabricação. Um vendedor cujo produto é forte em termos de durabilidade pode tentar alterar o equilíbrio desses três componentes através da Redefinição de "qualidade" para dar mais ênfase à durabilidade.

A Redefinição é uma ferramenta essencial para ajudar você a atingir seu objetivo estratégico durante a fase de Avaliação de Opções da venda – influenciar os critérios de decisão para que haja o máximo de ajuste percebido com seu produto. Todas as quatro técnicas que discutimos aqui são úteis para influenciar a percepção do cliente quanto aos critérios de decisão. Mas, pensando financeiramente, a Redefinição ganha em termos do número de vendas que, de outra forma, não seriam realizadas e que se transformaram em sucesso por causa disso.

Troca. Em um mundo ideal, seria possível seu produto ser forte em todas as áreas – de modo que ele fosse o mais versátil, tivesse a mais alta qualidade e fosse o mais rápido e mais barato do mercado. Mas na vida real, inevitavelmente, há uma série de compensações. Quanto mais qualidade é inserida em um produto ou serviço, menos provável que ele seja barato; a sofisticação técnica normalmente significa um sacrifício na confiabilidade.

O design do produto envolve uma série de compensações para você e para seus concorrentes. Quando os clientes definem seus critérios de decisão, eles geralmente criam uma especificação baseada no que realmente gostariam em um produto ou serviço. Assim, por exemplo, como vimos anteriormente neste capítulo, é comum os clientes, no início, darem importância igualmente elevada ao preço e à qualidade. Mas, quando começam a pesquisar fornecedores, eles descobrem que os concorrentes mais baratos não cumprem o critério de qualidade, enquanto os fornecedores que são melhores em termos de qualidade apresentam o problema do preço elevado.

É raro um produto cumprir os critérios de um cliente com exatidão. Ao fazer seus clientes perceberem que cumprir um de seus critérios pode significar fazer um sacrifício em outras áreas, muitas vezes você consegue demonstrar que um critério de decisão crucial tem penalidades que vão reduzir sua importância percebida.

Influenciando a Escolha do Cliente: Estratégias para a Fase de Avaliação de Opções **111**

> ## Redefinindo um Critério de Decisão Crucial
>
> O cliente de Wendy F. queria uma máquina que aumentasse a produção e, portanto, estava usando a velocidade de operação como critério crucial para julgar alguns concorrentes. Wendy tinha uma máquina relativamente lenta e, consequentemente, estava sendo julgada como ruim. No entanto, ela conseguiu redefinir a "alta produção" em termos do número total de unidades produzidas por semana. Como resultado, o cliente foi persuadido a levar em conta outros fatores, como o tempo de inatividade e o tempo de configuração – duas áreas nas quais o produto de Wendy era especialmente forte. Como ela conseguiu provar ao cliente que sua máquina tinha menos tempo de inatividade e era mais rápida de configurar, o cliente estava convencido de que a máquina de Wendy produziria mais unidades por hora, embora fosse mais lenta que a de alguns de seus concorrentes.
>
> Wendy teve sucesso em Redefinir a velocidade da máquina, a partir do significado original do cliente, passando da velocidade de operação para um significado novo e ampliado do tempo de produção total por unidade. Isso lhe permitiu introduzir novas maneiras pelas quais ela poderia cumprir o critério redefinido.

Troca é a identificação de limitações, penalidades ou desvantagens que resultam de cumprir o critério crucial. A maioria de nós consegue se lembrar da época em que a troca era usada para mudar nossos critérios de decisão como compradores. Lembro que, muitos anos atrás, eu me convenci de que precisava de um carro que seria uma peça exuberante de diversão. Eu havia decidido que ele precisava ser muito silencioso. Nunca gostei de carros barulhentos, então um baixo nível de ruído era um critério de decisão crucial para mim. Mas também queria que o carro fosse divertido, então decidi que outro critério era que o carro tinha de ser conversível. Infelizmente, não precisei de muitos *test drives* para descobrir que conversíveis eram muito barulhentos. Era impossível cumprir ambos os critérios – fui forçado a compensar um deles. A tranquilidade ganhou, e eu já não buscava um conversível. A maioria das vendas envolve alguma troca entre os critérios de decisão. Nos exemplos simples que demos, a troca é feita entre diferentes capacidades dos produtos,

112 Capítulo 4

como qualidade *versus* preço ou disponibilidade *versus* experiência. Às vezes, em vendas complexas, as trocas são entre as necessidades de diferentes pessoas ou funções, e não apenas entre as capacidades do produto.

A troca é um método útil para lidar com quaisquer critérios de decisão que só podem ser cumpridos se o cliente estiver disposto a fazer sacrifícios em outras áreas importantes. Ela é especialmente útil para lidar com questões de preço.

Se seu produto ou serviço custa mais que o do concorrente, geralmente é porque tem pontos fortes adicionais em outras áreas – como qualidade, confiabilidade ou suporte pós-venda. Você pode usar esses pontos fortes como uma troca pelo preço mais elevado.

Compensando um Critério de Decisão Crucial

Uma empresa de consultoria de marketing estava negociando um grande contrato de consultoria com um de seus clientes. O cliente lhes disse: "Decidimos que nossos dois critérios cruciais para assinar esse contrato são: os consultores engajados no projeto devem ser muito experientes e – como é urgente – que o início deve ser imediato." A empresa de consultoria estava muito ocupada no momento, e não havia como a consultoria começar em menos de três meses. Estava claro que eles fracassariam em um dos critérios de seleção crucial.

Um dos diretores da empresa, Victor D., se reuniu com o cliente em uma tentativa de influenciar os critérios de decisão. "O senhor não concorda", perguntou ele, "que, quanto mais experiente é o consultor, mais demanda haverá por seus serviços?" "Sim", disse o cliente, "isso parece razoável." "É por isso", continuou Victor, "que nossos consultores mais experientes são os menos disponíveis. Se você quer experiência, não pode ter início imediato. E qualquer empresa que lhe ofereça um início imediato provavelmente não vai alocar ao projeto seus funcionários mais experientes." O cliente entendeu que era razoável esperar para cumprir os dois critérios de decisão. "Se é um ou outro", disse ele, "prefiro esperar e receber pessoas mais experientes." Victor conseguiu o negócio porque usou a troca – mostrou que, para cumprir um critério crucial, o cliente deve fazer concessões em outras áreas importantes.

Influenciando a Escolha do Cliente: Estratégias para a Fase de Avaliação de Opções **113**

Criar Soluções Alternativas. O método final para lidar com critérios cruciais que você não pode cumprir exige imaginação e criatividade. Nem sempre é adequado ou possível usar este método, mas, quando você pode usá-lo, provavelmente é a maneira mais eficaz para lidar com questões difíceis relacionadas a critérios de decisão. Criar Soluções Alternativas envolve sondar um critério de decisão para descobrir o que está por baixo dele e, então, encontrar uma alternativa criativa para satisfazer o cliente. Criar Soluções Alternativas tem elementos em comum com a Redefinição. Assim como a Redefinição, ela muda o significado de um critério de decisão crucial. Mas há um elemento adicional importante para a Criação de Soluções Alternativas, e esse elemento envolve ação – encontrar uma forma ativa de oferecer ao cliente uma alternativa aceitável.

Criando Soluções Alternativas

Um fabricante de componentes eletrônicos vendia peças que seus clientes utilizavam na montagem de produtos eletrônicos de consumo. Um dia, ele recebeu uma especificação de proposta de um grande cliente potencial. Entre os "precisa ser" – que era como este cliente descrevia os critérios de decisão cruciais – havia a exigência de que o fornecedor escolhido garantiria o fornecimento de qualquer componente dentro de 12 horas. O fabricante não poderia oferecer uma promessa de entrega melhor do que 48 horas, por isso parecia que ele seria excluído.

Em uma reunião com o comprador de peças do cliente, os funcionários do fabricante sondaram para descobrir por que a entrega em 12 horas era tão importante. "É absolutamente essencial", explicou o comprador, "porque, se ficarmos sem uma peça, somos forçados a desligar uma linha de produção inteira – e isso nos custa milhares de dólares. Poderíamos exigir uma entrega em quatro horas, se achássemos que algum fornecedor pudesse oferecer isso." O fabricante de componentes eletrônicos percebeu que qualquer prazo de entrega de menos de 48 horas seria impossível de cumprir, por isso ofereceu a criação de um depósito com peças de reposição na fábrica do cliente, que se comprometeu a manter abastecida com todas as peças. "Isso é ainda melhor do que uma entrega em quatro horas", explicaram os vendedores do fabricante para o cliente,

> "porque vocês vão ter estoques adicionais disponíveis imediatamente." Eles ganharam o negócio. Foram bem-sucedidos porque encontraram uma forma criativa de atender um requisito declarado e sugeriram um método alternativo para atender às verdadeiras necessidades do cliente.

Criar Soluções Alternativas exige criatividade e um conhecimento profundo do seu negócio. Ao observar as formas diferentes e criativas como os clientes utilizam os seus produtos para resolver os problemas deles, muitas vezes você pode aprender métodos e abordagens alternativas que vão ajudá-lo a vender. Quanto mais você conhece formas criativas pelas quais seus produtos ou serviços podem resolver problemas, mais você pode se tornar um consultor para seus clientes, e não apenas um vendedor.

A Psicologia de Lidar com Critérios de Decisão Cruciais

Todos os quatro métodos que discutimos para lidar com os critérios de decisão cruciais partem do mesmo princípio psicológico. Nunca tente diminuir ou minimizar diretamente algo que é importante para outra pessoa. Ao fazer um desafio direto a um critério crucial, você tem mais probabilidade de reforçá-lo do que diminuí-lo. Sua melhor estratégia é começar aceitando que o critério é legitimamente importante.

- A *Ultrapassagem* reconhece que é perigoso desafiar um critério crucial e, em vez disso, se concentra em aumentar a importância de outros critérios.
- A *Redefinição* permite que o critério crucial continue sendo importante para o cliente, mas altera sua definição para que o vendedor possa cumpri-lo com mais facilidade.
- A *Troca* aceita a importância de um critério, mas mostra que há outros fatores que devem ser equilibrados em relação a ele.
- A *Criação de Soluções Alternativas* reconhece que o critério é importante e, portanto, busca maneiras novas e criativas para cumpri-lo.

Cada um desses quatro métodos começa com o reconhecimento de que você nunca deve desafiar diretamente a importância de um critério de decisão crucial ou tentar diminuí-lo através do confronto. No entanto, de todos os erros estratégicos que já vi nessa etapa da venda, o mais comum deve ser os vendedores que desafiam a importância dos critérios cruciais que não conseguem cumprir. Ao tentar "convencer o cliente a desistir", eles, na verdade, fortalecem os próprios critérios que estão tentando tanto mudar. Quando você está envolvido nessa etapa da venda, não tente argumentar a importância dos critérios cruciais com o cliente. Em vez disso, use os quatro métodos que descrevemos aqui, isolados ou em conjunto. Eles o ajudarão a influenciar os critérios de decisão cruciais e a melhorar o ajuste entre o produto e como o cliente o julga.

Algumas Palavras Finais sobre os Critérios de Decisão

Neste capítulo, consideramos a fase de Avaliação de Opções da venda, quando o cliente está avaliando as alternativas concorrentes que estão disponíveis. No próximo capítulo, vamos dar uma olhada mais de perto na concorrência e como lidar com ela durante essa etapa. Não falamos muito sobre estratégia competitiva até agora; em vez disso, nos concentramos nos objetivos estratégicos básicos da fase de Avaliação de Opções e como alcançá-los. No início do capítulo, sugerimos três objetivos estratégicos globais que o ajudam a obter uma vantagem competitiva durante esta etapa. Esses objetivos são os seguintes:

- Descobrir os critérios de decisão.
- Influenciar os critérios de decisão.
- Maximizar o ajuste percebido com os critérios de decisão.

As habilidades comportamentais envolvidas em descobrir e influenciar os critérios de decisão são cruciais para o sucesso na realização desses objetivos. Através da influência eficaz dos critérios, você não só aumenta suas chances de fazer a venda, mas também exerce um efeito positivo contínuo sobre futuras decisões de compra. Acrescente a isso o forte impacto que a hábil manipulação dos critérios de decisão exerce sobre o fortalecimento da

116 Capítulo 4

sua posição em relação aos concorrentes e é fácil perceber por que tantas pessoas consideram que a capacidade de influenciar os critérios de decisão do cliente é a mais importante de todas as habilidades de venda.

No entanto, mesmo com vendedores mais experientes, as habilidades de influenciar os critérios de decisão não vêm naturalmente. Elas exigem uma cuidadosa reflexão e planejamento. Se estiver fazendo uma visita de vendas a um cliente durante a fase de Avaliação de Opções, você deve sempre reservar algum tempo para pensar em como a visita o ajudará a alcançar os três objetivos estratégicos desta etapa da venda. Qual é seu conhecimento atual dos critérios de decisão? Que informações adicionais você deve descobrir para conhecê-los melhor? Para que outros critérios você deve levar a atenção do cliente? Que critérios você deve influenciar para criar um ajuste melhor com seu produto? Que critérios você quer tornar mais importantes? E que critérios cruciais você quer reduzir em termos de importância? Que método(s) para reduzir a importância dos critérios cruciais você deve usar? Como? Perguntas como essas são uma parte essencial do planejamento de visitas para uma estratégia de venda eficaz. E, ao julgar o sucesso de sua visita, reveja-o em termos dos objetivos estratégicos. Você descobriu as informações sobre critérios que se propôs a descobrir? Você influenciou critérios específicos? Quanto? Que critérios exigirão uma venda adicional, a fim de mudá-los? O planejamento e a execução claros e conscientes de visitas de vendas em termos de critérios de decisão e como influenciá-los é o segredo da estratégia bem-sucedida durante a fase da venda de Avaliação de Opções.

Resumo

Abordamos muitos assuntos neste capítulo, e as conclusões a que chegamos aqui serão importantes quando passarmos para o próximo capítulo, sobre estratégia competitiva. Então, vamos rever os principais pontos que mencionamos sobre os critérios de decisão e como influenciá-los.

- Critérios de decisão são princípios, normas ou dimensões que uma pessoa usa para fazer julgamentos ou decisões. São uma parte essencial da tomada de decisões. Sem critérios de decisão, um comprador não tem nenhum mecanismo para fazer escolhas entre soluções alternativas.

- Critérios de decisão são especialmente importantes para os clientes durante a fase de Avaliação de Opções do ciclo de venda, no momento em que os compradores estão tentando avaliar os pontos fortes e fracos de diferentes fornecedores.
- Como vendedor, você pode – e deve – influenciar os critérios de decisão ao longo do ciclo de venda. No entanto, é durante a fase de Avaliação de Opções que as habilidades para descobrir e influenciar os critérios de decisão são mais fortemente relacionadas ao sucesso em vendas.
- Existem quatro grandes estratégias para influenciar os critérios de decisão. Algumas dessas estratégias são mais fáceis de usar que as outras. Em ordem de dificuldade, começando com a mais fácil, são elas:
  Desenvolver critérios de decisão a partir das necessidades que você descobriu durante a fase de Reconhecimento de Necessidades da venda.
  Reforçar os critérios de decisão cruciais que você pode cumprir.
  Construir critérios de decisão incidentais – ou menos importantes – em áreas nas quais você é forte.
  Reduzir a importância dos critérios cruciais que você não pode cumprir.
- Para reduzir a importância dos critérios de decisão cruciais, use:
  Ultrapassagem, para aumentar a força de outros critérios importantes.
  Redefinição, para alterar a maneira como o comprador define o critério de modo que este fique mais fácil de você cumprir.
  Troca, para equilibrar o critério em relação às limitações, às penalidades ou às desvantagens que surgiriam com o cumprimento do critério de decisão.
  Criação de Soluções Alternativas, para gerar formas alternativas novas e criativas pelas quais o critério pode ser cumprido.

Ao utilizar essas estratégias e habilidades para influenciar os critérios de decisão, você pode melhorar o ajuste entre seus produtos e os mecanismos pelos quais os clientes julgam você e seus concorrentes. Quanto mais próximo for o ajuste, maiores serão suas chances de finalmente conseguir o negócio. Se conseguir influenciar os critérios de decisão, especialmente durante a fase de Avaliação de Opções, você se colocará em uma posição de comando pelo resto do ciclo de venda. E, como veremos no próximo capítulo, você também conseguirá obter uma vantagem competitiva significativa.

5

Diferenciação e Vulnerabilidade – mais sobre Estratégia Competitiva

Eu estava voltando de avião da Califórnia para minha casa, na Virgínia. Ao meu lado no avião havia um professor de física. Nós dois estávamos escrevendo artigos técnicos – o dele tinha algo a ver com a simetria nas partículas fundamentais, e eu estava escrevendo sobre estratégia competitiva. "Esse assunto sobre o qual estou escrevendo", disse ele, "na verdade, se resume a apenas duas palavras: verdade e beleza. A área da física com a qual trabalho busca o delicado equilíbrio entre o que é belo e o que é verdadeiro." Eu não esperava uma poesia tão sutil vinda de um físico. Quando ele me perguntou sobre o que eu estava escrevendo, eu sabia que teria dificuldade de explicar de forma tão sublime. Pensei por um instante. "Se eu tivesse de reduzir a estratégia competitiva a apenas duas palavras", disse eu, "seriam diferenciação e vulnerabilidade. Não é tão elegante quanto beleza e verdade, mas essas são as duas chaves para a estratégia competitiva eficaz."

Neste capítulo, quero falar sobre essas duas palavras. Diferenciação é como convencer o cliente de que você é diferente de seus concorrentes. Não apenas aleatoriamente diferente, mas diferente – e superior – em termos das principais dimensões que influenciam o julgamento do cliente. A outra palavra que vai aparecer com destaque é vulnerabilidade. Isso é um pouco mais difícil de definir. Estrategistas de vendas bem-sucedidos parecem ter um sexto sentido que lhes diz se eles são fortes ou fracos em comparação com seus concorrentes. Eles sabem quando estão em risco – quando estão vulneráveis. E, como reconhecem suas vulnerabilidades antecipadamente, eles manipulam as áreas de fraqueza competitiva de forma a impedir os concorrentes de capitalizarem sobre sua vulnerabilidade.

O Conceito de Diferenciação

A maior parte das ideias publicadas sobre estratégia competitiva é da área de marketing. Muito do que foi escrito não é diretamente relevante para vendas. Por exemplo, há conselhos sobre quando entrar em um mercado competitivo e quando deixá-lo, como unir informações sobre a concorrência ao design do produto e como relacionar preços competitivos ao ciclo de vida do produto. Nenhum desses itens está sob o controle dos vendedores. Mas há um conceito importante na estratégia de marketing que pode ser diretamente controlado por vendedores e que é vital para a venda competitiva bem-sucedida. Esse conceito é a diferenciação. O objetivo da diferenciação competitiva é fazer com que seu produto se destaque das outras alternativas disponíveis na mente do cliente.

Em termos globais de marketing, a diferenciação começa com o design do produto. Ela continua em atividades como preço, promoção e estratégia de propaganda. Infelizmente, a maioria dos autores de marketing perde o interesse pela diferenciação neste momento. Quando o produto está projetado, precificado e promovido, o marketing terminou seu trabalho. Mas é exatamente nessa encruzilhada – quando o produto está pronto para ser vendido aos clientes – que a diferenciação se torna ainda mais importante. Uma venda bem-sucedida em mercados competitivos envolve como diferenciar seu produto das alternativas concorrentes. Não importa quão bem seu produto é diferenciado no mercado global em termos de design, preço, posicionamento ou promoção, no nível do indivíduo, a diferenciação para o cliente repousa sobre o modo como você vende. Ao trabalhar com o pessoal de marketing, acho útil usar o conceito de microdiferenciação quando me refiro a como diferenciar o produto para um cliente individual durante a venda em si e,

Diferenciação e Vulnerabilidade – mais sobre Estratégia Competitiva **121**

dessa maneira, posso evitar a confusão com as questões de marketing mais conhecidas de macrodiferenciação, como preço e propaganda.

O que há de Especial na Microdiferenciação?

A diferenciação global de marketing – o que estou chamando aqui de macrodiferenciação – é, por definição, destinada a todo o mercado ou a um segmento de mercado específico. Por causa disso, ela não desce ao nível do cliente individual. Assim, pegando a propaganda como exemplo de macrodiferenciação, a boa propaganda diferenciará o produto destacando as áreas em que ele é forte e que têm maior possibilidade de exercer impacto sobre a maioria da população compradora do mercado-alvo. Se você tiver a sorte de estar em um mercado no qual todos os clientes se comportam exatamente da mesma maneira e no qual o que é importante para um cliente tem a possibilidade de ser igualmente importante para outro, sua propaganda teria um efeito diferenciador igualmente poderoso sobre cada cliente. Mas, inevitavelmente, os clientes são diferentes. É bem possível que o diferencial que exerce maior efeito sobre um cliente seja irrelevante para outro. As ferramentas clássicas de marketing para a macrodiferenciação, como propaganda e promoção, podem gerar o posicionamento global de um produto, mas não podem descer ao nível do cliente individual. Essa pode ser uma limitação grave, especialmente se seu mercado tiver uma população compradora muito variada. Falando na linguagem do último capítulo, a macrodiferenciação é mais eficaz quando a maioria dos clientes tem critérios de decisão semelhantes. Mas não se pode confiar na eficácia da macrodiferenciação quando há uma grande variação nos critérios de decisão.

Os Perigos da Macrodiferenciação em um Mercado Diversificado

Um novo chefe de marketing foi contratado por uma empresa que fabricava e vendia equipamentos de ar-condicionado industrial. Ele ficou preocupado com os resultados de vendas e, depois de entrevistar alguns dos vendedores da empresa, também ficou cismado com a força de vendas. "A maioria deles não saberia fazer uma apresentação de vendas digna, mesmo que sua vida dependa disso", reclamou. Ele decidiu corrigir as deficiências que tinha encontrado adotando o que chamou de "uma abordagem de marketing para vendas" e contratou consultores de marketing para analisar seus produtos e para identificar onde eles eram mais fortes que a concorrência. Então, desenhou uma apresentação de vendas que enfatizava as dimensões de diferenciação que surgiram com sua pesquisa de mercado. Sua abordagem era clássica, e ele a havia usado com grande sucesso para projetar a propaganda em sua empresa anterior. Quando a apresentação de vendas ficou pronta, ele insistiu que todos os membros da força de vendas deviam conhecê-la de cor e usá-la em todas as apresentações para grandes clientes.

Infelizmente, apesar da enorme energia destinada ao projeto, as vendas não apresentaram nenhum aumento mensurável. O chefe de marketing suspeitou que um dos problemas era o fato de a força de vendas não estar usando a apresentação que ele concebera, então nos pediu para averiguar suas suspeitas. Nós observamos o que estava acontecendo. Ele estava certo quanto a sua apresentação não estar sendo usada por algumas pessoas da força de vendas. Mas estava errado quando supôs que o não-uso da apresentação o estava fazendo perder vendas. Pelo contrário. Seus funcionários menos bem-sucedidos usavam a apresentação. Mas seus vendedores de alto nível não gostavam da apresentação e a usavam apenas quando o gerente sênior de vendas estava presente. Como nos disse um deles: "Essa apresentação seria boa se todos os meus clientes fossem os mesmos. Ela mostra como somos superiores em termos de custos operacionais e divulgação. Mas nenhum dos meus últimos três clientes dava importância para a divulgação, e apenas um deles estava interessado no custo operacional. Se eu tivesse feito essa apresentação, ela não teria nenhum impacto. Em vez disso, enfatizei a velocidade de instalação para o cliente que estava com pressa. Para outro cliente, fiz a venda porque ele queria um sistema que pudesse funcionar com seus compressores existentes, e eu lhe mostrei como poderíamos fazer isso. E o último cliente queria um sistema que ele pudesse desmontar facilmente quando se mudasse para um novo local no ano seguinte. Se eu tivesse falado sobre custo operacional ou divulgação, ele pensaria que eu estava louco."

Diferenciação e Vulnerabilidade – mais sobre Estratégia Competitiva **123**

> O chefe de marketing cometeu o erro de utilizar uma abordagem de macrodiferenciação que não conseguia levar em conta as diferenças individuais dos clientes e, portanto, não poderia lidar com o mercado diversificado em que agora operava. Ele não sabia que era a habilidade de diferenciar no nível do cliente individual que levava ao sucesso da venda. Sua apresentação geral não conseguia oferecer essa microdiferenciação, por conseguinte, era uma ferramenta de vendas ineficaz.

A microdiferenciação é especialmente importante quando há grande variação nos critérios de decisão dos clientes. Ela permite que você posicione seu produto para um cliente individual de maneira a maximizar as dimensões que são importantes para o cliente e os pontos em que seu produto ou serviço é forte. Mesmo que, superficialmente, os clientes em um mercado pareçam ter critérios de decisão muito semelhantes, uma análise mais aprofundada revela que existem muitas diferenças individuais que podem ser utilizadas por vendedores eficazes. Tenho ouvido muitas e muitas vezes vendedores não tão bem-sucedidos dizerem que seus clientes são todos iguais. Esses vendedores geralmente dizem que o preço é o principal critério que seus clientes usam para tomar todas as decisões. Nossas evidências sugerem que isso não é verdade. Mesmo na área notoriamente impessoal das vendas de *commodities* para agentes de compra, a variação individual entre os compradores é a norma, e não a exceção. Como resultado, vendedores habilidosos podem usar variações individuais nos critérios de decisão para diferenciar seus produtos de forma eficaz durante a fase da venda de Avaliação de Opções.

Diferenciais "Concretos" e "Abstratos"

Quando apresentamos a ideia de diferenciais no último capítulo, explicamos que, do ponto de vista do cliente, um bom diferencial deve ter duas características: deve se relacionar às necessidades do cliente e deve diferenciar entre alternativas concorrentes. Do ponto de vista do vendedor, um bom diferencial também deve fazer com que os produtos ou serviços do vendedor pareçam mensuravelmente superiores aos da concorrência. Então,

124 Capítulo 5

por exemplo, a velocidade da máquina pode ser um diferencial ideal para um vendedor que está oferecendo a máquina mais rápida do mercado a um cliente que precisa de velocidade. Esse diferencial se relaciona à necessidade do cliente, é uma distinção clara entre os concorrentes, e a máquina do vendedor é objetivamente superior. O sucesso competitivo, especialmente na fase da venda de Avaliação de Opções, se baseia em encontrar esses diferenciais e convencer o cliente a utilizá-los como critérios de decisão. Se todos os diferenciais fossem tão claros quanto "velocidade da máquina", a venda competitiva seria relativamente fácil. Você simplesmente teria de identificar os aspectos nos quais seus produtos superam a concorrência e encontrar clientes que necessitassem de produtos fortes nesses aspectos, e teria a base para uma venda.

Mas a vida real não é assim tão simples. Vamos supor que seu produto seja excepcionalmente confiável e que seu cliente precisa desesperadamente de confiabilidade. Até aí tudo bem, mas como é que o cliente sabe que seu produto terá menos problemas de confiabilidade que os de seus concorrentes? Você diz que ele é confiável, mas isso é exatamente o que seus concorrentes também vão dizer sobre os produtos deles. Mesmo o mais honesto de seus concorrentes não vai salientar que os produtos deles não são confiáveis. Confiabilidade não é tão fácil de medir quanto velocidade da máquina. Até a máquina quebrar depois da venda, é difícil o cliente decidir se a máquina escolhida tem ou não um problema de confiabilidade. Confiabilidade pode ser um critério tão importante para um cliente quanto à velocidade da máquina, mas, como é mais difícil de medir, será mais raro um cliente usar a confiabilidade como diferencial.

Quando estou ajudando vendedores com a estratégia competitiva, peço que escrevam os principais diferenciais que os clientes usam como critério para julgar entre eles e os concorrentes. Depois, sugiro que eles dividam esses diferenciais em duas listas. Uma lista deve ser de diferenciais "concretos" – aqueles que podem ser objetivamente medidos pelo cliente. Exemplos típicos podem ser: preço, tamanho, peso, velocidade, compatibilidade ou entrega. Como veremos mais tarde, alguns desses diferenciais podem ser menos "concretos" do que podem parecer à primeira vista. A outra lista consiste nos diferenciais "abstratos" – aqueles que dependem de julgamento ou que não podem ser facilmente medidos em termos objetivos. Exemplos típicos de

Diferenciação e Vulnerabilidade – mais sobre Estratégia Competitiva

125

diferenciais "abstratos" podem ser qualidade, agilidade ou padrões de serviço. Se a lista de "concretos" de um vendedor é muito maior que a de "abstratos", ou se a pessoa me diz que os clientes colocam mais peso nos diferenciais "concretos" do que nos "abstratos" ao fazer julgamentos, a venda competitiva será relativamente simples para o vendedor. Mas se, como muitas vezes acontece, os critérios "abstratos" são tão ou mais importantes que os critérios "concretos", é provável que o vendedor precise de considerável habilidade e de um planejamento estratégico cuidadoso para ser bem-sucedido durante a fase de Avaliação de Opções.

Estratégia Competitiva com Diferenciais "Concretos"

A posição de venda ideal é quando seu produto tem clara superioridade em termos de diferenciais "concretos". Se estes diferenciais são utilizados como critérios de decisão pelo cliente, sua superioridade objetiva e demonstrável o ajudará a sair desta etapa da venda como o melhor concorrente. Sob essas circunstâncias, você não precisa de estratégias de venda muito elaboradas. Você desenvolve necessidades que podem ser alcançadas em termos de seus diferenciais "concretos". Assim, como vimos anteriormente, se você tiver a máquina mais rápida do mercado, você desenvolve uma necessidade por velocidade.

Como os Diferenciais "Concretos" Facilitam a Venda

Uma fabricante de máquinas empresariais tinha uma posição de mercado dominante nos Estados Unidos. No entanto, um concorrente japonês tinha entrado há pouco no mercado e estava rapidamente roubando participação de mercado. A resposta inicial da empresa americana, observando os impressionantes números de vendas do concorrente, foi descobrir como a equipe de vendas do concorrente estava sendo treinada e quais estratégias de venda estavam ajudando os vendedores a atingirem níveis tão notáveis de vendas. A empresa americana contratou alguns dos melhores funcionários do concorrente para ajudá-la a entender o "segredo do sucesso".

Viajamos com alguns desses vendedores top de linha e observamos suas habilidades em vendas, agora que eles estavam trabalhando para uma empresa diferente. Fomos informados de que veríamos algumas das superestrelas da indústria de máquinas empresariais em ação. O que vimos foi uma habilidade de venda medíocre. Esses vendedores top de linha tinham sido bem-sucedidos na outra empresa não por causa de uma estratégia de vendas ou uma habilidade de venda, mas porque tinham um produto que era claramente superior em termos de três diferenciais "concretos": preço, velocidade e facilidade de uso. Como esses três diferenciais geralmente eram importantes para os clientes e, portanto, eram utilizados como critérios de decisão, as supostas superestrelas conseguiam vender apenas por estarem ali.

Descobrimos que a principal característica desses vendedores top de linha era a energia. Eles visitavam muitos clientes. Como, na empresa original, eles eram tão bem diferenciados de seus concorrentes em termos de três diferenciais "concretos", eles geralmente encontravam mais facilidade para sair na frente durante a fase da venda de Avaliação de Opções. Mas a energia sozinha não foi suficiente para levá-los ao sucesso agora que eles tinham mudado de empresa. Sua nova organização tinha muitas vantagens competitivas, mas a maioria estava nos diferenciais "abstratos". A qualidade era excelente, a confiabilidade era boa, e a reputação da empresa era inquestionável. Mas era necessário ter muito mais habilidade para vender com esses diferenciais "abstratos", e algumas das superestrelas conseguiram fazer a transição. Em um ano, a maioria deles tinha deixado a empresa.

Acelerando o Ciclo de Decisão

Não é coincidência que vendedores de alta energia tendem a ser especialmente bem-sucedidos quando os diferenciais "concretos" estão a seu lado. Há algumas evidências de que, quanto mais curto é o período de avaliação, mais o cliente vai contar com diferenciais "concretos" e ignorar os "abstratos". Assim, tipicamente, um concorrente com uma vantagem de preço terá mais probabilidade de alcançar o sucesso se o cliente tomar uma decisão rápida em vez de uma decisão tomada ao longo de um período de avaliação

Diferenciação e Vulnerabilidade – mais sobre Estratégia Competitiva **127**

mais longo. Pessoas de alta energia que pressionam o cliente a se mover rapidamente ao longo do ciclo de decisão podem – geralmente sem perceber – levar o cliente a colocar mais peso nos diferenciais "concretos".

De certo modo, é uma ideia irracional que as decisões mais rápidas tendem a favorecer os diferenciais "concretos". A sabedoria convencional de vendas diria o contrário. Afinal, todo mundo conhece a compra de impulso, que é uma compra feita de forma rápida – normalmente, no calor do momento. Geralmente é por motivos irracionais ou "abstratos", e não pela lógica "concreta" racional de diferenciais de desempenho mensuráveis e necessidades identificadas. Sempre me ensinaram, com base no fenômeno da compra de impulso, que decisões rápidas tendem a ser emocionais e que decisões mais lentas são mais racionais. Isso não sugere que os diferenciais "abstratos" são usados em decisões rápidas? Portanto, como é que estou sugerindo que decisões mais rápidas colocam mais peso nos diferenciais "concretos"? Não deveria ser ao contrário? Na pequena venda por impulso, talvez. Mas não em grandes vendas estratégicas. Existem muitas diferenças irracionais entre as vendas grandes e pequenas. Algumas dessas diferenças significam que as coisas que influenciam positivamente as decisões quando a venda é pequena terão efeito negativo à medida que a venda aumenta. Se você quiser alguma prova de pesquisa sobre esse assunto, indico meu livro *Alcançando Excelência em Vendas: SPIN® Selling*, que mostra como os processos de decisão em grandes vendas são psicologicamente distintos dos que ocorrem em vendas pequenas, de uma única visita. E devo salientar que estou falando de grandes compras, e não de pequenas transações por impulso.

Diferenciais "Abstratos" Recebem uma Segunda Chance

Como as grandes empresas de contabilidade são todas muito semelhantes em termos de níveis de honorários, habilidades e gama de serviços, uma empresa tinha a intenção de se diferenciar no mercado em termos de sua preocupação com os clientes. No entanto, preocupação era um diferencial "abstrato". Os clientes não conseguiam ver a preocupação com a mesma facilidade com que conseguiam ver diferenciais mais concretos, como os honorários. Em consequência, embora os clientes quisessem que seus consultores demonstrassem uma preocupação pessoal, era um critério de decisão difícil de os clientes usarem para avaliar as empresas concorrentes.

Em uma grande venda, Tom L., um dos sócios da empresa, estava competindo com três outras grandes empresas. O projeto envolvia ajudar o cliente a desenvolver um novo sistema para a elaboração dos orçamentos operacionais. Como o processo orçamentário devia começar em menos de um mês, o cliente se sentia sob pressão para tomar uma decisão rápida. Após uma entrevista com os quatro concorrentes, o comitê de avaliação do cliente escolheu a empresa local que tinha proposto um honorário cerca de 10% abaixo das oito grandes concorrentes. "Gostamos do que você disse sobre interesse pessoal pelos nossos problemas", disse o cliente a Tom, "mas seu concorrente tem um honorário muito inferior e isso é mais importante para nós. Amanhã vou ligar para eles e dizer que conseguiram o negócio." No entanto, naquela tarde, antes de a decisão ser anunciada, a empresa do cliente foi avisada de que deveria esperar uma incorporação agressiva. O que aconteceu foi que a oferta esperada nunca se concretizou. Mas se preparar para combatê-la consumiu tanto tempo do departamento financeiro, ficando evidente que não haveria qualquer possibilidade de rever o sistema em tempo hábil para o orçamento operacional daquele ano. Portanto, a decisão de consultoria foi colocada em espera.

Seis meses depois, Tom foi surpreendido com uma ligação do cliente, convidando-o para uma reunião. Ele ficou ainda mais surpreso ao descobrir que sua empresa agora era a principal candidata. "Tivemos mais tempo para pensar", explicou o cliente, "e agora sentimos que, mesmo que você seja mais caro, o interesse pessoal que sua empresa oferece vale o preço mais alto." Tom conseguiu o contrato.

Tom teve sorte. Quando a decisão era urgente, o diferencial "concreto" dos honorários era o mais fácil de usar para avaliar as empresas concorrentes. Mas, quando o cliente teve mais tempo para pensar, questões "abstratas", como a preocupação pessoal com o cliente, se tornaram mais importantes para fazer a diferenciação.

Pergunte a si mesmo como você se comportaria se fosse um cliente tentando tomar uma decisão rápida em uma área que, com toda probabilidade, você não compreende inteiramente. É quase certo que você faria a diferença usando primeiro o critério de decisão fácil. Poucas coisas diferenciam mais

Diferenciação e Vulnerabilidade – mais sobre Estratégia Competitiva **129**

facilmente que o critério "concreto" do preço. Critérios "abstratos", como qualidade, são muito mais difíceis de se avaliar.

Para dar um exemplo pessoal, estou pensando em comprar algumas árvores ornamentais para plantar em torno de um lago de doze mil metros quadrados. Estou mergulhado na fase de Avaliação de Opções da decisão. Sei quais são as árvores que eu quero, e já tenho preços e folhetos de alguns viveiros comerciais. Não conheço muito sobre árvores ornamentais, por isso não posso dizer qual viveiro está oferecendo a melhor qualidade ou a madeira mais saudável. Entender essas coisas envolveria pesquisas, leituras, talvez alguns conselhos de especialistas e, acima de tudo, tempo. Mas, sem gastar tempo ou esforço, posso lhe dizer que existem dois diferenciais "concretos" que posso usar. Um é o preço – e noto que alguns desses viveiros estão oferecendo árvores mais baratas que os outros. O segundo diferencial "concreto" é o tamanho. Alguns viveiros oferecem árvores de 1,2 metro, outros de 1,5 e outros, ainda, de 1,8. Não é difícil eu tomar uma decisão se meus objetivos forem obter as árvores mais altas por menos dinheiro. Se eu tivesse de tomar a decisão hoje, é assim que eu o faria. Mas, se você me der algumas semanas para pensar, eu poderia ficar impressionado com diferenciais "abstratos". Um dos viveiros, por exemplo, oferece madeira resistente à geada. Isso não é tão fácil para eu medir – não sei bem o que pensar sobre a avaliação da resistência ao frio de todos os concorrentes –, mas poderia ser um diferencial importante aqui na Virgínia, onde as noites costumam ser frias. Se você me der ainda mais tempo, eu poderia aprender a julgar a resistência das árvores a doenças. Novamente, isso poderia ser um critério importante, mas, para alguém no meu estado atual de conhecimento, é muito "abstrato" para eu usar com eficácia no momento. Normalmente, quanto mais consigo pensar em como vou fazer a escolha, mais aprendo sobre como usar os diferenciais "abstratos" como parte da minha decisão.

Transformando Diferenciais "Abstratos" em "Concretos"

Uma importante habilidade estratégica na venda competitiva é ajudar o cliente a transformar diferenciais "abstratos" em outros mais "concretos". Se você é forte, vamos dizer, em termos de qualidade, você quer que o cliente use a qualidade como critério de decisão ao avaliar você e seus concorrentes. Como vimos, se houver tempo suficiente para tomar a decisão, é possível que, durante

130 Capítulo 5

o processo de avaliação, o cliente passe a entender como julgar a "qualidade" de forma eficaz, sem precisar de qualquer ajuda sua. Mas isso é como dizer que é possível, durante a fase de Reconhecimento de Necessidades, os clientes desenvolverem necessidades espontaneamente. Claro que eles podem. Mas o trabalho do estrategista de vendas eficaz é influenciar e orientar o processo de decisão do cliente – e não sentar e esperar as etapas de decisão acontecerem por conta própria. Assim como você ativamente tentaria influenciar o desenvolvimento das necessidades, você também deve influenciar ativamente o processo pelo qual o cliente aprende a usar diferenciais "abstratos" como critérios de decisão eficazes. Uma habilidade importante na venda competitiva, quando suas vantagens competitivas estão em áreas "abstratas", é a capacidade de ajudar o cliente a usar diferenciais "abstratos".

O Juiz Especialista

No capítulo anterior, dissemos que uma das características dos especialistas era que eles costumam ter critérios de decisão bem desenvolvidos. Eu agora gostaria de refinar um pouco essa ideia. O especialista não só tem critérios bem desenvolvidos, mas também consegue usar esses critérios para julgar áreas "abstratas" com uma precisão e uma objetividade que a maioria das pessoas não tem. Juízes especialistas em qualquer campo, quer estejamos falando de ginástica, patinação no gelo ou concursos caninos, aprenderam a transformar critérios "abstratos" em "concretos".

Certa vez, fui comprar um tapete oriental com um especialista. Escolhi três tapetes que pareciam muito semelhantes e queria alguma ajuda para saber qual deles escolher. Dando apenas uma olhada em minhas alternativas, ele conseguiu dizer: "O da esquerda é de melhor qualidade que os outros." Eu tinha examinado os três tapetes de perto e não conseguia ver nenhuma diferença. "Como você sabe?", perguntei. O especialista explicou que buscava sete fatores diferentes na avaliação da qualidade do tapete. Ele conseguiu descrever cada fator de que me lembro – por exemplo, o número de nós por centímetro – em termos de diferenciais "concretos". Para mim, qualidade era um diferencial "abstrato". Eu queria um tapete de alta qualidade, mas não sabia como medir a qualidade, então não conseguia avaliar minhas opções com objetividade. Para o especialista, no entanto, a qualidade era um dife-

Diferenciação e Vulnerabilidade – mais sobre Estratégia Competitiva **131**

rencial "concreto". Usando seus sete fatores, o especialista conseguiu escolher de forma objetiva em uma área na qual eu estava apenas fazendo suposições.

Vimos o caso do tapete oriental do ponto de vista do comprador. Mas agora vamos considerá-lo do ponto de vista do vendedor. E se você estivesse vendendo um tapete oriental a um comprador ingênuo como eu? Suponha que você estivesse tentando me vender o tapete de alta qualidade. É quase certo que seu tapete seria mais caro que seus dois concorrentes de qualidade inferior. E, como já admiti, todos os três tapetes me pareciam ser iguais em termos de qualidade. Então, como eu julgaria? Eu provavelmente usaria o diferencial "concreto" do preço, e você perderia a venda. Como você poderia me fazer comprar seu tapete? Você teria de ser como o especialista. Você teria de me mostrar algumas formas "concretas" para me ajudar a ver a diferença de qualidade. Então você teria de me ensinar a fazer a escolha, ou seja, você me mostraria como desenvolver diferenciais "concretos" para me ajudar a avaliar uma área "abstrata".

IBM e a Diferenciação Competitiva

Alguns anos atrás, a IBM percebeu que as decisões de aquisição de computadores *mainframe* já não eram exclusividade da sala do conselho nem do departamento de processamento de dados. Estavam surgindo novos departamentos que precisavam de seus próprios computadores. Muitos desses departamentos – em áreas funcionais como engenharia de projetos ou administração – nunca tinham comprado um computador. Como consequência, esses novos compradores costumavam utilizar diferenciais "concretos", como preço e especificações de desempenho, para julgar a IBM em relação a seus concorrentes. A IBM era fraca em termos de preço e características e começou a perder negócios.

Como parte de uma estratégia muito bem-sucedida para recuperar uma posição dominante nesse setor de mercado emergente, a IBM concebeu um programa educacional que era oferecido a usuários potenciais. "Nós não mencionamos a IBM", diziam seus promotores a clientes potenciais. "Tudo que fazemos é compartilhar com vocês alguns dos critérios que vocês devem considerar na aquisição de qualquer equipamento de processamento de dados, seja nosso ou de um concorrente."

O programa foi muito popular. Cumprindo sua palavra, nenhuma menção era feita à IBM ou a produtos da IBM. Era, como seus promotores haviam prometido, um programa educacional. Ele apresentava diferenciais "abstratos", como serviço de suporte. Mostrou, por exemplo, como era importante o serviço de suporte na avaliação de um sistema de processamento de dados, e especificou as perguntas que um cliente precisava fazer a um vendedor para verificar se seria oferecido um nível de suporte suficiente.

Essa abordagem teve uma forte influência sobre a tomada de decisões do cliente, e levou a IBM a fechar muitos negócios em um setor no qual seu desempenho estava ruim. O sucesso do programa se apoiava em um conceito simples. Ele pegava diferenciais "abstratos" nos quais a IBM era forte e os definia em termos "mais concretos" e mensuráveis, que o cliente podia usar ao tomar decisões de avaliação.

Ofuscando os Diferenciais "Concretos"

Até agora, mostrei que sua principal estratégia competitiva durante a fase da venda de Avaliação de Opções deve ser pegar os diferenciais "abstratos" nos quais o produto é mais forte que os dos concorrentes e torná-los "concretos". Essa certamente é uma habilidade importante, mas de forma alguma é a única maneira de ser bem-sucedido em relação aos concorrentes. Às vezes, as pessoas são muito bem-sucedidas usando a estratégia oposta – elas pegam diferenciais "concretos" e suavizam seus limites, tornando-os mais difíceis de os clientes usarem como padrão objetivo de julgamento.

Como exemplo, vejamos o caso que discutimos anteriormente de um diferencial "concreto": velocidade da máquina. Dissemos que, se você tivesse a máquina mais rápida do mercado e se a velocidade fosse importante para o cliente, você tinha um critério de decisão crucial ideal, que o ajudaria a sair desta etapa como o principal concorrente. Mas o que você faria se sua máquina não fosse a mais rápida? É claro que você não gostaria que a velocidade da máquina fosse o critério de decisão crucial. É em casos como este que vendedores competitivos bem-sucedidos podem tentar amenizar o diferencial. Você pode perguntar ao cliente: "Como você mede a velocidade

Diferenciação e Vulnerabilidade – mais sobre Estratégia Competitiva **133**

da máquina? Você a mede no funcionamento contínuo ou em um trabalho único? Algumas máquinas são muito rápidas em condições de funcionamento contínuo, mas têm um desempenho muito mais lento se você tiver necessidade de produção unitária." Dessa forma, supondo que o cliente tem uma mistura de necessidades contínuas e unitárias, um potencial critério de decisão "concreto" que parecia estabelecido foi suavizado.

Um método semelhante é muito usado pelos vendedores para lidar com questões de preço. Trabalhei com uma vendedora muito bem-sucedida de uma empresa de computadores. Sua máquina era cerca de 15% mais cara que a de seu principal concorrente, mas tinha mais memória e um monitor melhor. Quando lhe perguntavam o preço de sua máquina, ela respondia que a máquina básica custava um pouco menos que a do concorrente. Ela então começava a dizer que, é claro, sua versão com memória estendida custaria um pouco mais, e a versão com o monitor melhor também. No entanto, ela tinha tanta convicção de que essas duas melhorias eram importantes que não oferecia a esse cliente sua versão "básica". Pouquíssimos clientes percebiam que, na realidade, a versão básica não existia. Todos os modelos tinham memória estendida e um monitor de alta resolução. No entanto, colocado dessa forma, o diferencial "concreto" do preço se tornava muito mais difícil para o cliente usar quando o comparava com seu concorrente estratégico.

Usando Diferenciais na Venda Competitiva

Embora às vezes você possa querer suavizar um diferencial "concreto", em geral, seu objetivo será transformar um diferencial "abstrato" em mais "concreto". Como se faz isso? Se você estabeleceu um sólido relacionamento de confiança com um cliente, pode agir como nossos exemplos do especialista em tapetes orientais ou do programa educacional da IBM e dizer ao cliente como diferenciar nas áreas "abstratas" difíceis, mas importantes. Empresas frequentemente me pedem para ajudá-las a decidir que tipo de treinamento de vendas terá mais impacto sobre a produtividade de sua força de vendas – uma área "abstrata". Como eles supõem que eu seja um perito nessas coisas, meus clientes ouvem atentamente os critérios que lhes sugiro usar na tomada de decisões de treinamento de vendas. Eu geralmente consigo apresentar algumas formas "concretas" e mensuráveis que os ajudam a avaliar programas

134 Capítulo 5

concorrentes. Mas eu não receberia uma reação tão receptiva se fosse um vendedor de treinamento de vendas tentando convencer um cliente potencial a avaliar do meu jeito as decisões de treinamento de vendas. O cliente suspeitaria de que eu seria tendencioso e não confiaria na imparcialidade dos meus conselhos, ficando relutante em me aceitar como especialista. Poucos vendedores podem se dar ao luxo da reconhecida competência.

Dessa forma, como você ajuda os clientes a compreenderem um diferencial "abstrato", como qualidade, em termos que permitam que ele seja usado como um critério de decisão eficaz? Uma das maneiras mais eficazes para tornar mais "concretos" os diferenciais "abstratos" como qualidade é passar por um processo de três etapas com os clientes: definir, refinar e reposicionar.

- *Definição do diferencial.* Primeiro, peça que os clientes definam o diferencial com suas próprias palavras. Não tente impor seus padrões de julgamento. Em vez disso, estimule os clientes a expressarem suas próprias ideias sobre como diferenciar em áreas "abstratas". Ao explicar como eles fariam julgamentos, os clientes clareiam seus pensamentos sobre como avaliar critérios "abstratos".
- *Refinamento do diferencial.* Não tenha medo de adicionar informações que ajudem o cliente a decidir o que procurar na avaliação de um diferencial "abstrato". No entanto, é igualmente importante ter certeza de que seus pensamentos sejam uma extensão da própria definição do cliente. Esse processo de melhorar a definição do cliente é o que chamamos de refinar. Para ser eficaz, o refinamento deverá se apoiar na tentativa do próprio cliente de definir o diferencial "abstrato".
- *Reposicionamento.* Se um cliente é a única pessoa a tomar a decisão, pode ser menos necessário passar um tempo definindo e refinando diferenciais "abstratos". Por exemplo, suponha que um único Tomador de Decisão considera que o critério de decisão mais importante é a qualidade do produto. Se, aos olhos do Tomador de Decisão, seu produto tem a melhor qualidade, você tem uma vantagem competitiva significativa, quer você tente ou não definir e refinar o sentido de "qualidade". Mas agora suponha que o cliente com quem você está falando não é o único Tomador de Decisão, mas, por exemplo, é apenas membro de um comitê de compra. Seu cliente pode estar pessoalmente convencido de que seu produto tem a melhor qua-

Diferenciação e Vulnerabilidade – mais sobre Estratégia Competitiva **135**

lidade, mas como ele pode transmitir isso aos outros membros do comitê? Com toda a probabilidade, durante os debates do comitê, ninguém conseguirá concordar com o que significa "qualidade" ou como medi-la objetivamente. Como resultado, a qualidade já não é um critério de decisão útil; ela – quase certamente – será desclassificada e deixará de ser um fator crucial na tomada de decisão.

É da natureza da tomada de decisões compartilhada que os critérios que são difíceis de compartilhar serão minimizados e desempenharão um papel menos importante na decisão. Por outro lado, critérios mensuráveis tendem a se tornar mais importantes. Assim, supondo que você já conseguiu definir e refinar "qualidade", de modo que o cliente tem alguns padrões objetivos com os quais medi-la, você agora pode ser forçado a entrar em uma nova etapa, de convencer o cliente a restabelecer a qualidade como critério de decisão crucial. Isso é o que queremos dizer com reposicionamento. Muitas vezes acontece de, durante as discussões internas do cliente na fase de Avaliação de Opções, critérios "abstratos" caírem no esquecimento, porque as pessoas não conseguem concordar com suas definições. E, como vimos anteriormente, o preço notoriamente vem à tona como um diferencial "concreto" objetivo e mensurável. Depois de ter definido com sucesso um diferencial "abstrato" em termos "concretos", muitas vezes você precisa reintegrá-lo como um critério de decisão crucial usando os métodos que descrevemos no capítulo anterior.

Considere seus próprios produtos. Eles são fortes em áreas que são "abstratas"? Em caso positivo, como você ajuda seus clientes a diferenciarem entre você e seus concorrentes? Se você for como a maioria dos vendedores, ficará satisfeito se o cliente concordar que é importante ter um diferencial. Muitas vezes, por exemplo, vi vendedores de produtos de alta qualidade obterem uma concordância dos clientes de que a qualidade seria um fator importante na tomada de decisão. Depois de estabelecer a qualidade como um critério de decisão, os vendedores acham que alcançaram seu objetivo e passam para outros temas. Por outro lado, tenho notado como vendedores excelentes se esforçam para definir, refinar e reposicionar de modo que o cliente consiga transmitir o critério a outros envolvidos na decisão.

136 Capítulo 5

Vulnerabilidade

Vimos como a diferenciação (ou microdiferenciação, como usamos o termo anteriormente neste capítulo) é uma parte crucial da estratégia competitiva eficaz, especialmente durante a etapa da venda de Avaliação de Opções. Agora vamos ver o outro conceito crucial: a vulnerabilidade. Ela ocorre quando você é colocado em risco porque um concorrente é forte em uma área importante para o cliente, e você é fraco nessa área.

Vejamos um exemplo simples. Suponha que você oferece um prazo de entrega de oito semanas para um de seus produtos, e você tem um cliente que está insistindo em um prazo de entrega de duas semanas. Você é forte ou fraco? Nos termos que discutimos até agora, parece que você decididamente é fraco. A entrega antecipada é um critério fundamental, e você não pode cumpri-lo. Mas agora suponha que seus principais concorrentes estão oferecendo um prazo de entrega de 12 semanas. De repente, em vez de ser fraco, você se tornou forte, em comparação com seus concorrentes. No entanto, se você oferece um prazo de entrega de oito semanas, enquanto seus concorrentes estratégicos conseguem manter estoques para entrega imediata, sua fraqueza é séria – você é vulnerável.

Análise de Vulnerabilidade

Há uma maneira simples de avaliar sua vulnerabilidade. Chama-se Análise de Vulnerabilidade e está ilustrada na Figura 5.1. com três escalas – a escala da esquerda representa os critérios de decisão do cliente, que vão de crucial a incidental. A escala do centro classifica o produto ou serviço em relação a cada critério, como você acredita que o cliente o vê, variando de forte a fraco. Finalmente, a escala do lado direito é usada para classificar um concorrente importante em termos dos critérios, mais uma vez tendo o cuidado de classificar cada um dos critérios como o cliente o vê, e não como você o julgaria. Note que há uma linha ligando cada critério em todas as três escalas. Sempre que uma forma de "V" for visível, como acontece com o critério "prazo de entrega" na Figura 5.1, você está vulnerável. Essa pequena ferramenta é uma das maneiras mais simples e eficazes que já vimos para avaliar a vulnerabilidade competitiva. Além do mais, esse método não só identifica suas vulnerabilidades como também pode ajudá-lo a considerar as opções

Diferenciação e Vulnerabilidade – mais sobre Estratégia Competitiva

estratégicas que podem ser utilizadas para compensar a vulnerabilidade ou para superá-la. Mas, antes de olharmos as estratégias para lidar com a vulnerabilidade competitiva, vamos parar por um instante para assegurar que está claro o que entendemos por "concorrente".

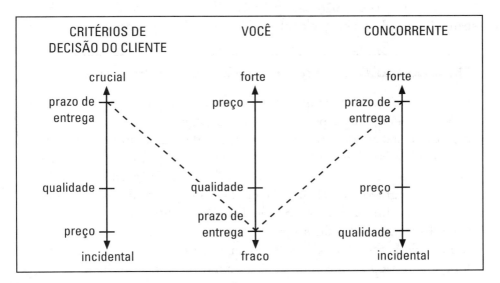

Figura 5-1. O "V" da vulnerabilidade.

O que é um Concorrente?

Normalmente pensamos em concorrentes como outros fornecedores que oferecem produtos ou serviços semelhantes que podem substituir os nossos. Assim, na Análise de Vulnerabilidade, tendemos a pensar primeiro em como nos comparamos com outros fornecedores. Mas essa pode ser uma visão perigosamente limitada de concorrentes, pois pode nos levar a ignorar algumas fontes ocultas mas estrategicamente importantes de concorrência. Outras demandas sobre o mesmo orçamento podem ser um concorrente tão poderoso quanto outro fornecedor. Lembro-me de uma venda em que eu estava em um combate mortal com uma empresa de consultoria rival, tentando fechar um grande projeto de pesquisa com uma empresa aérea na área de treinamento de vendas. Percebemos que nem minha organização nem a outra consultoria com a qual estávamos competindo eram os verdadeiros

138　　　　　　　　　　　　　　　　　　　　　　　　　Capítulo 5

concorrentes para o orçamento, e sim um projeto interno na área de seleção de tripulantes. Enquanto nós dois, os consultores, estávamos competindo vigorosamente um contra o outro, os patrocinadores do projeto de seleção convenceram o principal executivo do cliente a voltar seu orçamento para a seleção da tripulação de voo, e não para pesquisas de treinamento de vendas. Fiquei espantado quando soube que nenhuma das consultorias conseguiu o negócio.

Quando um Concorrente não É um Concorrente

Conheci Donna Tanner quando ela estava vendendo sistemas específicos de contabilidade para empresas de pequeno e médio porte. Sua empresa instalava o *hardware* e o *software* de que a empresa precisava para habilitá-la a fazer orçamentos, manter registros financeiros e preparar documentações de impostos. Vários de seus concorrentes ofereciam pacotes integrados semelhantes, e ela estava competindo com um deles para instalar um sistema na Sound Inc., uma editora de programas de aprendizagem. Ela fez duas apresentações para o chefe da administração e, em cada apresentação, ressaltou como seu pacote era diferenciado e superior ao pacote concorrente que a Sound Inc. estava avaliando.

Donna tinha feito um trabalho tão convincente de diferenciar seu produto do produto de seu concorrente que ela tinha certeza de que ia conseguir o negócio. Consequentemente, ela ficou surpresa com a carta de rejeição que recebeu da Sound Inc. Mas o que a surpreendeu mais na carta foi a explicação de que seu concorrente também não seria escolhido. "Decidimos", dizia a carta, "não comprar um sistema, mas terceirizar nossa contabilidade e a declaração de impostos com uma empresa de contabilidade local." Donna nunca tinha considerado que essa era uma opção realista. E havia tantas desvantagens que ela tinha certeza de que a Sound Inc. não tinha considerado totalmente. Mas agora era tarde demais. Ela percebeu que tinha aplicado sua energia de venda para derrotar o concorrente errado. Se tivesse percebido que sua concorrência não se limitava aos fornecedores de produtos semelhantes, ela poderia ter convencido a Sound Inc. de que a terceirização tinha muitos inconvenientes e que era melhor ter um sistema próprio. Seu erro foi ter uma visão muito limitada do que é concorrência. Qualquer solução alternativa para um problema do cliente constitui uma forma potencial de concorrência que é perigoso ignorar.

Diferenciação e Vulnerabilidade – mais sobre Estratégia Competitiva **139**

Eu nunca tinha sequer pensado em como uma alternativa de uso do orçamento poderia ser o concorrente que fez nós dois perdermos a venda.

Ao avaliar sua vulnerabilidade, um primeiro passo essencial é saber quem são todos os seus concorrentes. Há duas perguntas úteis para ajudar a estabelecer o grau de concorrência, e que você deve sempre se fazer para verificar se não está pensando de maneira muito limitada:

- *Existe alguma solução alternativa para o problema*? Pode haver uma forma diferente de o cliente resolver o problema sem usar você ou seu concorrente óbvio. Se houver essa alternativa, você deve se perguntar se ela poderia ser igualmente atraente para o cliente. Se assim for, você está vulnerável competitivamente. Em alguns mercados, soluções alternativas são mais comuns que em outros. Raramente há uma solução alternativa óbvia aberta para um cliente que está pensando em comprar um novo sistema de informática, por exemplo. Embora o cliente possa considerar arquiteturas e configurações muito diferentes, a concorrência, na maioria dos casos, será de outros fornecedores de equipamentos de informática. Mas isso é menos provável de acontecer em um mercado de serviços, como consultoria. Uma alternativa para a contratação de um consultor, por exemplo, seria fazer o projeto com recursos internos ou contratar um especialista externo em tempo integral. Nenhuma dessas alternativas envolve uma empresa de consultoria concorrente. A mesma coisa acontece na área de serviços financeiros. Recentemente, vários consultores de investimentos têm tentado me vender seus serviços. Cada um deles tem sondado cuidadosamente para descobrir com quais outras empresas de investimento eu falei, e todos têm feito um trabalho razoavelmente bom de se diferenciar das empresas de investimento concorrentes. Mas o que nenhum deles sabe é que, no momento, estou muito mais atraído por soluções alternativas. Estou pensando em comprar um terreno, e também estou pensando em investir em um novo empreendimento na Europa. Esses são os verdadeiros concorrentes. Para vender com sucesso para mim, os consultores de investimento teriam de se diferenciar de maneira bem-sucedida em termos de superioridade com relação às minhas opções financeiras alternativas.

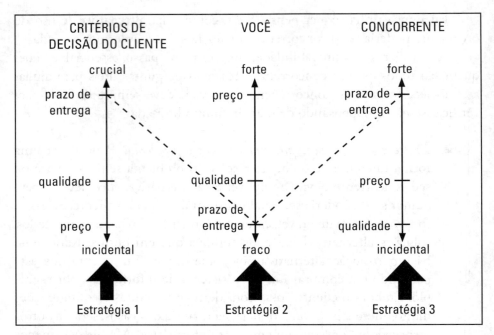

Figura 5-2. Três estratégias para combater a vulnerabilidade. Estratégia 1: alterar os critérios de decisão; Estratégia 2: aumentar seus pontos fortes; Estratégia 3: diminuir a força de seu concorrente.

- *Existem usos alternativos para esse orçamento?* Às vezes, o dinheiro está claramente reservado para um propósito específico. Por exemplo, uma empresa pode ter guardado meio milhão de seu orçamento de capital para substituir seu sistema telefônico. Mas muitas outras compras, até mesmo grandes gastos de capital, podem vir de orçamentos gerais que podem ser igualmente utilizados para apoiar objetivos completamente diferentes. Tente determinar se um orçamento específico foi reservado para a compra. Se assim for, é improvável que você tenha a concorrência de soluções alternativas. Mas, se você achar que a compra será financiada por um orçamento geral, onde há muitas demandas conflitantes, é aconselhável perguntar ao cliente se a compra é de alta prioridade orçamentária e se alguma demanda alternativa sobre o orçamento é considerada mais importante.

Diferenciação e Vulnerabilidade – mais sobre Estratégia Competitiva

Quando você conhece a extensão de sua concorrência – seja ela apenas de outros fornecedores ou se soluções alternativas e demandas orçamentárias devem ser consideradas concorrentes –, você está pronto para avaliar e combater suas áreas de vulnerabilidade.

Estratégias para combater a vulnerabilidade

Basicamente, você tem três estratégias alternativas para lidar com a vulnerabilidade, como mostra a Figura 5.2. São elas:

- *Alterar os critérios de decisão*, de modo que o critério crucial no qual você é mais fraco que o concorrente se torne menos importante para o cliente.
- *Aumentar seus pontos fortes* mudando o produto que você oferece ou os termos associados a ele para que você não seja mais percebido como fraco. Esta abordagem, como veremos no Capítulo 7, é uma função importante da negociação em vendas bem-sucedidas.
- *Diminuir a força de seu concorrente*, reduzindo a percepção do cliente quanto à capacidade do concorrente de satisfazer o critério de decisão crucial. Esta é a mais arriscada das três estratégias e deve ser usada com grande cautela.

Estratégia 1 – Alterar os Critérios de Decisão

No capítulo anterior, discutimos quatro métodos para reduzir a importância dos critérios de decisão cruciais que você não consegue cumprir. Relembrando, esses métodos são:

- Ultrapassagem – aumentar um critério menor para que ele se torne mais importante que o critério crucial que você está tentando reduzir.
- Compensação – equilibrar o critério em relação às limitações, às penalidades ou às desvantagens que surgiriam com o cumprimento do critério de decisão.
- Redefinição – alterar a maneira como o cliente define o critério para que este fique mais fácil de você cumprir.

142   Capítulo 5

- Criar de soluções alternativas – gerar alternativas novas e criativas pelas quais o critério pode ser cumprido.

Todos os três primeiros desses métodos – Ultrapassagem, Compensação e Redefinição – influenciam a escala do lado esquerdo na Figura 5.2. Discutimos cada um desses métodos em detalhes no Capítulo 4. Não há nada de novo a acrescentar aqui, exceto para dizer que provavelmente é inteligente tentar influenciar os critérios de decisão do cliente antes de tentar as outras duas estratégias que estamos sugerindo.

Estratégia 2 – Aumentar seus Pontos Fortes

No capítulo anterior, mostramos como, ao Criar Soluções Alternativas, você poderia aumentar seus pontos fortes em áreas nas quais o cliente o considera fraco. O método básico envolve sondar um critério de decisão para descobrir o que está por baixo e, em seguida, encontrar uma forma alternativa criativa para suprir a necessidade subjacente. Existem duas outras maneiras de aumentar a percepção do cliente quanto a seus pontos fortes:

1. *Corrigir eventuais equívocos.* Às vezes, o cliente classifica você como fraco por causa de um equívoco ou porque a informação do cliente sobre seu produto é incorreta. Corrigindo o equívoco, você vai deixar de ser visto como fraco. Naturalmente, não é tão simples assim na vida real. Lembre--se de que o cliente percebe que você tem um interesse velado em parecer forte. Consequentemente, você não conseguirá corrigir um equívoco sozinho através de afirmações. Se o cliente diz: "Ouvi dizer que sua máquina não é confiável", o fato de você dizer "Você está mal informado; na realidade, ela é a mais confiável do mercado" tem pouco probabilidade de mudar a percepção do cliente. Você deve oferecer provas. Portanto, neste caso, o ideal seria você oferecer estatísticas de testes independentes que demonstram a confiabilidade de sua máquina. Isso é ótimo quando existem essas estatísticas, mas o que você deve fazer se não tiver uma fonte de provas objetivas para apoiar sua afirmação? É aqui que uma pessoa isenta pode ser tão útil. Um cliente satisfeito para

Diferenciação e Vulnerabilidade – mais sobre Estratégia Competitiva

o qual o comprador pode ligar ou uma carta de um usuário satisfeito pode lhe dar a prova de que você precisa.

2. *Negociar*. Outra forma de aumentar seus pontos fortes percebidos é através da negociação. O critério de decisão crucial na Figura 5.2 é o prazo de entrega. Você é fraco. Vamos supor que você está oferecendo um prazo de entrega de dez semanas e seus concorrentes podem entregar em seis semanas. Você pode negociar com o cliente, propondo para entregar metade do pedido em seis semanas e a outra metade em dez. Essa oferta reduz sua fraqueza percebida e pode fazer isso o suficiente para influenciar a venda em seu favor. Como veremos no Capítulo 7, a negociação não é algo em que se deve entrar superficialmente. Existem muitas armadilhas de negociação para os incautos. Mas a negociação pode ter uma função útil e válida para ajudá-lo a alterar os termos de sua oferta de modo que seus pontos fortes percebidos sejam aumentados.

Às vezes você está na posição afortunada de poder compensar as deficiências percebidas alterando seu produto. Consultores, contadores, advogados e outros profissionais que prestam serviços muitas vezes podem mudar sua abordagem proposta para remover quaisquer desvantagens competitivas que seu cliente percebe. Certa vez, eu estava sentado no escritório de um amigo que foi vice-presidente de uma grande empresa de consultoria. Nossa conversa foi interrompida pelo telefonema de um de seus clientes, que estava prestes a recusar uma proposta da empresa do meu amigo. Uma fraqueza competitiva tinha sido criada porque o cliente queria alguém com experiência no setor bancário para dirigir a equipe de consultoria. A empresa de consultoria rival estava oferecendo uma equipe de projeto com um banqueiro no comando. A empresa do meu amigo tinha oferecido uma equipe liderada por um consultor que nunca tinha trabalhado em bancos. Virando para um grande calendário de planejamento em sua parede, meu amigo o estudou por um instante e voltou ao telefone. "Se você acha que a experiência no setor bancário é realmente importante", assegurou ao cliente, "Paul Handry, que é membro da nossa área bancária, estará livre no próximo mês e poderia dirigir nossa equipe". Em questão de segundos, meu amigo tinha "redesenhado" sua oferta de modo que uma vulnerabilidade foi eliminada.

Estratégia 3 – Diminuir a Força de seu Concorrente

A mais difícil – e certamente a mais perigosa – estratégia de redução da vulnerabilidade é atacar os pontos fortes percebidos de seu concorrente para que o cliente não sinta mais que o concorrente é forte. Por que é tão perigoso atacar a concorrência? A explicação tradicional é que, se você ataca um concorrente ou faz um comentário negativo sobre o produto de um concorrente, você reduz sua própria credibilidade. Existem algumas provas para apoiar a verdade desta crença amplamente difundida. Um dos nossos estudos mostrou que, quanto mais os vendedores mencionavam seus concorrentes durante as visitas de vendas, menos probabilidade tinham de conseguir o negócio.

Não Destrua os Concorrentes

Diane Vail era representante de vendas de uma editora de livros. Ela acreditava apaixonadamente na superioridade dos livros que representava e, ao contrário da maioria dos vendedores de seu setor, ela realmente lia todos os livros que vendia. Além do mais, ela também havia lido todos os livros de seus principais concorrentes. Como resultado, ela era extremamente conhecedora, e outros vendedores de sua empresa ligavam para ela quando queriam respostas para perguntas sobre o conteúdo de um livro ou como ele se comparava com a concorrência.

"Você poderia pensar que Diane é um de nossos vendedores mais bem-sucedidos", queixou-se seu gerente para nós, "mas, na verdade, ela tem um desempenho medíocre. Não consigo entender. Ela é inteligente, é dedicada, e ninguém em toda a empresa conhece tanto sobre os produtos quanto ela. O que está acontecendo de errado?" Foi necessário apenas uma visita a um cliente com Diane para tornar a causa de seu problema muito clara. "Por que seu livro de química de nível intermediário é melhor do que o livro que estamos usando agora?", perguntou o cliente. "Há três coisas importantes erradas em seu livro atual", respondeu Diane e continuou por 10 minutos destruindo seu concorrente. Depois da reunião, ela estava bem satisfeita com a forma como a visita havia progredido. "Consegui mostrar ao cliente que conheço esses livros do começo ao fim", ela nos disse com orgulho.

Diferenciação e Vulnerabilidade – mais sobre Estratégia Competitiva

Conversar com o cliente revelou uma história diferente. "Ela certamente sabe das coisas", admitiu ele, "mas é muito negativa em relação à concorrência, o que me faz pensar que ela é tendenciosa. Assim, embora ela seja inteligente, eu não confio em seus conselhos." Diane não tinha aprendido uma das regras básicas da discussão sobre os concorrentes. Declarações negativas sobre concorrentes geralmente prejudicam sua credibilidade mais do que prejudicam o concorrente em si.

A perda de credibilidade não é o único perigo de falar com os clientes sobre os concorrentes. Outra razão para isso é que a discussão sobre outro fornecedor rouba tempo do assunto mais importante, que é compreender as necessidades e os critérios de decisão do cliente. Você não pode dedicar 100% de sua atenção ao cliente se você se concentrar na competição. Quando a conversa se desvia para uma discussão sobre o produto de um concorrente, você se arrisca a:

- *Reduzir sua própria imagem.* Especialmente quando está à frente, você prejudica sua imagem por falar demais sobre os concorrentes. Você pode ver que isso é verdade olhando para outro mercado altamente competitivo: a política. Observe que o principal candidato geralmente não está disposto a debater com os outros, e que são os candidatos que estão atrás que atacam seus concorrentes. O líder permanece indiferente. Como os políticos descobriram, falar sobre os concorrentes só ajuda aqueles que estão atrás. E prejudica os líderes.
- *Abrir áreas que você não consegue controlar.* É verdade que algumas vezes você pode marcar alguns pontos rápidos se discutir os pontos fracos dos concorrentes. Mas você assume o risco de que, depois de a discussão estar centrada no concorrente, não são apenas as fraquezas que serão discutidas. O cliente também poderá apresentar os pontos fortes do concorrente, que podem colocar você na defensiva e abrir áreas sobre as quais você preferiria não falar.
- *Aumentar a importância do concorrente.* Quanto mais se fala em algo, mais importante isso se torna. Ao discutir sobre seus concorrentes, você os aumenta. Os líderes de mercado se beneficiam enormemente da forma como seus concorrentes, sem querer, os mantêm na mente do cliente, falando sobre eles. Um alto executivo de vendas da IBM

me disse uma vez que a melhor ferramenta de vendas da IBM são os concorrentes que nunca deixam o cliente se esquecer da IBM.

Essas razões sugerem que você deve ter muito cuidado ao adotar uma estratégia de atacar os pontos fortes do concorrente com o objetivo de reduzir sua própria vulnerabilidade. Mas isso significa que você nunca deve falar da concorrência? Infelizmente, no mundo real, você não consegue evitar completamente falar sobre os concorrentes. Mas é sempre prejudicial falar sobre seus concorrentes? A resposta é "não". Nossas provas sugerem que alguns vendedores muito bem-sucedidos frequentemente trazem à tona limitações dos concorrentes durante suas discussões com os clientes.

Duas Estratégias Bem-sucedidas para Falar sobre os Concorrentes

Observamos duas maneiras pelas quais os vendedores de sucesso enfraquecem seus concorrentes sem prejuízo à própria imagem. A primeira maneira é mencionar a fraqueza do concorrente indiretamente. A segunda maneira é concentrar-se em fraquezas genéricas, e não na fraqueza de um concorrente específico. Esses dois métodos são de importância vital para reduzir a percepção de um cliente quanto aos pontos fortes de um concorrente sem prejudicar a si mesmo no processo. Vamos examinar cada um mais de perto.

Levantar Pontos Fracos Indiretamente

O cliente pode, por exemplo, perguntar a você: "Como a velocidade de seu produto se compara com a deles?" Qual é sua melhor estratégia para lidar com esse tipo de pergunta direta do cliente sobre os concorrentes?

A maioria dessas perguntas pode ser respondida de duas maneiras. Suponha que o cliente pergunte: "Qual é a diferença entre seu produto e o da EXCO?" Uma forma de responder seria dizer: "O da EXCO é mais caro, é mais lento e não tem um bom registro de confiabilidade." A resposta contempla os pontos fracos da EXCO. A outra maneira de responder à mesma pergunta é se concentrar em seu produto, e não no deles. "Somos mais baratos, nosso produto é mais rápido e temos um registro superior de confiabili-

Diferenciação e Vulnerabilidade – mais sobre Estratégia Competitiva **147**

dade." Ambas as respostas dão exatamente as mesmas informações, mas seu efeito psicológico sobre o cliente é diferente. Uma resposta que se concentra nos pontos fracos do concorrente provavelmente será vista como agressão. Mais perigoso ainda é que, se você concentrar a discussão no concorrente, o cliente vai ficar pensando no produto do concorrente, e não no seu. Como consequência, é comum a discussão mudar dos pontos fracos do concorrente para seus pontos fortes. Dizer que o produto da EXCO é caro, lento e pouco confiável muitas vezes provoca uma resposta do cliente, como: "Sim, mas eles têm o único produto que pode lidar com trabalhos de grande porte – que são uma parte fundamental do nosso negócio." Você é forçado a discutir áreas que talvez preferisse deixar de lado.

Dessa forma, uma estratégia bem-sucedida para reduzir os pontos fortes percebidos de um concorrente é levantar os pontos fracos indiretamente, enfatizando o contraste com seus próprios pontos fortes. Mas essa estratégia tem suas limitações. Por um lado, ela funciona melhor em áreas nas quais você tem superioridade. Não é um método muito eficaz quando você não é melhor que o concorrente na área que você quer atacar.

Expor Pontos Fracos Genéricos, e não Específicos

Uma estratégia mais versátil para enfraquecer a percepção do cliente dos pontos fortes de um concorrente é expor pontos fracos genéricos. Vejamos um exemplo. Suponha que seu concorrente, a quem chamaremos de SHAMCO, está oferecendo uma máquina que o cliente acredita ser rápida. É claro que você não vai muito longe apresentando declarações como "a máquina da SHAMCO não é tão rápida quanto você foi levado a acreditar". De tudo o que vimos, essa abordagem criaria uma impressão negativa geral e o deixaria tão vulnerável quanto antes. Uma maneira mais eficaz de lidar com a discussão direta sobre a fraqueza potencial da SHAMCO na área da velocidade seria se concentrar na razão genérica para a fraqueza, e não na fraqueza específica.

Vamos ilustrar como isso funciona comparando dois trechos de uma visita de vendas. O primeiro usa uma abordagem específica.

CLIENTE: Ouvi dizer que o processador da SHAMCO é bem rápido, de modo que um ciclo leva menos de dois minutos.

VENDEDOR: Sinto dizer que você está mal informado. É fato conhecido na indústria que a SHAMCO tem um dos processadores mais lentos. Isso fez com que eles perdessem muitos negócios.

CLIENTE: Mas sua confiabilidade é muito boa, não é?

VENDEDOR: Sim, mas se quebrar, é terrível de consertar, ao contrário da nossa unidade, que você pode facilmente consertar sozinho.

CLIENTE: Por outro lado, se não quebrar com frequência, talvez valha a pena arriscar. Posso fechar um contrato de prestação de serviço com eles.

VENDEDOR: Com a SHAMCO? Você deve estar brincando. Soube de gente que teve de esperar dias por um atendimento de serviço deles.

Qual a impressão geral que o vendedor está dando ao cliente? Ele é negativo, está agredindo e certamente não parece imparcial. Isso é típico do que acontece quando você aborda as fraquezas específicas de um concorrente. Por outro lado, vamos ver como as mesmas perguntas poderiam ter sido tratadas através da abordagem de discutir pontos fracos genéricos. Um ponto fraco genérico é uma falha no método ou na tecnologia que o concorrente usa, e não uma crítica específica ao concorrente.

CLIENTE: Ouvi dizer que o processador da SHAMCO é bem rápido, de modo que um ciclo leva menos de dois minutos.

VENDEDOR: A velocidade do ciclo de todos os produtos neste mercado depende da tecnologia de processamento. A SHAMCO utiliza um processo de intensificação por imagem úmida. Qualquer máquina com base nesse processo só pode usar fixadores de baixa temperatura, o que significa que ela é obrigada a ser mais lenta que os métodos avançados de imagem a seco usados em processadores como os que nós oferecemos.

CLIENTE: Mas sua confiabilidade é muito boa, não é?

Diferenciação e Vulnerabilidade – mais sobre Estratégia Competitiva

VENDEDOR: Verdade, o processo da imagem úmida é confiável. Mas a dificuldade de projetos de máquinas nos quais o processador inteiro fica em uma única unidade é que, quando dá errado, a falha é tão inacessível que você tem de desmontar o aparelho todo – e isso dá um grande trabalho. Por outro lado, processadores modulares como os nossos são muito mais fáceis de consertar porque cada parte é independente; você pode resolver a maioria dos problemas sem precisar de um engenheiro.

CLIENTE: Mas, se o processador deles não quebrar com frequência, talvez valha a pena arriscar. Posso fechar um contrato de prestação de serviço com eles.

VENDEDOR: Quando você está pensando em fechar um contrato de prestação de serviço, o tamanho do fornecedor pode ser muito importante. Por exemplo, uma grande empresa como a nossa tem cobertura nacional completa. Organizações menores, como a SHAMCO, têm dificuldade em oferecer uma cobertura equivalente.

Observe que, desta vez, o vendedor parece muito mais objetivo. As mesmas críticas foram feitas, mas elas não são dirigidas especificamente à SHAMCO. Em vez disso, o vendedor fala sobre fraquezas genéricas dos processos e métodos que a SHAMCO utiliza. Isso tem um impacto maior sobre o cliente e faz com que o vendedor pareça mais profissional e menos preconceituoso. Na vida real, o excesso de tantas críticas em tão curto espaço de tempo provavelmente tem um efeito bem negativo. Mas, se esses exemplos de pontos fracos genéricos forem espalhados ao longo de uma conversa muito mais longa, é provável que o vendedor possa reduzir os pontos fortes percebidos da SHAMCO sem muitos prejuízos em termos de imagem profissional.

Como regra geral, aconselho os vendedores a usarem esses dois métodos com cautela. Prefiro as estratégias para reduzir a vulnerabilidade que influenciam os critérios cruciais ou aumentam a percepção do cliente em relação aos pontos fortes do vendedor. Mas eu as incluí porque elas são usadas por alguns vendedores muito bem-sucedidos.

Saindo da Fase de Avaliação de Opções

Os dois últimos capítulos se concentraram em uma fase da decisão de compra: Avaliação de Opções. Vimos como descobrir e influenciar os critérios de decisão e, neste capítulo, exploramos alguns elementos de diferenciação e vulnerabilidade. Se você seguir as estratégias que descrevemos, terá uma boa chance de sair desta etapa em uma forte posição competitiva. Mas, mesmo que sua posição seja tão forte que você não tenha uma oposição séria, isso não significa que você fechou a venda. Há um campo minado potencial à frente, quando chegamos ao tema do próximo capítulo: a fase de Resolução de Preocupações.

6
Superando os Medos Finais: Estratégias para a Fase de Resolução de Preocupações

Eu ainda nem tinha conhecido David Davidson, mas seu gerente estava se desculpando por ele antecipadamente. "David não é a imagem de um super vendedor", o gerente me avisou. "Não espere muito dele. Ele é muito quieto." "Apesar disso, ele tem um impressionante recorde de fechamento de grandes vendas?", perguntei. "Ah, sim", o gerente me garantiu. "David não é a pessoa que eu escolheria para visitar um possível cliente e deixá-lo animado, mas, depois que suas vendas chegam a determinado ponto, ele provavelmente consegue o negócio. A maioria dos outros vendedores do ramo consegue uma em cada cinco vendas. David consegue uma em cada duas."

Quando o gerente me apresentou a David, eu logo percebi o motivo de seus avisos. David era quieto – quase tímido. Muitos vendedores top de linha irradiam confiança, mas David não. Ele era modesto a ponto de ser reservado. Se você alinhasse todos os 26 vendedores do ramo dele e pedisse que as pessoas adivinhassem quem teve o melhor registro de fechamento entre eles, duvido que 1% escolhesse David. No entanto, depois de uma hora conversando com ele, certas qualidades brilham através de sua timidez aparente. Para começar, ele parece irresistivelmente honesto. Ele não agia como se tivesse um ego para proteger. Quando lhe perguntei sobre suas falhas, ele não apresentou nenhuma desculpa. Ele era sincero, mesmo quando isso não lhe favorecia muito. Recordo que, no meio da conversa, eu estava pensando comigo mesmo: "Eu confio neste homem." Além disso, quanto mais a discussão continuava, mais eu me via contando a ele coisas que normalmente eu não compartilharia com os vendedores que eu estava entrevistando – coisas como as incertezas que eu percebia em relação ao destino da pesquisa e minhas dúvidas sobre os dados que eu estava recolhendo. David era o que geralmente se chama de um bom ouvinte – um tipo raro de criatura que é mais fácil de reconhecer do que descrever para alguém. Como veremos posteriormente no capítulo, algumas de suas qualidades eram importantes ativos que o ajudavam a ter sucesso no fechamento de vendas difíceis e complexas.

Resolvendo Preocupações em uma Venda Grande

Mas, antes de analisarmos por que David, e outros como ele, é bem-sucedido na etapa de fechamento de uma grande venda, vamos nos lembrar do ponto aonde chegamos na decisão de compra.

Como mostra a Figura 6.1, depois que o cliente reconhece uma necessidade e decide quais opções para atender à necessidade melhor se encaixam nos critérios de avaliação, a venda pode entrar em uma fase final, chamada de Resolução de Preocupações. Digo "pode" porque uma das coisas curiosas sobre esta fase da venda é que às vezes ela acontece e outras vezes não.

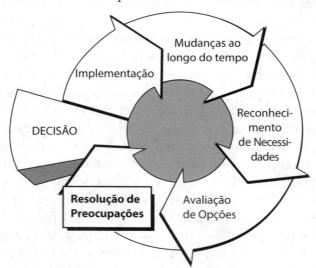

Figura 6-1. A Fase de Resolução de preocupações. Medos, perturbações ou preocupações que são barreiras à decisão final de compra.

Em pequenas vendas, ou quando o cliente está fazendo compras sucessivas com fornecedores existentes, a fase de Resolução de Preocupações geralmente não acontece. Por outro lado, quando se trata de uma grande venda competitiva e quando o cliente é novo nas compras nesse mercado, a fase de Resolução de Preocupações pode ser a parte mais difícil de toda a venda. O que há nas grandes vendas complexas que torna a fase de Resolução de Preocupações tão mais importante? Vamos rever brevemente algumas das diferenças entre as vendas simples e as complexas e ver como cada uma dessas diferenças pode influenciar as preocupações dos clientes.

Decisões Maiores

Em uma venda complexa, a decisão do cliente normalmente é grande, não apenas em termos financeiros, mas também em termos de seu impacto sobre o negócio. É comum que complexas decisões de venda afetem toda a operação do cliente.

Resultado: Conforme o tamanho da decisão aumenta, também cresce a preocupação do comprador quanto aos riscos – riscos de cometer um erro caro e riscos de prejudicar a empresa.

Mais Pessoas

Qualquer decisão importante costuma envolver várias pessoas, departamentos ou níveis administrativos.

Resultado: Decisões organizacionais que envolvem mais de uma pessoa podem gerar preocupações políticas – como riscos de irritar indivíduos ou departamentos influentes – algo que geralmente não acontece em vendas mais simples.

Maior Concorrência

Os riscos mais altos envolvidos em vendas complexas atrai concorrentes, e sua atividade pode ser mais intensa do que em vendas mais simples.

154   Capítulo 6

Resultado: Com uma competição acirrada, questões de credibilidade e competência do fornecedor se tornam importantes preocupações do cliente.

Ciclo de Venda mais Longo

Uma venda complexa pode levar vários meses, dando aos compradores tempo de sobra para se tornarem conscientes dos riscos e desenvolver dúvidas.

Resultado: É comum, em ciclos de venda mais longos, que as preocupações dos clientes sobre um fornecedor ou produto aumentem lentamente ao longo do tempo. Preocupações acerca de questões técnicas ou suporte pós-venda são exemplos de preocupações que muitas vezes se desenvolvem conforme a venda progride.

Mais Questões de Implementação

Como veremos no Capítulo 8, vendas complexas geralmente envolvem um relacionamento contínuo entre cliente e fornecedor, especialmente durante a fase de Implementação, quando o produto ou serviço está sendo apresentado. Por outro lado, não é incomum em vendas pequenas os clientes comprarem de um fornecedor que jamais verão novamente.

Resultado: O cliente provavelmente tem mais preocupações quanto a relacionamentos – preocupações sobre a empresa fornecedora, seus funcionários e o suporte que ela oferece.

Qual é o fator comum aqui? A palavra que melhor resume as preocupações do cliente em uma grande venda é o risco. O tamanho, a complexidade e a importância comercial da decisão a tornam mais arriscada para o cliente. Alguns desses riscos podem ser reais – um vendedor pode realmente não ter a tecnologia certa, a capacidade de suporte ou a estabilidade comercial. Outros riscos podem existir apenas na mente do cliente, e um fornecedor capaz de oferecer tudo de que o cliente precisa pode despertar dúvidas e preocupa-

Superando os Medos Finais: Estratégias para a Fase de Resolução de Preocupações **155**

ções. Quer as preocupações tenham uma base real ou sejam apenas imaginárias, elas são reais para o cliente e podem afetar o resultado da venda.

Risco na Fase de Resolução de Preocupações

As mais difíceis preocupações dos clientes certamente surgem na fase de Resolução de Preocupações. Conforme a decisão se aproxima, aumenta o sentimento de risco do cliente. Em uma venda pequena, na qual o produto custa pouco, a pior penalidade de uma decisão errada é o comprador desperdiçar uma pequena quantia de dinheiro. Mas, em uma venda complexa, na qual a compra não é apenas cara, mas também afeta o negócio do cliente, não é incomum uma decisão errada prejudicar a carreira de um comprador. Consequentemente, como os riscos do comprador são muito maiores, algumas preocupações especiais podem surgir durante esta etapa da venda, que normalmente não ocorrem em vendas menores. O restante deste capítulo examina essas preocupações especiais em mais detalhes, mostrando quais são elas, por que elas surgem e as melhores estratégias para lidar com elas.

A Criação de um Comprador Cauteloso

Keith G. era um estagiário de administração, recém-saído da faculdade, que tinha acabado de se juntar a um grande conglomerado de alimentos e refrigerantes. Seu primeiro trabalho foi no departamento de compras. Ele era responsável por comprar suprimentos e itens não capitalizáveis para os cargos administrativos. A maioria de suas compras era pequena – algumas centenas de dólares, em média. Keith, assim como muitos jovens recém-formados ambiciosos, não estava feliz no departamento de compras. "Esta é uma função sem saída", confidenciou-nos ele. "É para pessoas que fracassaram em empregos reais. Todo mundo aqui parece ser um derrotado. Tudo que eles querem é segurança. Ninguém está preparado para assumir riscos."

Keith estava determinado a mudar tudo isso. Ele buscou novos fornecedores, comprou itens incomuns só para testá-los e convenceu o gerente do departamento de administração a mudar e testar novos materiais. Muitas de suas inserções foram bem recebidas pela gerência. Ele foi tão

156 Capítulo 6

bem-sucedido que acabou sendo promovido, dentro do departamento de compras, para um cargo que lhe dava responsabilidade para adquirir bens de capital de alto valor. "Esta é a minha chance", disse-nos ele. "Vou provocar uma inovação e inserir um pouco de vida em nossas compras."

Dezoito meses depois, entrevistamos Keith como parte de um estudo sobre vendas perdidas. Keith havia recusado um fornecedor com quem trabalhávamos, e estávamos tentando descobrir por quê. "Bem", explicou Keith, "gostei do equipamento, mas ele é novo e isso poderia ser arriscado, por isso escolhi outro vendedor que considerei mais seguro". "Isso não parece um discurso seu, Keith", dissemos a ele. "Você era o cara que costumava fazer discursos sobre a importância de assumir riscos." "Eu mudei", admitiu. "No ano passado, comprei uma peça muito cara e não testada de equipamentos para engarrafamento de um fornecedor desconhecido. Se tivesse funcionado, eu teria sido um herói. Não funcionou – e ficamos com um erro de milhões de dólares. Quando o cargo de gerente de compras ficou vago, ele foi ocupado por uma de minhas colegas que nunca assumiu um risco em sua vida. Eu queria esse cargo e o perdi por causa de um erro. Ninguém se lembrou das minhas dezenas de sucessos. De agora em diante, estou sendo cuidadoso."

Keith tinha aprendido duas lições desagradáveis que explicam por que os compradores de bens de capital são tão precavidos. Primeiro, os riscos de fracasso em vendas grandes são muito visíveis. Segundo, poucas organizações incentivam o risco. Sua colega que conseguiu o cargo de gerente por agir de maneira segura tinha mais conhecimento sobre o típico departamento de compras.

Consequências: os Riscos de Seguir em Frente

Quais são os riscos que os compradores temem durante a fase de Resolução de Preocupações? Eles podem assumir muitas formas. Quando os riscos são simples, surgem pouco mais do que as ansiedades comerciais naturais que acompanham qualquer grande decisão: "Será que o equipamento chegará no prazo?", "Haverá alguma dificuldade com a instalação?" ou "O suporte ao treinamento vai ser suficiente?" Outros medos podem ser mais profundos,

Superando os Medos Finais: Estratégias para a Fase de Resolução de Preocupações **157**

como "Eu realmente quero fazer negócios com esse fornecedor?", "Será que nossos funcionários vão aceitar a mudança?" ou "O que vai acontecer com minha carreira se isso der errado?" Essas preocupações arraigadas é que são perigosas. Nós as chamamos de Consequências. Alguns clientes as expressam abertamente, mas é mais comum elas ficarem corroendo sob a superfície, influenciando a decisão sem que você sequer as perceba. Muitas vendas que passaram de maneira promissora pelas fases de Reconhecimento de Necessidades e de Avaliação de Opções são perdidas porque o vendedor não reconheceu e não lidou corretamente com Problemas de Consequências.

Objetivos da Fase de Resolução de Preocupações

Vimos como o sucesso em cada fase da venda, até agora, depende do cumprimento de objetivos estratégicos específicos. A fase de Resolução de preocupações não é exceção. Seus objetivos estratégicos são os seguintes:

- *Descobrir se existem Problemas de Consequências.* Descobrimos que algumas vendas têm problemas graves de Consequências, enquanto em outras não há nenhuma Consequência. O primeiro objetivo estratégico para esta fase é determinar se existem Consequências. Como veremos, isso pode ser mais difícil do que parece.
- *Descobrir e esclarecer quaisquer Problemas de Consequência.* Se você tiver razões para suspeitar de que existe um Problema de Consequência, seu próximo objetivo de vendas deve ser descobri-lo e assegurar que você o compreende. Novamente, isso pode ser mais difícil do que parece. Muitas grandes vendas são perdidas porque o vendedor lidou com sintomas menores e não chegou à verdadeira preocupação do cliente.
- *Ajudar o cliente a resolver os Problemas de Consequências.* Finalmente, quando você tem uma compreensão clara do problema real, você deve ter por objetivo ajudar a resolvê-lo. Repare que eu digo "ajudar". Como veremos, as Consequências são questões psicológicas que existem na mente do cliente. Apenas o cliente pode resolvê-las. Seu papel é ajudar o cliente, e não tentar resolver a preocupação em nome do cliente.

O que Gera Questionamento sobre Consequências?

As Consequências são as penalidades ou os riscos que o cliente acredita que podem resultar de tomar uma decisão a seu favor. Mas o que geram as Consequências? Conseguimos ter alguns *insights* sobre a natureza das Consequências e suas causas a partir de um estudo que realizamos sobre a preocupação dos clientes com o preço e como ela muda ao longo do ciclo de venda. Vendedores com muita experiência em grandes vendas normalmente relatam que o nível da preocupação dos clientes com o preço não é constante ao longo de todas as fases do ciclo de venda. É comum a preocupação com o preço ser elevada durante as primeiras etapas de uma venda. Muitas vezes, a primeira pergunta do cliente é "Quanto custa?". Uma das razões para essa preocupação antecipada com o preço é que o cliente ainda não reconheceu totalmente as necessidades. Como resultado, o produto ou serviço do vendedor não pode ser julgado em termos dos problemas que resolve e, portanto, deve ser julgado em relação aos custos, e não ao valor.

Como mostra o gráfico da Figura 6.2, a preocupação com o preço tende a cair conforme a venda progride, geralmente atingindo seu ponto mais baixo no meio do ciclo. Para substituí-la, vemos um aumento do interesse nas aplicações – nas capacidades que o produto ou serviço oferece ao cliente. Finalmente, pouco antes da decisão, muitas vezes há um aumento acentuado na preocupação com o preço, sendo que as questões de custos frequentemente se tornam a questão central sobre a qual a decisão parece repousar.

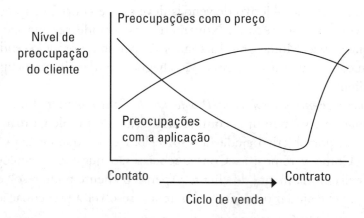

Figura 6-2. Como a preocupação com o preço muda.

Superando os Medos Finais: Estratégias para a Fase de Resolução de Preocupações **159**

O que explica esse aumento repentino na preocupação com o preço? Uma explicação é que os esforços do vendedor no início do ciclo tentaram aumentar a percepção do cliente em relação ao valor, enfatizando tudo que o cliente receberia se tomasse uma decisão favorável ao vendedor. O vendedor tenta influenciar a equação de valor através do desenvolvimento de soluções, economias e benefícios. No entanto, conforme a decisão se aproxima, o cliente naturalmente olha para o outro lado da equação e começa a avaliar quanto todas essas coisas vão custar. A Figura 6.3 ilustra essa mudança na equação de valor do cliente.

O custo não é apenas uma questão do preço de compra. Parte do que o cliente deve pagar é medido em termos menos tangíveis – a decisão tem custos em termos de riscos, dificuldades de implementação, perigos políticos e outras coisas que poderiam dar errado. Elas formam a base das perguntas de Consequência que muitas vezes se escondem sob a superfície. Assim, quando um cliente expressa uma preocupação com o preço, esse pode não ser o único fator presente. Trabalhando com um fornecedor de grandes máquinas industriais, realizamos entrevistas de acompanhamento em 50 vendas perdidas em que o cliente tinha recusado o vendedor sob a alegação de preço. Em 64% dos casos, as entrevistas revelaram que o preço não era o fator mais importante. As verdadeiras questões eram as Conse-

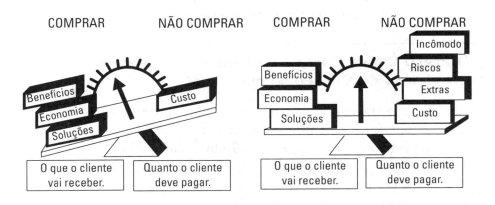

Figura 6-3. Como a equação de valor muda. Esquerda: No início da venda, os vendedores aumentam o que o cliente vai receber. Direita: Conforme a decisão se aproxima, os clientes começam a se preocupar com o quanto vão pagar.

160 Capítulo 6

quências – riscos e penalidades que o cliente temia que pudessem surgir se tomasse uma decisão a favor do vendedor. As respostas típicas dos clientes incluíram:

> "Meu vice-presidente veio de um de seus concorrentes e ainda tem muitos contatos lá. Eu não colocaria meu pescoço na reta ao arriscar incomodá-lo."

> "O sistema é bom – talvez o melhor no mercado –, mas ouvi dizer que eles não colocam muito esforço no atendimento ao cliente, e isso me deixou preocupado."

> "Ah, tenho quase certeza de que seu produto teria sido uma grande melhoria em relação ao que finalmente compramos. Mas eu não estava preparado para passar por todo o trabalho e os problemas de mudança de fornecedor de novo."

O preço é a forma "respeitável" para expressar as Consequências. Os clientes acham muito mais fácil dizer que eles decidiram não comprar por causa do custo do que para explicar questões como desconfiança, política, incômodos ou riscos. E, como decisões baseadas em preço têm respeitabilidade comercial, elas também podem ser uma explicação conveniente dentro da empresa do comprador. Como resultado, o preço muitas vezes é usado como uma cortina de fumaça para outras preocupações.

O Preço É uma Cortina de Fumaça no Caso de Problemas de Consequência

Sam F. havia trabalhado arduamente durante quase oito meses como chefe de uma equipe de vendas que vendia unidades de cozinha automatizada para uma rede de *fast-food*. Individualmente, as unidades não eram caras, mas, como a venda significaria abastecer mais de 800 estabelecimentos, era a maior venda de todos os tempos, não só para Sam, mas para sua empresa como um todo. Todo mundo, inclusive o presidente da empresa, estava ansioso conforme a decisão se aproximava. Em uma de suas reuniões com o comitê de compras do *fast-food*, Sam decidiu levar seu presidente junto para avaliar como a venda estava progredindo.

Não foi uma reunião tão fácil quanto Sam esperava. Vários membros do comitê criticaram pontos menores que Sam achava que já tinha resolvido satisfatoriamente em reuniões anteriores. Pior, o chefe do comitê disse: "Agora que temos aqui seu presidente, Sam, gostaríamos de aproveitar a oportunidade para salientar que seu preço é muito maior do que esperávamos. Pode fazer você perder a venda". Sam ficou estupefato. Seu patrocinador havia lhe dito, apenas duas semanas antes, que um dos pontos mais fortes de sua proposta era o preço – que era cerca de 5% mais baixo que a proposta de um concorrente mais conhecido.

De volta ao escritório, o presidente ficou preocupado. "Acho que corremos o risco de perder essa venda, a menos que possamos fazer alguma coisa em relação ao nosso preço," disse ele a Sam. Depois de muita discussão interna, Sam foi instruído a rever sua oferta e cortar mais 9% do preço global do contrato. "Podemos até mesmo perder algum dinheiro nesse contrato," explicou o presidente, "mas vale a pena, porque nos dá uma presença nos *fast-foods* que não tínhamos antes."

Uma semana depois, Sam soube que tinha perdido a venda. Vários meses depois, quando a poeira assentou, Sam voltou a seu patrocinador para descobrir o que havia acontecido. "Sinceramente," explicou seu patrocinador, "nos disseram que vocês estavam saindo do negócio de cozinhas comerciais. Imaginamos que era plausível, porque sabíamos que vocês não têm muita atividade comercial com outras redes de *fast-food*, de modo que isso não poderia ser tão importante para você quanto seu negócio de cozinhas domésticas. Não queríamos correr o risco de um fornecedor que não estava comprometido com nosso negócio. "Mas," protestou Sam, "somos sérios em relação a negócios comerciais. Foi por isso que cortamos tanto nosso preço na nossa nova proposta." "Seu corte de preço teve efeito contrário sobre nós," explicou o patrocinador. "Pensamos que era um sinal de que vocês queriam descarregar seu estoque de cozinhas comerciais a preços mais baixos para que pudessem sair do negócio de cozinhas comerciais".

O presidente de Sam cometeu um grande erro. Ele não entendeu que, conforme a decisão se aproxima, as questões de preço frequentemente são levantadas como uma maneira respeitável de deixar o vendedor saber que existe um desconforto mais profundo. Nesse caso, nem Sam nem seu presidente percebeu que a questão de Consequência era o compromisso com o mercado comercial. Se eles soubessem, poderiam ter resolvido os medos do cliente. Mas, ao tratar a questão do preço por seu valor nominal, eles apenas intensificaram as verdadeiras preocupações do cliente – e isso lhes custou uma venda que teria sido a maior da história da empresa.

A tendência dos clientes em levantar uma cortina de fumaça pode ter sérias implicações em como você lida com questões de preço. Se a questão é realmente uma preocupação com custos – e frequentemente é –, pode ser adequado negociar e oferecer uma redução de preço. No entanto, se o preço é apenas uma cortina de fumaça para um Problema de Consequência, a redução de preços não é a resposta.

Reconhecimento: o Primeiro Passo Essencial

Antes de poder lidar com as Consequências, você deve conseguir reconhecê--las. É por isso que o primeiro objetivo estratégico para esta etapa da venda é o reconhecimento – descobrir se realmente existem problemas de Consequência. E, como vimos, pode ser difícil reconhecer as Consequências, porque (1) elas muitas vezes estão sob a superfície, influenciando a decisão do cliente, sem nunca serem discutidas com você – de modo que você pode nem perceber que elas existem – e (2) quando elas vêm à tona, muitas vezes se apresentam na forma disfarçada de preocupação com o preço, e isso o deixa com a tarefa de decidir se os problemas de custo que o cliente está apresentando são reais ou são – pelo menos em parte – uma cortina de fumaça para as Consequências que o cliente pode estar relutante em expressar.

Alguns Sinais de Alerta

Mesmo antes de um encontro face a face com o cliente nesta fase da venda, existem alguns indicadores que podem ajudá-lo a prever se Consequências têm probabilidade de interferir. Lembre-se de que os problemas de Consequência surgem porque o cliente percebe um risco ao fazer negócios com você. Fatores que aumentam esse risco – e, portanto, tornam as Consequências mais prováveis – incluem:

- *Grandes decisões.* Quanto maior for a decisão, maior o risco para o comprador se algo der errado. O tamanho da decisão não é medido apenas em dólares. Psicologicamente, pode haver menos riscos percebidos – e, portanto, menos Consequências – para o presidente de uma grande corporação que está realizando uma compra de milhões de dólares do que para um gerente de departamento que está gastando 50 mil dólares. Para avaliar se podem existir Consequências, você deve se perguntar: "Está é uma grande decisão para este indivíduo?"
- *Decisões de alta visibilidade.* Às vezes, a decisão não é especialmente grande, mas tem uma grande visibilidade dentro da empresa compradora. Nesses casos, com a alta gerência mostrando interesse, os compradores podem se sentir sob pressão crescente e há maior probabilidade de ocorrer mais problemas de Consequências como resultado.
- *Concorrentes mais conhecidos.* Se você está competindo com outros fornecedores que têm uma reputação mais forte que você no mercado, uma decisão a seu favor pode ser vista como arriscada. Por outro lado, uma decisão a favor do líder de mercado é mais fácil de justificar. O concorrente com a reputação mais forte no mercado muitas vezes usa sua posição para gerar problemas de Consequências sobre outros fornecedores.
- *A conta do concorrente.* Se você está vendendo para uma conta na qual um concorrente já está bem entrincheirado – especialmente se o concorrente ofereceu um bom serviço –, o comprador pode ficar preocupado com os riscos de mudar.
- *Tecnologia diferente.* Se seu produto ou serviço se baseia em tecnologia ou ideias que são novas para o cliente, esse desconhecimento pode gerar Consequências. Isso é especialmente provável se seus concorrentes estiverem propondo soluções mais convencionais, que o cliente enten-

de melhor. A abordagem mais familiar do concorrente pode fazer sua solução menos convencional parecer arriscada, na comparação.

Ao perguntar a si mesmo quantos desses fatores estão presentes, você pode estimar se há probabilidade de surgirem Consequências em fases posteriores do ciclo de venda. Quanto mais fatores você encontrar, maior a probabilidade de existirem Consequências.

Como É Seguro Ser Líder de Mercado

Jan T. era muito bem-sucedido na venda de computadores de médio porte da IBM. Estávamos conversando com Jan como parte de um estudo que promovemos para descobrir como vendedores técnicos explicavam seus produtos para clientes não-técnicos. O sucesso de Jan com compradores de primeira viagem nos levou a pensar que ele provavelmente estava fazendo um bom trabalho de educar os clientes potenciais. Mas conversar com Jan revelou uma história diferente. "Não vendo computadores", disse-nos ele. "Vendo segurança." Se o cliente quer entender detalhes técnicos, eu ligo para um especialista do suporte. Meu trabalho é fazer o cliente sentir que a IBM é o lugar mais seguro para um comprador de primeira viagem. Então eu cuidadosamente – e de maneira responsável e profissional – trago à tona preocupações com o risco de lidar com um fornecedor de computadores. Falo dos riscos relacionados a serviços, confiabilidade e suporte de *software*. Depois mostro ao cliente que os riscos são muito menores com a IBM. A IBM é segura.

O sucesso de Jan aconteceu porque ele fazia um trabalho muito bom de trazer à tona problemas de Consequência questões que a IBM poderia resolver melhor que outros fornecedores. E, claro, o marketing da IBM deve receber crédito por inserir profundamente a segurança em sua estratégia global de marketing. Ao reconhecer que a capacidade de resolver problemas de Consequência é mais importante para o cliente do que um preço *premium*, a IBM, até muito recentemente, conseguiu manter margens incrivelmente altas sobre uma linha de produtos que não eram superiores em termos de suas funções.

Detectando Consequências Face a Face

Como já vimos, é relativamente fácil prever se há probabilidade de haver Consequências que irão influenciar a venda durante a fase de Resolução de Preocupações. Mas como você reconhece se uma Consequência está atrapalhando um comprador quando você está face a face com ele?

Às vezes, é claro, o comprador falará da Consequência diretamente. A maioria dos vendedores consegue se lembrar de reuniões em que um comprador disse algo como "Deixe-me ser franco: eu gostaria de fazer negócios com você, mas tenho medo de todas as complicações que o novo sistema causaria". Quando um comprador traz à tona riscos percebidos como esses, isso é um sinal claro de que você construiu um relacionamento pessoal suficientemente bom com seu cliente, para que ele se sentisse confortável em compartilhar essas informações com você. O problema agora está "em cima da mesa" e pode ser resolvido. Mas, mesmo quando você tem um bom relacionamento com o comprador, ainda podem haver Consequências que não foram compartilhadas com você e que – se você não os resolver – irão influenciar a decisão contra você. Essas são, de longe, as mais perigosas Consequências. O cliente pode ter uma percepção equivocada sobre você, seu produto ou sua empresa que irá prejudicá-lo se não for corrigida. Mas como você sabe se esses problemas realmente existem? Quais são os sinais que você deve procurar para saber se uma Consequência pode estar escondida sob a superfície?

Sinais que Sugerem Consequências

Não há um único sinal seguro de que existe uma Consequência na mente do cliente. Mas há uma grande chance de que alguns problemas não revelados não existiriam se um ou mais dos seguintes sinais estiverem presentes.

- *Levantar de novo problemas que já foram resolvidos.* Suponha, por exemplo, que no mês passado, um de seus clientes levantou uma questão sobre a qualidade do seu produto. Você produziu amostras e várias outras provas para demonstrar que sua qualidade excedia as especificações dele. Ele pareceu muito satisfeito. Agora, quando você pensava que o problema da qualidade estava finalmente encerrado, ele começa a levantar de novo a questão.

Casos como este, em que problemas previamente resolvidos ressurgem, são um sinal claro de que pode existir uma Consequência. Nem sempre, claro – é possível que o comprador esteja apenas verificando um problema crucial antes de seguir em frente –, mas pessoas experientes geralmente vêem o ressurgimento de velhos problemas como um sinal de que a preocupação verdadeira é uma Consequência que o comprador ainda não está compartilhando.

- *Preocupação irreal com o preço.* Muitas preocupações com o preço são apenas isto – verdadeiros problemas orçamentários relacionados aos custos de comprar seu produto. Mas, como já vimos, o preço também pode ser uma forma respeitável de expressar Consequências. Como você pode saber se deve considerar os problemas de preço ao pé da letra ou se eles estão sendo aumentados desproporcionalmente por causa de uma Consequência não resolvida?

  O caminho mais seguro é aceitar os problemas de preço ao pé da letra, a menos que eles pareçam irrealistas. Por exemplo, se um concorrente está oferecendo um produto semelhante por um preço mais baixo, aceite o problema de preço como genuíno. Mas, se seu preço for suficientemente próximo do preço de seu concorrente a ponto de a preocupação parecer irrealista, isso provavelmente sinaliza que existe um problema de Consequência.

- *Adiamentos injustificados.* Adiamentos e atrasos são fatos normais na vida das empresas conforme mudam as prioridades e as pessoas na empresa. Mas, se não houver motivo aparente para o adiamento – por exemplo, uma apresentação que você agendou é sempre adiada sem explicações –, há uma grande possibilidade de que existam Consequências que estão deixando o cliente relutante em prosseguir.

- *Indisponibilidade para se reunir.* Outro sinal de que os problemas de Consequências estão perturbando o cliente é a indisponibilidade ou a recusa de se reunir com você. Obviamente, seus clientes, ainda mais em um nível decisório mais alto, não estarão disponíveis sempre que você quiser vê-los. Mas, se você tinha acesso fácil a um cliente no início do ciclo e o acesso agora está sendo restrito, suspeite de Consequências. Suspeite especialmente se um ou mais de seus concorrentes consegue ter o acesso que está difícil para você conseguir.

- *Retenção de informações.* Os clientes podem ficar relutantes em dar informações para fornecedores, especialmente se uma decisão está sendo tomada através de processos formais como especificações de propostas ou comitês. Dessa forma, a indisponibilidade do cliente em lhe dar informações pode não indicar, em si, a presença de Consequências. No entanto, se o cliente dá informações livremente para seus concorrentes enquanto as esconde de você, isso é um claro alerta de que podem existir Consequências.

Discrepâncias: o Fator Comum

O fator comum subjacente a esses sinais é que cada um mostra uma discrepância entre o que deveria estar acontecendo e o que realmente está acontecendo. Quando uma preocupação resolvida ressurge, há uma discrepância: o problema já foi resolvido, mas está surgindo novamente. Se a preocupação com o preço é irrealista, há uma discrepância entre um nível legítimo de preocupação com o preço – que deveria estar acontecendo – e uma preocupação com o preço inflacionada e irrealista – que realmente está acontecendo.

Então, o princípio básico para reconhecer Consequências é buscar discrepâncias – coisas que não fazem muito sentido. Se o cliente diz uma coisa mas faz outra, ou se um problema parece muito desproporcional, há uma grande possibilidade de que a discrepância seja causada por uma preocupação subjacente que o cliente não está compartilhando com você.

Como Lidar com as Consequências?

Já vimos o que são Consequências, por que elas surgem no final do ciclo de venda e como detectar se elas estão presentes. Agora vem a pergunta estratégica: Qual é a melhor maneira de lidar com as Consequências? Muitos vendedores simplesmente não lidam com as Consequências. Eles acreditam que qualquer problema que está sob a superfície deve ser deixado de lado. Ao tentar descobrir Consequências, argumentam eles, você vai piorar as coisas. Então, a menos que o cliente levante um problema, é melhor ignorá-lo.

168   Capítulo 6

Outras pessoas, especialmente aquelas com vasta experiência em grandes vendas, reconhecem que as Consequências afetarão a decisão do cliente. Eles acreditam que é melhor colocar os problemas sobre a mesa, onde podem ser tratados e resolvidos, em vez de tê-los espreitando sob a superfície. Mas até mesmo essas pessoas experientes, que reconhecem a importância de lidar com problemas de Consequência, podem ter dificuldade para descobrir e resolver Consequências de forma bem-sucedida. Por sua própria natureza, as Consequências não são fáceis de descobrir e, depois de descobertas, muitas vezes exigem um manuseio delicado. Quais são os princípios básicos que podem ajudá-lo a lidar com as Consequências de forma bem-sucedida?

Alguns Princípios Básicos

Não há nenhuma fórmula mágica para lidar com as Consequências. Assim como em outras áreas da venda, não existe uma única abordagem que será bem-sucedida 100% do tempo. No entanto, existem alguns princípios básicos e algumas habilidades específicas que podem ajudar a resolver problemas de Consequências e aumentar suas chances de conseguir o negócio.

- *Não ignore as Consequências.* Um problema de Consequências não vai embora se você deixá-lo de lado. Esse é um princípio importante e fundamental. Esses vendedores que preferem ignorar as Consequências a enfrentar os riscos de lidar com elas estão assumindo riscos ainda maiores. Eles estão permitindo que preocupações perigosas do cliente continuem não resolvidas – e essas preocupações podem acabar lhe custando a venda. Quer você goste ou não, Consequências não resolvidas prejudicam suas chances de sucesso, então você não pode se dar ao luxo de ignorá-las. Você não deve supor que uma preocupação não é importante só porque o cliente não a expressa. Muitas vezes, as preocupações mais prejudiciais são as que o cliente fica mais relutante em compartilhar. Então, se você tem motivos para acreditar que pode existir um problema de Consequência, coloque-o sobre a mesa e resolva-o; não o ignore.
- *Construir relacionamentos no início.* As Consequências mais fáceis de lidar são aquelas que o cliente compartilha e para isso busca sua ajuda.

Superando os Medos Finais: Estratégias para a Fase de Resolução de Preocupações **169**

Se, por exemplo, um cliente pede seu conselho sobre como lidar com um vice-presidente que prefere um de seus concorrentes, a Consequência está sobre a mesa e pode ser resolvida. É muito mais difícil para você se o comprador não diz nada, mas pensa: "É muito arriscado fechar com eles porque não sei como convencer o vice-presidente".

O primeiro passo para lidar com as Consequências é fazer com que os clientes as compartilhe com você. E isso depende do nível de confiança e segurança que você construiu. A confiança não pode ser conquistada de imediato, como se acende uma lâmpada. Toda a história de seu relacionamento ao longo das fases iniciais do ciclo de venda determina se o cliente sente confiança suficiente para compartilhar coisas com você. Nenhuma estratégia ou técnica ao final da venda pode substituir a construção cuidadosa e profissional de um relacionamento no início do ciclo.

- *Só o cliente pode resolver uma Consequência – você não pode.* As Consequências são riscos ou penalidades que o cliente percebe que resultarão de tomar uma decisão a seu favor. Os riscos existem na mente do cliente. Isso não torna nenhum deles menos real – mas significa que a solução deve vir do cliente, e não de você. Você não pode resolver os medos de outras pessoas por elas. Tudo que você pode fazer é criar as condições certas que lhes permitam resolver seus medos por si próprios. Até mesmo vendedores experientes caem na armadilha de tentar resolver as Consequências para os clientes, em vez de ajudar os clientes a criarem suas próprias soluções. Lembre-se de que as Consequências pertencem a seus clientes, e não a você. Você pode ajudar seus clientes a resolver as Consequências, mas não pode fazer isso por eles.

É o Cliente que Resolve a Consequência

Quando estávamos trabalhando com um fabricante de materiais industriais isolantes, tivemos um excelente exemplo de como é importante fazer o cliente sugerir soluções para problemas de Consequência. Larry Polermo, um de seus vendedores, durante 3 anos vinha tentando, sem sucesso, vender para um cliente específico, que era o maior construtor de imóveis comerciais de seu território. "O problema", disse-nos Larry, "é que o comprador tem medo de que seu chefe desaprove a mudança e o abandono de um fornecedor local. Já tentei de tudo. Levei tabelas de custos que ele pode mostrar ao chefe para provar que vamos economizar dinheiro para ele. Já insisti que ele vá até o chefe e lhe diga que nosso material tem um coeficiente maior de isolamento. Eu até mesmo o convenci de que deveria assumir o risco e tomar a decisão por si – afinal, ele é o responsável pelas compras. Mas nada parece funcionar."

"Talvez você esteja se esforçando demais", sugerimos. "É você que está dando todas as ideias. Por que você não pergunta ao comprador que ideias ele tem para lidar com o próprio chefe?" Larry estava cético. "Não vai adiantar nada", alertou-nos. "Este é o problema – o comprador não tem nenhuma ideia." No entanto, Larry concordou em tentar e, na próxima reunião, pediu ao comprador sugestões sobre como convencer o chefe. Depois da visita, Larry telefonou para nós. "É exatamente como eu disse", explicou ele. Perguntei, mas ele não me deu nenhuma ideia." Admitimos que nossa sugestão tinha falhado. Vender é um negócio incerto – você ganha algumas vezes e perde outras. Essa nos perdemos. Ou acreditamos ter perdido até que, duas semanas depois, Larry ligou de novo para nós. "Consegui meu primeiro pedido", disse-nos alegremente. "O comprador diz que pensou na nossa discussão ao longo do fim de semana e, quanto mais pensava, mais fácil ele achava que seria convencer o chefe a nos dar um pequeno pedido experimental. Então ele falou com o chefe na segunda-feira, e eu consegui fechar o pedido."

O sucesso de Larry aconteceu porque, em vez de pressionar o comprador com suas próprias sugestões, ele tentou fazer o comprador pensar em possíveis soluções. A barreira psicológica estava na mente do comprador. Larry não poderia removê-la pressionando o comprador – e sua pressão pode até ter fortalecido a barreira. Mas, ao incentivar o comprador a pensar em soluções, a barreira enfraqueceu e, finalmente, foi derrubada.

Os Três Pecados Mortais na Hora de Lidar com as Consequências

As qualidades que tornam uma pessoa boa em lidar com as Consequências são difíceis de desenvolver. Como vimos, elas incluem a empatia, a escuta empática e a capacidade de olhar honestamente para si mesmo através dos olhos do seu cliente. Tentei arduamente treinar as pessoas a serem mais habilidosas nessas áreas, mas, para ser sincero, não sei qual foi meu nível de sucesso. Essas qualidades não são fáceis de desenvolver. As sensibilidades interpessoais necessárias são sutis, e pode demandar anos para se aprender as habilidades. Mas, se não tenho certeza de como treinar vendedores para criar a confiança necessária para lidar bem com as Consequências, tenho certeza de como ajudar as pessoas a evitar alguns erros estratégicos comuns que a maioria dos vendedores comete. Em especial, existem três pecados mortais de lidar com Consequências que são cometidos por vendedores com a intenção de ajudar a resolver os problemas de Consequências.

Se o cliente traz à tona um problema de Consequência, muitos vendedores cometem o erro fundamental de tentar superá-lo como se fosse uma objeção. Eles ignoram o princípio de que uma Consequência é um problema do cliente e somente o cliente pode resolvê-la. Isso os leva a tentar resolver o problema para o cliente, usando métodos contraproducentes que reduzem as chances de lidar com a Consequência de maneira bem-sucedida.

1. Minimizar

Minimizar, o primeiro dos pecados mortais, é amenizar uma preocupação do cliente negando sua importância ou oferecendo garantias infundadas. Exemplos típicos de Minimizar seriam afirmações do tipo "Não se preocupe com isso", "Alguém com a sua experiência não deveria estar preocupado com isso" ou "Confie em mim".

Dizer a alguém para não se preocupar não resolve medos, como deve saber qualquer pessoa que tentou dizer a uma criança assustada que não há nada a temer no escuro. De modo semelhante, seus clientes não vão ficar tranquilos simplesmente porque você lhes disse que não há nada com o que se preocupar. Ainda assim, de várias maneiras, a maioria dos vendedores tenta tranquilizar os clientes minimizando suas preocupações. Minimizar não vai ajudá-lo a lidar com os problemas de Consequência do cliente, pelas seguintes razões:

172 Capítulo 6

- *Minimizar não resolve as Consequências.* Minimizar pode aliviar temporariamente uma preocupação, mas, como não a resolve de verdade, a preocupação logo voltará.
- *Minimizar joga as Consequências para baixo do tapete.* Minimizar uma preocupação faz o comprador achar que para o vendedor ela é trivial, então o comprador não a compartilhará mais. Como já vimos, as mais perigosas Consequências são aquelas que estão sob a superfície. Minimizar uma preocupação do cliente irá jogá-la para baixo do tapete, onde ela vai continuar a gerar dúvidas.
- *Consequências maiores permanecem ocultas.* Quando os compradores decidem compartilhar Consequências, a primeira que eles escolhem revelar muitas vezes é uma preocupação menor. Essa preocupação relativamente menor é apresentada pelo comprador como uma espécie de teste, para ver com que nível de empatia o vendedor lidará com ela. Se ela for minimizada, o comprador pode decidir não compartilhar os problemas de Consequência mais importantes. É possível que a Consequência mais importante neste exemplo seja que os membros do conselho têm dúvida se a empresa do vendedor consegue lidar com uma instalação complexa, por exemplo. Ao minimizar uma Consequência menor, o vendedor pode nunca ouvir falar dessas preocupações maiores até que o contrato seja passado para um concorrente.

2. Prescrever

O segundo pecado mortal é Prescrever – empurrar as ideias, soluções e recomendações do próprio cliente para resolver a Consequência. Os exemplos típicos de declarações que são usadas quando os vendedores prescrevem incluem: "A maneira de lidar com essa preocupação é...", "Se eu fosse você, o que eu faria é..." e "Minha recomendação seria...". Se a Consequência está criando um problema para o cliente, o senso comum sugere que seria útil oferecer uma maneira de resolvê-lo. E Prescrever é exatamente isto – oferecer soluções para os problemas dos clientes. Então, por que é contraproducente usar um comportamento de Prescrição? Para entender por que Prescrever não ajuda a resolver Consequências, é importante esclarecer a diferença entre um problema comum e o tipo especial de problema que chamamos de Consequência.

Superando os Medos Finais: Estratégias para a Fase de Resolução de Preocupações **173**

A maioria dos problemas comuns são dificuldades que existem no mundo real – meu carro não dá partida, o telhado está vazando, o gato machucou o rabo. Geralmente ficamos gratos a qualquer pessoa que consiga resolver esses problemas para nós. Se você consegue fazer meu carro dar a partida, consertar meu telhado ou curar o rabo do gato, fico contente de ter sua ajuda – e posso até lhe pagar por isso. Um problema de Consequência é diferente. Aqui, a parte mais importante do problema não está no mundo real – está na mente de uma pessoa. Uma Consequência é um medo, uma preocupação ou dúvida. Se estou com medo de fazer algo, você não pode resolver esse medo para mim. Tudo que você pode fazer é me ajudar a resolver isso por mim mesmo. Algumas pessoas, como terapeutas, conselheiros e psiquiatras, fazem carreira ajudando os outros a resolverem problemas internos. Embora essas pessoas nas profissões de ajuda discordem sobre a maioria das coisas, há uma área na qual eles estão de pleno acordo: Nunca tente resolver os problemas de um cliente – sempre ajude o cliente a resolver os problemas sozinho. O problema com o conselho do tipo "Se eu fosse você" é que eu não sou você. A forma como eu resolveria um problema seria diferente e, mesmo que meu conselho fosse bom e você o aceitasse, você pode ter muita dificuldade para colocá-lo em prática.

Prescrever – dizer aos clientes o que você acha que eles deveriam fazer – é um pouco como oferecer soluções de produtos muito no início da venda. Vendedores que dão soluções antes de desenvolver necessidades tendem a receber mais objeções de seus clientes. Prescrever tem o mesmo efeito – aumenta a resistência do cliente. Por isso, não tente resolver os problemas de Consequências recomendando soluções para o cliente.

3. Pressionar

O terceiro pecado mortal, Pressionar, exige que o cliente apresente informações ou tome decisões. Declarações típicas que indicam pressão podem ser: "Preciso de uma decisão imediatamente" ou "Se você não me der essa informação, não consigo fazer a proposta a tempo". Um cliente com um problema de Consequência muitas vezes parece indeciso. A natureza da maioria das Consequências é que existem quase tantos fatores a favor de uma decisão quanto, contra. Se todos os fatores apontam para o mesmo lugar, o cliente não costuma ter preocupações em relação a uma decisão. Os clientes raramente perdem o sono quando precisam dizer a um fornecedor caro e com características fracas que seu serviço pós-venda tem uma reputação ruim. As Consequências surgem quando os pontos positivos e negativos parecem estar bem equilibrados – quando o cliente quer fazer negócio, mas tem dúvidas ou medo grande o suficiente para fazer um compromisso parecer arriscado.

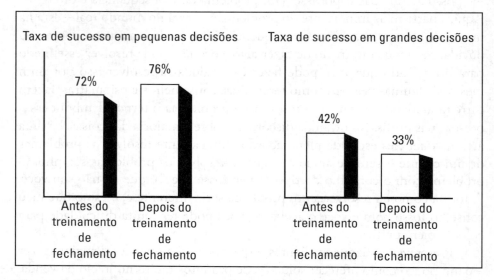

Figura 6-4. O fechamento e seu efeito sobre as vendas. O fechamento aumenta o sucesso das vendas no caso de pequenas decisões, mas diminui o sucesso no caso de decisões maiores.

Muitos vendedores aprenderam que a melhor maneira de lidar com um cliente indeciso é usar técnicas de fechamento, como fechamentos da suposição ou alternativos, para obter uma decisão. Essa pode ser uma estratégia aceitável em vendas mais simples, mas torna-se perigosa e contraproducente conforme a venda fica mais complexa e as Consequências começam a influenciar a decisão.

Em *Alcançando Excelência em Vendas: SPIN Selling*®, descrevo uma série de estudos que mostram que a pressão geralmente tem um impacto negativo sobre o cliente à medida que aumenta o tamanho da venda. Em um desses estudos, investigamos a relação entre a eficácia de técnicas de fechamento e o tamanho da decisão de compra. Como mostra a Figura 6.4 nesta página, quando a decisão é pequena, utilizar técnicas de fechamento aumenta as

Superando os Medos Finais: Estratégias para a Fase de Resolução de Preocupações **175**

chances de se fazer uma venda. No entanto, no caso de decisões maiores, o uso de técnicas de fechamento reduz significativamente as vendas.

Por que o uso de técnicas de fechamento deveria funcionar nas pequenas decisões, mas não nas grandes? A explicação reside na psicologia da pressão e em seu efeito sobre a tomada de decisão. O fechamento é uma das maneiras pelas quais um vendedor pode exercer pressão sobre um comprador para tomar uma decisão. Se a decisão for pequena, a pressão pode ter um efeito positivo sobre um comprador indeciso. Isso não é verdade apenas em vendas. Se, por exemplo, você quer que uma amiga vá com você a um show e ela está indecisa sobre se quer ir, use um pouco de pressão e ela provavelmente irá ao show com você. Mas, se a decisão for grande – por exemplo, se você está tentando convencê-la a mudar de emprego –, pressioná-la pode gerar resistência e pressões contrárias que podem torná-la menos propensa a mudar.

Por que pressionar não leva ao sucesso quando a decisão é grande? Porque grandes decisões têm Consequências, que, como já vimos, são medos, inquietações e preocupações. Exercer pressão sobre uma pessoa que está preocupada com uma tomada de decisão vai aumentar as preocupações e fazer com que a pessoa tenha menos probabilidade de decidir a seu favor. Sendo assim, pressionar o cliente é um caminho perigoso para lidar com as Consequências.

Os Perigos de Pressionar

A Newhall Corporation, uma grande fornecedora de robôs industriais, é subsidiária de uma multinacional gigantesca. Como muitas vezes acontece com subsidiárias de grandes corporações, o desempenho tinha sido considerado medíocre pelo conselho corporativo, e ordenou-se uma mudança completa na administração. O novo vice-presidente de vendas começou analisando o registro de sua força de vendas. Apenas 26% das propostas resultavam em pedidos. "Muito baixo", pensou ele. "É melhor eu fazer algo em relação a isso." Ele chegou à conclusão de que muitos membros de sua força de vendas não estavam assumindo uma abordagem agressiva o suficiente para fechar vendas. Então, ele reuniu todos os gerentes de vendas e os instruiu firmemente a enviarem seus funcionários a cada cliente a quem haviam submetido uma proposta, para tentar pressionar mais agressivamente o cliente a assinar o contrato. Ele confiava que sua estratégia aumentaria muito a atual taxa de 26%.

176   Capítulo 6

Três meses depois, quando os números finais estavam disponíveis, ele se assustou ao descobrir que o resultado de sua "blitz", como ele chamou, foi uma taxa de vendas de 19%. Ao pressionar sua base de clientes, ele perdeu pedidos em vez de conquistá-los. O vice-presidente de vendas não entendeu que muitos de seus clientes tinham problemas de Consequência. Eles estavam preocupados porque havia sido noticiado na imprensa que uma multinacional gigantesca poderia sair do negócio de robótica. Se isso acontecesse, os clientes enfrentariam o sério risco de seus equipamentos ficarem sem suporte. A súbita pressão da força de vendas só aumentou a sensação de risco. Muitos clientes reagiram à pressão mudando para concorrentes mais garantidos.

Os três pecados mortais de Minimizar, Prescrever e Pressionar são três formas comuns mas contraproducentes de se lidar com as Consequências. Cada um deles pode ser usado com a genuína intenção de ajudar o cliente a resolver suas preocupações, mas, como já vimos, eles normalmente têm o efeito oposto.

Lidando com Problemas de Consequência de Maneira Bem-sucedida

Neste capítulo, falamos sobre como é importante entender se existem problemas de Consequências durante a fase de Resolução de preocupações da venda. Vimos alguns dos sinais indicadores que mostram se as Consequências estão presentes – ressurgimento de antigos problemas resolvidos, preocupações irreais com o preço, adiamentos injustificáveis, indisponibilidade para se reunir e retenção de informações. Todas essas coisas indicam que existe uma discrepância – que algo não está fazendo sentido.

Dissemos que o motivo pelo qual as Consequências são tão difíceis de lidar é que elas muitas vezes se escondem sob a superfície e que os compradores podem ficar relutantes em compartilhá-las. Então, antes que você possa lidar com uma Consequência, seu objetivo estratégico inicial deve ser descobrir se ela existe ou não. Também dissemos que a primeira Consequência que o comprador levanta muitas vezes não é a mais importante.

Superando os Medos Finais: Estratégias para a Fase de Resolução de Preocupações **177**

Portanto, seu próximo objetivo deve ser esclarecer a Consequência que você encontrou – descobrir se ela é apenas um sintoma de outros problemas mais importantes e conseguir uma compreensão clara dos problemas que estão incomodando o comprador. Finalmente, dissemos que uma Consequência é uma preocupação que existe na mente do comprador. Só o comprador pode resolvê-la. Sua função não é oferecer a solução, e sim ajudar o comprador a resolver a Consequência. Para alcançar o objetivo estratégico de descobrir, esclarecer e ajudar a resolver um problema de Consequência, sugerimos que você tenha em mente três princípios básicos:

- *Não ignore as Consequências.* As Consequências terão mais probabilidade de prejudicá-lo se você não resolvê-las. Não se iluda pensando que elas vão sumir por vontade própria.
- *Construa relacionamentos no início.* É mais fácil falar sobre as Consequências se você construir a confiança no início da venda.
- *Só o cliente pode resolver uma Consequência.* As consequências estão na mente do cliente. Seu trabalho é ajudar o cliente a discutir e pensar nas Consequências. Você pode ajudar seus clientes a resolverem as Consequências, mas não pode fazer isso por eles.

Finalmente, falamos sobre os três pecados mortais de Minimizar, Prescrever e Pressionar. Quando você está lidando com problemas de Consequência, atente para esses três perigos e tente evitá-los.

Comecei este capítulo descrevendo David Davidson, que tinha um incrível registro de fechamento de grandes vendas. Muitos dos colegas de David, incluindo seu gerente, tinham dificuldade para entender como alguém como David podia ser tão bem-sucedido. Ele era tímido e quieto, um ouvinte e não um falador, e uma pessoa sensível e simpática. Seu gerente, como muitos de nós, tinha sido levado a acreditar que "superfechadores" devem ser dinâmicos, energéticos, dominadores e extrovertidos. Como David poderia ser bem-sucedido se esses traços clássicos claramente lhe faltavam?

Se o gerente de David algum dia ler este capítulo, espero que ele agora ache mais fácil entender por que David era tão bem-sucedido. A escuta empática e uma consideração genuína pelas preocupações de outras pessoas evidentemente são características úteis para lidar com os problemas de Consequência que surgem em grandes vendas. Em vendas menores, exis-

178 Capítulo 6

tem algumas provas de que você pode usar um estilo agressivo e assertivo para fechar com êxito. Em meu livro *Alcançando Excelência em Vendas: SPIN Selling®*, apresento vários estudos que mostram que um estilo dominante e de alta energia pode ter sucesso em vendas pequenas, mas não em grandes vendas. Conforme aumenta o tamanho da venda – e à medida que os problemas de Consequência se tornam mais frequentes e mais graves – é o estilo de escuta empática de David Davidson que leva ao sucesso.

E, Por fim...

Se você seguiu todos os conselhos que oferecemos até aqui, agora estará muito perto da decisão em si. Na primeira fase da venda, o Reconhecimento de Necessidades, você terá desenvolvido necessidades nas áreas em que é mais capacitado para oferecer uma solução. Na próxima fase da venda, a Avaliação de Opções, você terá influenciado os critérios de decisão do cliente, se diferenciado dos concorrentes e reduzido qualquer vulnerabilidade competitiva. Agora, durante a fase de Resolução de Preocupações, você descobriu, esclareceu e ajudou a solucionar qualquer Consequência. Que outras barreiras existiriam entre você e essa decisão esquiva? Apenas uma: negociação. Nessas fases finais de uma grande venda – conforme a decisão se aproxima –, o cliente muitas vezes tenta negociar melhores condições. Infelizmente, poucos dos vendedores que já conhecemos são bons em negociação. Eles acham estressante e difícil quando, ao final de todo esse esforço de venda, o cliente pede para negociar mudanças na especificação, no preço ou na entrega. No entanto, existem algumas regras simples que podem ajudar a tornar a negociação mais fácil – e elas são o tema do próximo capítulo.

7

Negociação de Vendas: como Oferecer Concessões e Combinar os Termos

Em princípio, a venda e a negociação podem parecer muito semelhantes. Eles têm o mesmo objetivo: chegar a um acordo comercial aceitável. Ambas envolvem habilidades de persuasão, e ambas exigem a construção de um relacionamento. Mas há uma grande diferença, e, se você não entendê-la, toda a sua estratégia de venda estará em apuros. A diferença é esta: quando está negociando, você tem a capacidade de alterar os termos a fim de chegar a um acordo. Para negociar, você primeiro deve ter o poder de mudar alguma coisa – como o preço, a entrega ou os termos do contrato. As pessoas normalmente não esperam negociar por causa de um pacote de feijão no supermercado porque o caixa não tem autoridade para mudar o preço. Mas elas negociam quando comprar uma casa ou um carro usado, pois estão lidando com um vendedor que tem autoridade para alterar os termos e fazer concessões. Em outras palavras, quando está negociando, você está preparado, se necessário, para abrir mão de alguma coisa a fim de fazer negócio. Isso não é verdade em vendas. Quando está vendendo, você não abre mão de nada. Seu sucesso se baseia apenas em habilidades de persuasão.

Por que a Diferença entre Vendas e Negociação É Importante

O erro mais comum cometido pelas pessoas quando não têm clareza da diferença entre venda e negociação é começar a negociação cedo demais. Em uma grande organização com a qual trabalhei, a força de vendas recebeu autorização para negociar um desconto de até 10% para conseguir o negócio. Ao introduzir essa autoridade de negociação, a gerência afirmou à força de vendas que a negociação só deveria ser usada se fosse absolutamente essencial para conseguir a venda. Quando essa nova política foi avaliada seis meses depois, descobriu-se que o desconto total tinha sido oferecido em quase todos os casos. O resultado final era equivalente a uma redução geral de preços de 9,8%. Naturalmente, isso era desastrosamente diferente do efeito que a empresa havia previsto. A empresa abriu mão de suas margens e, pior, nem sequer teve um maior volume de vendas em troca. Uma análise mais atenta mostrou que a força de vendas estava oferecendo aos clientes o desconto de 10% logo no início do ciclo de vendas como meio de conquistar o interesse inicial. Seus vendedores estavam negociando – dando o máximo de desconto –, quando deveriam estar vendendo. No final do processo de venda, quando o desconto poderia ter sido um instrumento poderoso, ele não estava mais disponível. Ele já havia sido fornecido, e seu impacto tinha se perdido.

Negociando Cedo Demais

Ian Gilmore vendia máquinas de encadernamento de documentos no mercado de produtos para escritório. Ele era um dos vendedores mais bem-sucedidos de sua empresa e, por isso, foi encarregado de várias contas nacionais, incluindo uma grande organização de engenharia, que tinha potencial para um contrato muito grande. Em uma reunião de vendas da empresa, foi anunciado que os representantes de contas nacionais, incluindo Ian, receberiam o poder de negociar descontos substanciais para compras no atacado. E, como muitas vezes acontece nessas reuniões, a administração fez alertas claros de que a autoridade de negociação só deveria ser usada quando absolutamente necessário. Ian não ficou muito preocupado com os alertas – ele estava feliz demais com a ideia de poder oferecer um desconto.

Negociação de Vendas: como Oferecer Concessões e Combinar os Termos **181**

"Isso vai facilitar muito a minha vida", pensou consigo mesmo. Um dos motivos para a felicidade de Ian era que ele tinha acabado de saber que seu grande cliente de engenharia havia decidido produzir internamente a maioria de seus documentos, e, inevitavelmente, eles precisariam comprar um número substancial de máquinas de encadernamento de documentos. "Que alívio!", pensou Ian. "Na mesma semana que descubro que meu maior cliente finalmente decidiu comprar encadernadoras, recebo o poder de negociar descontos. Essa venda vai ser dada a mim de bandeja." No dia seguinte, Ian correu para visitar a compradora da empresa de engenharia. "Boas notícias", disse a ela. "Como vocês são uma conta nacional potencial, posso oferecer um desconto especial por quantidade, 15% abaixo de nossos preços de tabela." A compradora ficou encantada. "Isso é realmente uma boa notícia", disse ela a Ian, "e tenho certeza de que nos deixará muito mais interessados em suas máquinas."

Um mês depois, a empresa de engenharia publicou as especificações e solicitou propostas de Ian e três de seus concorrentes. "Estou feliz por ter podido oferecer esse desconto extra", disse Ian a seu chefe. "Ele nos ajudou a entrar na conta." O ciclo de vendas progrediu até que, ao final, só permaneceram Ian e um concorrente. Em sua proposta final, Ian enfatizou que, com seu desconto especial, seus preços estavam quase 10% mais baixos que os do concorrente. Ele estava confiante que essa vantagem de preço lhe faria conseguir o negócio.

No dia anterior ao fim da decisão, a compradora ligou para Ian e disse: "Seu concorrente acabou de nos oferecer uma redução de preço. Gostaríamos de saber se você pode fazer o mesmo". "Mas eu lhe ofereci uma redução de preço logo no início", protestou Ian. "Você já conseguiu um preço muito reduzido de nós. Não posso oferecer mais nada." "Como quiser", disse a compradora, "mas devo avisá-lo que o corte de preços de seu concorrente teve um impacto muito positivo para nós." Ian ligou para seu chefe. "Temos de reduzir nossos preços", insistiu. "Impossível", respondeu o chefe. "Você já deu o desconto especial máximo. Não podemos reduzir mais." Não havia nada que Ian pudesse fazer. No dia seguinte, ele soube que tinha perdido a venda. O erro de Ian foi começar a negociação cedo demais. Ele ofereceu o desconto máximo como forma de gerar interesse. Ian teria sido mais bem-sucedido se tivesse seguido o exemplo do concorrente e esperado até mais perto da decisão, quando sua concessão de preço teria provocado o impacto máximo. Negociar cedo demais é o erro mais comum dos negociadores inexperientes.

182 Capítulo 7

Existem muitos outros estudos de caso que eu poderia citar de empresas que cometeram o erro de permitir que seus funcionários negociassem preço se isso fosse necessário para conseguir o negócio. Os resultados dessa estratégia quase invariavelmente foram decepcionantes. Na maioria dos casos, os vendedores ofereceram a redução de preço cedo demais na venda e, consequentemente, suas concessões tiveram um impacto mínimo ou resultaram em dar mais do que o necessário.

A Regra de Ouro: Negocie Depois

Os casos que apresentei não são exemplos isolados. A maioria das pessoas começa a negociar cedo demais. A negociação de vendas bem-sucedida depende de um entendimento claro de uma regra fundamental: nunca negociar antes do tempo. Quanto mais cedo você der concessões, menos impacto elas terão. Não comece a alterar seus termos até que esteja claro que você não tem alternativa. A negociação nunca foi, e nunca será, um substituto para a venda eficaz. Obviamente, existem ótimas razões comerciais para se esperar o máximo possível antes de negociar e, quando a negociação se torna inevitável, para fazer o mínimo possível de concessões. Por que fazer concessões onerosas em uma negociação se você pode obter o mesmo negócio usando suas habilidades de venda, sem abrir mão de muitas coisas?

Também existem boas razões psicológicas para esperar o maior tempo possível antes de negociar. Ao abrir mão de algumas coisas no início, você pode criar uma expectativa de que concessões ainda maiores virão no final. E, como dissemos, concessão dada no início tem menos impacto que a mesma concessão oferecida em uma etapa posterior da venda.

Por que concessões iniciais não funcionam? Afinal, você poderia esperar que oferecer concessões ao cliente no início do processo de vendas faria você entrar na empresa, estabeleceria um espírito de boa vontade e o colocaria um passo à frente da concorrência. No entanto, não é uma boa estratégia começar com concessões porque você está influenciando a metade errada da equação de valor do cliente. Como mostra a Figura 7.1, ao tomar qualquer decisão de compra, os clientes devem equilibrar dois elementos opostos. Um deles é a seriedade dos problemas que seu produto resolveria. O outro é o custo de sua solução, medido em termos de dinheiro, inconveniência ou risco. Se o problema é tão grave que o custo da solução parece pequeno na comparação, o cliente provavelmente vai comprar. Mas às vezes acontece o contrário. O problema pode não parecer significativo o suficiente para justificar o preço da sua solução. Nesse caso, o cliente provavelmente vai continuar a conviver com o problema ou vai procurar uma fonte de ajuda mais barata.

Na venda, você geralmente tenta aumentar a percepção do cliente quanto aos problemas, mas, na negociação, você tende a se concentrar no outro lado da equação de valor. Ao fazer concessões durante a negociação, você tenta reduzir o lado preocupado com custo. Se, por exemplo, oferece um desconto de 5%, você está fazendo sua solução de produto parecer menos cara para o cliente. No entanto, se você não conseguiu construir uma necessidade suficiente antes de oferecer o desconto, você adotou uma estratégia potencialmente arriscada e cara.

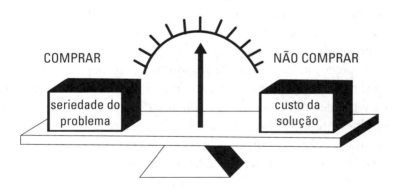

Figura 7-1. A equação de valor do cliente. Se a seriedade do problema for maior que o custo de resolvê-lo, há uma base para uma venda bem-sucedida.

Qual lado da equação de valor?

Um representante de retroprojetores autorizou sua equipe de vendas a oferecer um desconto de 15% a clientes corporativos que comprassem dois ou mais projetores. Em outras palavras, ele deu à força de vendas a autoridade para negociar preços. Um dos vendedores do representante era John Connally. Para conquistar o interesse de seus clientes potenciais, ele normalmente mencionava, ao marcar uma reunião, que poderia dar um desconto. Ao fazer isso, ele estava atuando no lado de "custos da solução" da equação de valor do cliente, fazendo sua solução parecer mais barata que o esperado. Previsivelmente, a oferta de um desconto era um atrativo muito eficaz, permitindo-lhe marcar um número maior de reuniões. No entanto, como os projetores que ele estava vendendo eram caros, mesmo com o desconto de 15% ele não tinha vantagem de preço real sobre a maioria de seus concorrentes. Como resultado, apesar de sua taxa de pedidos ter subido um pouco, não foi o suficiente para compensar os lucros perdidos com uma redução de 15% no preço.

A falta de sucesso convenceu John de que ele deveria mudar de estratégia. Então ele mudou sua atenção para influenciar o outro lado da equação de valor do cliente. Em vez de prometer inicialmente um desconto específico, ele usava termos como "muito competitivo" para atrair interesse sem abrir mão de alguma coisa. Quando os clientes perguntavam sobre preço ou desconto, ele respondia: "Isso depende de coisas como quantidade ou qual máquina atende melhor às suas necessidades. Deixe-me entender essas necessidades, e aí eu poderei lhe dar um preço." Voltando-se para o lado da "seriedade do problema" na equação, ele descobria insatisfações e aumentava suas implicações. Em um caso, por exemplo, ele descobriu que os projetores atuais do cliente às vezes apresentavam superaquecimento. Como resultado, esse cliente teve mais de $2.000 de prejuízo em um jogo de transparências. Depois de conseguir mostrar que seus equipamentos eram mais frios na operação, ele obteve na mesma hora um pedido de três projetores novos sem dar qualquer desconto. Na mente do cliente, um problema que poderia causar milhares de dólares de danos era grave o suficiente para fazer o diferencial de preço de John parecer insignificante. O aumento da atenção no desenvolvimento de problemas levou John a vender de maneira mais eficaz e,

Negociação de Vendas: como Oferecer Concessões e Combinar os Termos **185**

portanto, a obter mais negócios. E, ao vender melhor, havia menos ocasiões em que ele era forçado a negociar descontos.

O caso de John é fácil em uma situação de venda simples. Mas, mesmo em vendas complexas, o mesmo princípio se aplica. Dedique mais atenção no desenvolvimento do lado da "seriedade do problema" da equação de valor do cliente. É melhor conseguir o negócio através da construção de necessidades mais fortes do que tentando fazer sua solução ser mais barata.

Negociação: uma forma onerosa de resolver consequências

Usar a negociação cedo demais, de modo que ela se torna um substituto para a venda, é o erro mais óbvio que os vendedores cometem. Fazer concessões no início do processo de vendas não é a maneira mais inteligente de obter o interesse do cliente. Mas há uma outra área menos óbvia na qual as pessoas cometem o erro de negociar quando seria muito mais eficaz vender. Esse ponto de perigo aparece no final do ciclo, bem quando a negociação parece ser a estratégia mais sensata para conseguir o negócio.

Às vezes, quando a decisão final de compra se aproxima, vemos que os clientes apresentam preocupações ou receios sobre as consequências de comprar de determinado fornecedor. Esses problemas de Consequências raramente se expressam abertamente, mas podem, apesar de tudo, se esconder sob a superfície. Problemas de Consequência típicos podem ser dúvidas do cliente quanto a estabilidade de um fornecedor, preocupações com a integridade do vendedor ou com a forma como o cliente vai convencer internamente as pessoas importantes de que a decisão é a certa. Como vimos no último capítulo, os clientes podem ficar relutantes em expressar algumas dessas reservas diretamente e, portanto, podem escolher levantá-las na forma "inquestionável" de problemas de preço. Certa vez, realizamos um estudo de acompanhamento de 50 vendas perdidas nas quais o cliente tinha recusado um fornecedor alegando motivos relacionados a preço. As entrevistas com esses clientes revelaram que, em 32 casos desses 50, o preço era apenas uma preocupação secundária. Os verdadeiros motivos para rejeitar o fornecedor eram problemas de Consequência. Em casos como esses, nos quais o preço não é a verdadeira preocupação, será eficaz tentar negociar fazendo concessões de preço? A negociação quase certamente não é a melhor resposta. Será mais eficaz descobrir e resolver o problema de Consequência, como mostra o próximo estudo de caso.

Quando Preço Não É o Problema

Dois pequenos fornecedores estavam competindo com uma gigante dos computadores para vender um sistema de armazenamento de dados central. O cliente estava preocupado com o fato de que, no estado altamente volátil da indústria de computadores, fornecedores de pequeno porte podem não sobreviver. Naturalmente, como a decisão envolvia várias centenas de milhares de dólares, o cliente tinha medo de comprar de alguém que poderia sair do negócio e deixar o sistema sem suporte.

Esse tipo de preocupação não é fácil de expressar. Dessa forma, o cliente, como muitas vezes acontece, escolheu o caminho mais fácil e levantou o preço como razão para não querer ir em frente. Um fornecedor levou essas preocupações de preço ao pé da letra e reviu sua proposta, cortando mais 4% do custo do sistema. O efeito sobre o cliente foi o oposto do pretendido. "Eles devem estar desesperados para conseguir negócios; isso é um mau sinal, e nós devemos ficar longe deles", e esse foi o consenso entre os membros do comitê de compras do cliente.

O segundo fornecedor pequeno adotou uma abordagem diferente. "Já somos mais baratos que o concorrente maior", argumentou o gerente do fornecedor, "então o preço é uma cortina de fumaça para alguma outra preocupação. É melhor descobrir qual é o verdadeiro problema." Ao sondar os problemas de Consequência, eles revelaram a preocupação do cliente com a estabilidade do fornecedor. Eles implementaram uma série de ações para tranquilizar o cliente, incluindo uma reunião com os banqueiros do fornecedor, discussões com contas importantes existentes e uma inspeção confidencial dos registros de pedidos do fornecedor. Tranquilizado, o cliente foi em frente e assinou o contrato no preço inicialmente proposto. O primeiro pequeno fornecedor, que, na realidade, era tão financeiramente viável quanto o segundo, perdeu o negócio por ter negociado quando ainda havia uma importante tarefa de venda a realizar.

Negociação de Vendas: como Oferecer Concessões e Combinar os Termos **187**

Fornecedores maiores também devem lidar com problemas de Consequência, embora estes possam ter uma forma diferente. Por exemplo, é comum os clientes terem preocupações do tipo: "Como explico isso para meu vice-presidente, que prefere seu concorrente?" A negociação sobre preço, prazo de entrega ou suporte não fará o medo fundamental sumir. É melhor resolver os problemas reais, em vez de negociar para tentar atravessar uma cortina de fumaça.

Paradas Forçadas

Até agora, falamos sobre quando não se deve negociar. Dissemos o seguinte:

- Não negocie no início do ciclo de venda; a negociação nunca deve ser um substituto para a venda.
- Não tente negociar para escapar de problemas de Consequência ou de preocupações genéricas.

Em resumo, o melhor conselho estratégico é negociar no final e negociar pouco. Mas, por mais que você venda bem, e por mais que você se esforce para tentar evitar a negociação, sempre haverá momentos em que o cliente não fechará negócio se você não mudar sua oferta de produto ou seus termos propostos. Essas são as paradas forçadas – barreiras para o avanço que não podem ser superadas apenas com a habilidade de venda. Por exemplo, algumas semanas atrás, um de meus clientes me ligou para perguntar se poderíamos fazer uma proposta para um contrato de consultoria que envolvia projetar e apresentar um programa em francês. A venda estava claramente na fase de Avaliação de Opções. O cliente havia identificado uma necessidade de oferecer um programa para vendedores que falavam francês. Ao solicitar propostas de empresas de consultoria como a minha, o cliente estava iniciando o processo de escolher entre fornecedores. Normalmente, acharíamos que esse momento seria cedo demais no ciclo de venda para começarmos a negociar. No entanto, a realidade era que não tínhamos a capacidade de conceber um programa complexo em francês. Estávamos enfrentando uma parada forçada. Ou perderíamos a venda ou teríamos de negociar uma alternativa, como projetar o programa em inglês e pedir ao cliente para traduzir para o francês. A habilidade de venda em si não poderia resolver o problema porque não conseguiria alterar o fato de que o cliente tinha uma necessidade que éramos incapazes de satisfazer. A menos que conseguíssemos encontrar uma alternativa aceitável para satisfazer a especificação do cliente, não poderíamos apresentar uma proposta para o contrato.

A maioria das paradas forçadas surgem porque o cliente tem necessidades ou exigências que você não pode atender. Mas não é só o cliente que apresenta paradas forçadas. Às vezes, a empresa do vendedor também pode criá-las. Minha organização, por exemplo, tem uma política de não fornecer treinamento de vendas para empresas que vendem produtos derivados do tabaco. Mais de uma vez isso foi uma parada forçada que nos impediu de fazer negócios.

Existem dois conselhos estratégicos para se lidar com paradas forçadas. Primeiro, certifique-se de que a barreira é realmente uma parada forçada. Já ouvi negociadores falarem de paradas forçadas quando um concorrente tem acesso a um tomador de decisão e eles não têm, ou quando seu preço é marginalmente mais alto que o do concorrente. Essas são situações de venda difíceis, mas não são paradas forçadas. A definição de uma parada forçada é que ela é uma barreira intransponível utilizando seus produtos ou termos atuais. Você não pode avançar a menos que mude sua abordagem de alguma forma – por exemplo, oferecendo um produto diferente, condições diferentes ou uma abordagem criativamente diferente. Se você tratar todas as desvantagens competitivas como paradas forçadas, isso o levará a fazer muitas concessões no início da venda.

O segundo conselho é lidar com as paradas forçadas de maneira relativamente rápida. Se você identificar uma potencial parada forçada, aborde-a rapidamente; não adie. Um dos erros estratégicos comuns que eu vejo em pessoas menos experientes é que elas geralmente esperam o máximo possível antes de confrontar qualquer parada forçada. Seu raciocínio, imagino, é que eles querem construir um relacionamento positivo com o cliente antes de mais nada. Eles acreditam que o cliente terá mais probabilidade de fazer concessões – ou até mesmo abrir mão completamente da parada forçada – se os assuntos pesados forem evitados até o último instante possível. Mas, embora possa parecer plausível, não é nisso o que os negociadores mais experientes acreditam. Se for uma parada forçada real, então, por definição, ela pode impedir a venda, por isso, quanto mais cedo for abordada com o cliente,

Negociação de Vendas: como Oferecer Concessões e Combinar os Termos **189**

melhor. Se for tão grave que não há maneira de contorná-la – se, em outras palavras, ela interrompe a venda –, então trazê-la à tona garantirá que nem você nem o cliente desperdicem tempo desnecessário em um ciclo de venda infrutífero. Mas se, como acontece algumas vezes, existem maneiras criativas de eliminar a parada forçada, quanto mais cedo você e o cliente iniciarem a resolução de problemas, melhor.

Lembre-se de que estamos falando de paradas forçadas reais – casos em que o cliente não avança a menos que você mude radicalmente alguma coisa. Para avançar a venda, você pode ter de considerar grandes modificações na sua estratégia de venda, como oferecer um produto completamente diferente, alterar substancialmente seu preço ou suas formas de pagamento, ou modificar drasticamente sua abordagem proposta. Nenhuma dessas opções é desejável e, algumas vezes, nenhuma é possível – daí o nome "parada forçada". Embora nosso conselho geral seja negociar pouco e tardiamente, abrimos uma exceção no caso de paradas forçadas. Devido à natureza delas, você tem de negociar ou ficará fora da venda. As paradas forçadas são as únicas coisas que você deve negociar durante as fases da venda de Reconhecimento de Necessidades ou de Avaliação de Opções.

A Hora Certa de Negociar

Se você teve sorte suficiente para progredir em um ciclo de vendas sem qualquer parada forçada, você pode achar que resolveu Consequências com sucesso e que agora existem alguns argumentos finais que precisam ser eliminados antes que a decisão final possa ser tomada. Este é o ponto no ciclo de venda em que a negociação é uma ferramenta estratégica eficaz.

A primeira pergunta a fazer a si mesmo antes de qualquer negociação é: "Tenho poder para alterar as condições?". A menos que você tenha autoridade para mudar alguma coisa, como prazo de entrega, suporte ou cláusulas contratuais, você não pode negociar, e é arriscado dar ao cliente a impressão de que você pode.

Todo Mundo Negocia

As pessoas tendem a pensar na negociação como um processo que só ocorre sobre uma mesa de negociação formal. Como resultado, eles vêem a negociação como uma atividade muito incomum e muito ameaçadora. Essa visão limitada da negociação é perigosa. Ela leva as pessoas que têm pouca experiência em negociação formal a se sentirem inseguras e mal equipadas. "Não sou um negociador", eles geralmente dizem, "então não sei como negociar". Se é assim que vê a negociação, você está perdendo um ponto vital. Todos negociam, e a maioria das pessoas tem habilidades de negociação desenvolvidas a um nível mais elevado do que podem imaginar. Em um dia normal, é provável que você esteja envolvido em dezenas de negociações. Você negocia sobre as prioridades no trabalho e em casa, sobre orçamentos, metas e uso do tempo. Sempre que um recurso é escasso e há visões concorrentes sobre como utilizá-lo, é provável que haja uma negociação. Portanto, não pense em si mesmo como alguém que não sabe nada sobre negociação ou como totalmente inexperiente. Você provavelmente já desenvolveu habilidades de negociação que você não reconhece como tal.

Definição de Negociação

A negociação, como já vimos, é mais do que um mero processo formal de barganha. Essa é uma forma limitada demais de se olhar para ela. Ela é parte integrante da nossa vida cotidiana. Alguns escritores, percebendo isso, definiram negociação em termos muito amplos, como "toda conversa com um objetivo". Mas isso é amplo demais. Uma definição mais equilibrada de negociação é que ela é uma tentativa de duas ou mais partes de chegar a um acordo quando estão presentes as três condições a seguir:

1. *Ambas as partes podem alterar os termos.* Essa é a diferença entre negociação e venda. Se você não pode alterar os termos, você deve vender, porque não pode negociar.
2. *O recurso é escasso.* Quando há o suficiente de algo, geralmente não nos preocupamos em negociar sobre isso. Em uma reunião onde há café suficiente para todos, não negociamos a respeito de quem deve receber uma xícara. Mas se há oito pessoas na reunião e xícaras suficientes apenas para

Negociação de Vendas: como Oferecer Concessões e Combinar os Termos

cinco, o café pode se tornar uma questão negociável. Negociamos sobre dinheiro e tempo porque eles são recursos muito escassos.

3. *Acordo e conflito existem simultaneamente.* Toda negociação pode ser vista como dois círculos sobrepostos, como ilustra a Figura 7.2. Em um círculo estão as coisas que você quer e, no outro, as coisas que o cliente quer. Na área de sobreposição estão as necessidades comuns a ambos. Por exemplo, o cliente quer resolver certos problemas. Você também pode querer resolver esses problemas – vendendo seu produto ou serviço. Alguns dos desejos dos clientes podem não estar em seu círculo. É provável, por exemplo, que obter o menor preço seja desejável para o cliente, mas não é bom para você. Ou talvez você queira algo, como o negócio que a conta está dando a seus concorrentes, que o cliente não estará disposto a oferecer.

Não se trata de uma negociação se seu círculo e o do cliente não se sobrepõem de forma alguma. Quando isso acontece, você tem um cliente que não quer o que você tem a oferecer e não está preparado para pagar por isso. Sem uma base comum, nenhuma das partes tem nada a oferecer à outra, então não há base para a negociação. Se seus círculos se sobrepõem completamente, isso também não é uma negociação. Significa que você e os clientes estão em completo acordo. Se é assim, por que negociar? Não há nada para ser negociado. Apenas vá em frente e faça o negócio.

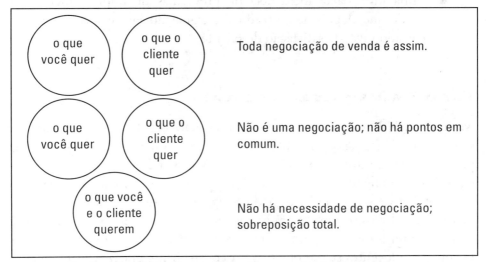

Figura 7-2. Os círculos sobrepostos da negociação de vendas.

192

Capítulo 7

O diagrama de dois círculos mostra claramente uma das características mais importantes da negociação. Em toda negociação, o potencial de acordo (o terreno intermediário) coexiste com o potencial de conflito (as áreas que não se sobrepõem). Uma das coisas que tornam a negociação difícil é que você deve lidar com o acordo e o conflito na mesma reunião. A negociação contém simultaneamente esperanças e frustrações.

Estudos sobre Especialistas em Negociação

Alguns anos atrás, com a ajuda de Bill Allen, estudei 51 especialistas em negociação durante 107 sessões de negociação. Ao comparar o comportamento desses especialistas com resultados de um estudo paralelo de negociadores medianos, descobrimos que os especialistas apresentavam diferenças claras em como lidavam com as negociações. Definimos um negociador especialista como aquele que:

- era classificado como eficaz não só pela própria empresa do negociador, mas pela outra parte na negociação; bem como,
- tinha um histórico comprovado em negociar acordos complexos com sucesso e, por fim,
- tinha uma baixa incidência de problemas de implementação, de modo que, depois de o acordo ser negociado, era realizado com um elevado nível de satisfação do cliente.

Curto Prazo versus *Longo Prazo*

Muitos dos livros que você vê em livrarias de aeroportos sobre como negociar se baseiam em técnicas para obter uma vantagem de curto prazo sobre uma pessoa que você nunca mais vai ver. Esses livros geralmente contêm truques engenhosos e enganações para pressionar a outra parte. Cuidado. Em um ambiente de vendas complexas, não há lugar para truques e artimanhas. As lições desses livros só funcionam em negociações passageiras, nas quais você não espera ter futuros relacionamentos com o cliente. Elas são perigosamente contraproducentes se seu objetivo for construir um eficaz relacionamento comercial de longo prazo.

Negociação de Vendas: como Oferecer Concessões e Combinar os Termos **193**

As habilidades e as estratégias que investigamos eram aquelas necessárias para o desenvolvimento de uma base sólida para futuros negócios. Vale notar que os especialistas em negociação foram escolhidos não apenas por sua habilidade de negociação, mas também porque as transações que eles negociaram foram implementadas com sucesso e, portanto, contribuíram para um eficaz relacionamento de longo prazo com o cliente.

O principal objetivo dos nossos estudos era construir perfis comportamentais de especialistas em negociação. Não estávamos estudando estratégia especificamente. No entanto, nosso contato com os especialistas em negociação nos deu oportunidades de conversar com eles sobre assuntos estratégicos. De nossas conversas, e de observá-los durante negociações reais, pudemos tirar algumas conclusões sobre fatores comuns em suas abordagens à estratégia de negociação. Observamos cinco maneiras pelas quais os negociadores habilidosos pareciam executar a estratégia de forma diferente dos colegas menos habilidosos. Eram elas:

- foco em áreas de alavancagem máxima
- estabelecer e estreitar intervalos
- planejar e usar perguntas
- separar a compreensão de um acordo
- sondar rigorosamente para evitar mal-entendidos

Vamos dar uma olhada nisso e ver como os pontos que observamos em cada área podem ajudá-lo a implementar uma estratégia de negociação eficaz.

Foco em Áreas de Alavancagem Máxima

Quando negociadores menos experientes se encontram para planejar sua estratégia de negociação, a redução de preço tende a ser o elemento discutido com mais frequência. Negociadores inexperientes geralmente pensam em concessões em grande parte ou apenas em termos de preço. Participei de dezenas de reuniões observando equipes de vendas planejarem suas estratégias de negociação de contas importantes. Com frequência assustadora a questão do preço surge, predomina e, por fim, esmaga todos os outros itens.

194 Capítulo 7

Lembro-me de uma reunião que foi aberta pelo líder da equipe com as palavras: "Senhoras e senhores, temos três itens na agenda. O primeiro é o preço, o segundo é o preço, e o terceiro é o preço. Depois, se tivermos tempo sobrando, há algumas questões de preço que devemos discutir". Às vezes, essas reuniões de estratégia nem sequer mencionam o cliente. Toda a energia é usada para descobrir como convencer sua própria administração de vendas a oferecer um desconto maior. Negociadores menos experientes agem como se o preço fosse a única concessão que teria impacto sobre o cliente.

É raro ver negociadores muito experientes em vendas discutirem estratégia de concessão durante uma sessão de planejamento. Embora o preço às vezes seja o assunto central da discussão sobre estratégia, é mais provável que negociadores experientes se concentram em outras áreas potenciais de concessão. A primeira pergunta que os negociadores habilidosos se fazem quando pensam em fazer uma concessão é "Qual a importância dessa concessão para este cliente?". Parece uma pergunta óbvia, que você pode supor que todo negociador faz quando pensa em estratégia de concessão. Infelizmente, não acontece assim. A maioria das pessoas não se pergunta quais concessões – de todas que eles podem oferecer – terão maior impacto sobre um comprador específico. Minhas suspeitas são que a razão pela qual a maioria das pessoas não faz essa pergunta é que elas não conseguiriam chegar a uma resposta. E a razão pela qual elas não têm uma resposta é que elas não fizeram um bom trabalho na hora de descobrir os critérios de decisão durante a fase de Avaliação de Opções.

Quanto melhor você entende os critérios de decisão de um comprador, mais fácil será para você decidir quais concessões terão alavancagem máxima durante uma negociação. Se, por exemplo, você descobriu que a entrega antecipada é um critério crucial para um cliente e o preço é apenas moderadamente importante, uma concessão que oferece entrega uma semana antes pode ter mais impacto que uma redução de preço considerável. Infelizmente para muitos vendedores, eles não foram treinados para descobrir critérios de decisão. Como consequência, eles nunca descobrem o que é essencial e o que é incidental para o comprador que vai tomar a decisão. Mas sua falta de conhecimento não explica totalmente por que eles devem supor que o preço é o único critério de decisão importante. Por que eles agem como se uma redução de preço fosse compensar todas as outras concessões em termos de impacto? Existem várias razões. Por exemplo:

Negociação de Vendas: como Oferecer Concessões e Combinar os Termos **195**

- *Eles não veem como os critérios de decisão influenciam o impacto da concessão.* Quando você para e pensa no assunto, é óbvio que, se puder dar ao cliente uma concessão em uma área crucial, você terá muito mais impacto do que se der uma concessão de mesma proporção em uma área secundária. Por exemplo, suponha que você tem um cliente potencial que não é especialmente sensível ao preço, mas cujo critério de decisão fundamental é que o equipamento tenha um bom serviço pós-venda. Esse cliente pode ficar muito impressionado se você oferecer uma garantia estendida como concessão, porque sua oferta está em uma área considerada crucial. Oferecer a garantia lhe custaria muito menos do que, digamos, uma redução de 5% no preço e teria – neste caso – um impacto muito maior. Por outro lado, você pode ter outro cliente que nem pensou em serviço pós-venda e que não ficaria nem um pouco impressionado com a oferta de uma garantia estendida. Mas, por mais óbvio que isso seja, a maioria das pessoas não pensa automaticamente em como o impacto de uma concessão depende da importância de um critério de decisão. Por conseguinte, para a maioria dos vendedores, uma concessão direta de $5.000 no preço parece valer mais para o cliente do que $4.000 em concessões de outros itens comumente negociáveis, como garantias, prazo de entrega ou suporte ao treinamento. Mas se, por exemplo, o suporte ao treinamento é crucial para o cliente, $1.000 de aumento no suporte pode facilmente superar, em termos psicológicos, $5.000 em redução de preço.
- *Eles não percebem quando o problema não é o preço.* Vimos, no Capítulo 6, que os clientes tendem a fazer referências mais frequentes ao preço no final do ciclo de venda, durante a fase de Resolução de Preocupações. E, como também vimos, muitas dessas referências são uma cortina de fumaça para preocupações de Consequência mais profundas. Vendedores menos experientes geralmente levam as preocupações com preços ao pé da letra. Eles normalmente voltam à própria empresa e buscam uma autorização para concessão de preço com seu gerente de vendas em vez de tentar descobrir e resolver problemas de Consequência.

Foco em Áreas de Alavancagem Máxima

Um exemplo de como maximizar a alavancagem de negociação nos foi dado por um vendedor na área de *computer assisted design* (CAD). Ele nos contou sobre um concorrente, chamado Paul K., que estava competindo com ele por um contrato de CAD. O cliente era uma empresa de consultoria de engenharia de alto prestígio, cujos escritórios estavam localizados em uma bela mansão antiga nos arredores de Boston. O sistema de Paul K. era cerca de 8% mais caro que o de seu rival, mas, como a empresa de engenharia era muito conhecida, o gerente de Paul achou que essa era uma conta importante o suficiente para justificar uma negociação adicional de descontos no preço. Então ele disse a Paul: "Consiga esse negócio a qualquer custo. Você pode dar um desconto de 10%, se necessário, para que possamos ficar com o preço um pouco abaixo da concorrência".

Paul era um vendedor muito habilidoso, e tinha descoberto um critério de decisão crucial que ele esperava tornar a redução de preço desnecessária. Durante a fase de Avaliação de Opções, ele havia notado que o cliente o questionou muito sobre o fato de o equipamento poder ser instalado sem danificar a construção. "Estamos perguntando isso a todos os fornecedores", disse-lhe o cliente, "porque esta é uma excelente construção histórica, e não queremos que vocês façam muitos buracos quando instalarem seus cabos de comunicação." No processo de seleção final, o cliente estava negociando com Paul e seu concorrente. O competidor, igualmente ansioso para fechar esse negócio de alto prestígio, tinha feito um corte de preços significativo, que tornou as máquinas de Paul cerca de 20% mais caras. Paul sabia que, mesmo tendo autoridade para fazer um desconto de 10%, ele não poderia se igualar ao outro fornecedor em termos de preço. Então ele usou seu trunfo. "Você disse que era crucial instalar esse equipamento sem qualquer dano à construção", lembrou ao cliente. "Creio que descobrimos uma maneira de fazer isso. Propomos empregar um artesão habilidoso para instalar a canalização de modo que ela fique invisível. Toda a instalação ficará sob a supervisão de um especialista em edifícios históricos. Mas, infelizmente, como isso será um trabalho caro, não posso lhe oferecer nenhuma concessão de preço adicional." "Isso seria ótimo", respondeu o cliente. "Se você está preparado para instalar da maneira que está descrevendo, isso é muito mais importante para mim do que uma redução de preço de alguns milhares de dólares."

Paul conseguiu o negócio. Quando todos os custos da instalação do especialista foram adicionados posteriormente, eles totalizaram o equivalente a uma redução de preço de apenas 1,5%. Paul foi bem-sucedido porque percebeu que o valor das concessões é medido pelo cliente mais em termos de importância dos critérios de decisão do que em termos de custo. Seu concorrente (que nos contou esta história) fracassou porque não entendeu esse princípio simples. Ele nos contou isso para ilustrar a natureza incompreensível do comportamento do cliente. "Ofereci um desconto de dez vezes o valor do artifício de instalação", reclamou ele, "e ainda perdi o negócio. Não consigo entender o porquê."

Negociadores experientes muitas vezes nos contam como é importante entender os critérios de decisão para descobrir quais áreas de concessão oferecem a alavancagem máxima. Eu me lembro de que treinamos alguns vendedores de grandes contas na Divisão do Mercado de Ciências da Saúde da Kodak em como descobrir critérios de decisão. Bill Irvine, que na época era um negociador da Kodak profundamente envolvido em negociações de grandes contas, me ligou para dizer como era muito mais fácil negociar depois que os vendedores foram treinados. "Desde o treinamento", disse ele, "recebo um *briefing* muito mais útil dos vendedores. Em vez de apenas preço, preço, preço, prefiro falar de uma gama muito mais ampla de questões negociáveis que são importantes para o cliente, como suporte técnico ou treinamento do cliente."

Estabelecer e Estreitar Intervalos

Alguns de nossos trabalhos iniciais sobre negociação mostraram que negociadores menos habilidosos tendem a estabelecer objetivos com pontos fixos, enquanto negociadores habilidosos tendem a estabelecer objetivos na forma de intervalos. Deixe-me dar um exemplo para mostrar o que isso significa. Suponha que haja uma negociação pendente, na qual é necessário fazer uma redução de preço para conseguir o negócio. Um negociador menos habilidoso, ao planejar uma estratégia para essa negociação, tenderá a pensar em um ponto fixo quando considerar a redução de preços. Então, tipicamente, o negociador pode decidir: "Vou reduzir o preço em 5.600 dólares" ou "Vou ofe-

198   Capítulo 7

recer uma redução de 3%." Os números nesses exemplos – $5.600 e 3% – são exemplos de pontos fixos. Por outro lado, quando negociadores habilidosos planejam a estratégia, geralmente pensam em termos de intervalos. Em uma situação equivalente, um negociador habilidoso teria mais probabilidade de decidir: "Vou reduzir o preço em algo entre 4.000 e 5.800 dólares" ou "Vou oferecer uma redução entre 2 e 3,5%." Dito desse modo, parece que os negociadores menos habilidosos são precisos e os negociadores mais experientes são vagos. Os negociadores menos habilidosos parecem saber o que querem, enquanto os negociadores habilidosos parecem que realmente não pensaram com cuidado em seus objetivos. Mas nada poderia estar mais longe da verdade. O motivo por que negociadores habilidosos pensam em termos de intervalos é para manter o máximo de flexibilidade durante a negociação. Conforme a negociação progride, os negociadores habilidosos gradualmente estreitam o intervalo até que, finalmente, conseguem chegar a um ponto fixo com o cliente. Portanto, em essência, os negociadores menos habilidosos tendem a pular diretamente para um ponto fixo, enquanto os mais habilidosos – embora terminem em um ponto fixo – só chegam lá depois de estabelecer um intervalo e estreitá-lo gradativamente.

Essa é uma daquelas descobertas que, inicialmente, é difícil saber como usar para ajudar sua própria estratégia de negociação. Quando estava ensinando programas de vendas e negociação, descobri que a maioria das pessoas reage com um bocejo educado à descoberta de que os negociadores habilidosos estabelecem intervalos e progressivamente os estreitam. Lembro-me de, durante o *coffee break* de um desses programas, ouvir um membro da minha turma dizer ao outro: "A única razão por que ele fez um estardalhaço tão grande sobre a definição de intervalos é que ele tinha quinze minutos de sobra antes do café e não queria iniciar um assunto sério". "Sim", concordou o outro, "afinal, todo mundo sabe como definir um intervalo." Eu gostaria que isso fosse verdade. A realidade é que pouquíssimos vendedores sabem como estabelecer intervalos eficazes e menos ainda sabem como estreitá-los progressivamente até um ponto de concordância. Vamos olhar em mais detalhes como estabelecer e estreitar intervalos considerando uma típica negociação de preço.

Passo 1: Estabeleça seus Limites Superior e Inferior

No início da maioria das negociações de preços, tudo que você geralmente sabe é que o cliente está esperando algum tipo de redução de preços e que,

Negociação de Vendas: como Oferecer Concessões e Combinar os Termos   **199**

sem ela, é provável que você perca o negócio para seu concorrente. Como vimos, é nesta etapa que o negociador inexperiente ou pouco habilidoso muitas vezes estabelece um ponto fixo arbitrário – digamos, 10% de desconto – e o oferece ao cliente. O que há de errado em oferecer um desconto fixo? O principal é que, nesta fase inicial da negociação, você não tem informações suficientes para saber se um desconto de 10% é muito alto ou muito baixo. Se, por exemplo, acontecer de o cliente estar preparado para aceitar 5%, ao oferecer 10% você desnecessariamente abre mão de suas margens. Assim, até ter a oportunidade de avaliar as expectativas do cliente com mais precisão, você deve começar estabelecendo um intervalo amplo. O objetivo deste primeiro intervalo é ajudá-lo a estabelecer seus limites superior e inferior. Como veremos mais tarde, você terá de estreitá-lo antes que ele possa ajudá-lo durante a negociação em si. O topo de sua escala inicial, como mostra a Figura 7.3, é aquilo que se considera ideal. Nesse caso, seu ideal é não dar desconto nenhum – então você pode definir 0% como o topo de seu intervalo inicial.

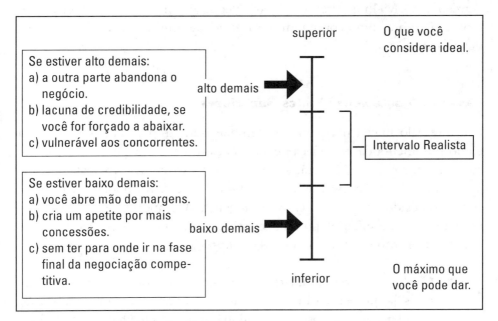

Figura 7-3. Usando intervalos.

Na parte inferior da escala fica o maior desconto que você estaria disposto a oferecer. Vamos supor que – em um máximo absoluto, e se você conseguir convencer seu gerente a tratar esse cliente como uma conta estrategicamente importante –, você consegue autorização para oferecer um desconto de 20%. Então, o limite inicial inferior de sua escala seria de 20%, e o superior seria de 0%. Você agora estabeleceu seu intervalo, e irá negociar um desconto em algum ponto entre 0 e 20%. Este é um exemplo muito simples, no qual seu limite superior não oferece nenhuma concessão e seu limite inferior é o máximo que seu gerente lhe permitirá conceder. Na vida real, às vezes, não é tão simples estabelecer limites – especialmente o extremo inferior do intervalo, onde você está tentando decidir a concessão máxima que ofereceria a esse cliente.

Essa é uma área fascinante e importante da estratégia de negociação, mas é detalhada demais para ser discutida em um livro genérico como este. Se você quiser ler mais sobre o assunto, tente o livro de Ury e Fisher: *Getting to Yes*. Você verá que o conceito de BATNA (Best Alternative To Negociate Agreement – Melhor Alternativa para Negociar um Acordo) oferece conselhos úteis sobre como configurar a extremidade inferior de um intervalo de negociação.

Passo 2: Ajuste seus Limites Superiores

Seu intervalo inicial normalmente também será amplo demais para servir como ferramenta de negociação eficaz. O ponto superior de sua escala, por ser o melhor para você, certamente será uma expectativa irrealista – como o desconto de 0% neste exemplo. Portanto, você deve moderar seu limite superior, decidindo qual é o caso mais realista. É importante ser realista ao refinar seu limite superior, porque, se estiver muito alto na negociação com o cliente, você enfrenta riscos como os seguintes:

- O cliente pode se afastar da negociação e decidir não negociar mais, já que – aos olhos do cliente –, sua posição não é realista. Se calcular mal sua posição inicial, há uma grande chance de você fazer com que o cliente fique mais fechado e mais exigente. Existem algumas provas de que pessoas que inicialmente negociam com um

Negociação de Vendas: como Oferecer Concessões e Combinar os Termos **201**

ponto superior irrealisticamente alto no intervalo acabam fazendo maiores concessões finais do que aqueles cujas ofertas iniciais são menos extremas.

- Você pode criar uma lacuna de credibilidade. Suponha, por exemplo, que você ofereça uma concessão inicial de 1%, sabendo que, se o cliente não aceitá-la, você está preparado para oferecer, digamos, 8%. Como sua oferta inicial de 1% evidentemente não era uma posição de negociação séria, o cliente vai questionar se sua oferta de 8% não é apenas outra tática de negociação. Lembre-se de que oferecer concessões muitas vezes cria um apetite por novas concessões. Quanto maior for o intervalo em que você começa, mais concessões será forçado a oferecer e mais concessões o cliente pode esperar de você.
- Se seu ponto inicial é muito alto, você pode se tornar vulnerável à concorrência. Lembro de participar de uma negociação na qual o negociador que eu estava observando começou bem no topo de seu intervalo e ofereceu concessões iniciais muito pequenas. Sua estratégia era retornar no dia seguinte com maiores concessões que impressionassem o cliente e levassem a um acordo. "Seja duro no início", disse-me ele, "e você sempre pode suavizar depois." Infelizmente, sua posição inicial irrealista foi insatisfatória e irritante para o cliente. Logo que saímos da reunião, o comprador ligou para um concorrente, o qual estava preparado para fazer uma oferta mais realista e, como resultado, a reunião prevista para o dia seguinte nunca ocorreu. A venda foi perdida.

Assim, o primeiro passo para estreitar o intervalo é definir um limite superior realista. Ele deve ser alto o suficiente para lhe dar uma margem de negociação, mas baixo o suficiente para não violar as expectativas do cliente. O intervalo também deve levar em conta sua força competitiva. Em nosso exemplo, tínhamos um intervalo inicial de 0 a 20%. Refinar o limite superior significa que você deve começar a partir de um ponto mais realista do que 0%. Suponha que você não tem muita certeza do que o cliente procura, mas acha provável que o comprador esteja esperando pelo menos um desconto de 8% e, provavelmente, mais. Se você fosse o concorrente favorito, poderia definir, digamos, um ponto de partida de 6% como seu limite superior. Ao fazer isso, você estabeleceu um ponto de partida realista, mas manteve alguns

202 Capítulo 7

pontos percentuais de margem de negociação. Mas, se você estivesse em uma posição competitiva fraca, poderia decidir que um corte de 8% não seria suficiente, e poderia definir um limite superior realista de, digamos, 12%. Claro que, como já dissemos várias vezes no início do capítulo, você deve ter muito cuidado para não usar a redução de preços como um substituto para a venda eficaz – e, como vimos na última seção – você não deve fazer concessões de preço se puder alcançar uma alavancagem de negociação mais eficaz em outras áreas.

Passo 3: Ajuste seus Limites Inferiores

Em seguida, volte sua atenção para o outro lado de sua escala – o máximo que você está disposto a conceder. Essa extremidade também deve ser refinada. Se seu limite inferior é muito baixo, você corre riscos tais como os seguintes:

- Você pode estar abrindo mão de suas margens. Se o cliente não está esperando um desconto de 20%, você não deve propor isso a ele. Quanto mais você se permite ver 20% como aceitável, mais provável será oferecer descontos maiores do que precisa. Então, independentemente de você ter autoridade para oferecer um desconto de 20%, seu intervalo nunca deve ser maior do que a provável expectativa do cliente. No nosso exemplo, vamos supor que a expectativa provável do cliente era de 15%; então, 15% deve se tornar o limite inferior de seu intervalo, e não 20%.
- Se seu limite inferior for baixo demais, você pode criar um apetite por novas concessões. Em nosso exemplo, suponha que o cliente está esperando um desconto de 10%. O limite inferior de seu intervalo é 20%, então você tem muita margem. Quando o cliente lhe pedir um desconto de 10%, como esse valor está confortavelmente dentro do intervalo inicial definido, é provável que você concorde. Infelizmente, se você concorda rápido demais, os clientes inteligentes concluem que deveriam ter pedido mais, já que você cedeu tão facilmente. Eles podem pressioná-lo por concessões adicionais de preço ou podem tentar obter concessões em outras áreas – como prazo de entrega, características adicionais ou suporte pós-venda.

Negociação de Vendas: como Oferecer Concessões e Combinar os Termos **203**

- Se o limite inferior é baixo demais, você não tem para onde ir. Ao negociar perto do limite inferior do seu intervalo, você fica com pouquíssima margem no caso de uma negociação competitiva. Se um concorrente inesperadamente oferece um novo desconto, você não conseguirá cobrir essa oferta se já estiver no limite inferior de seu intervalo ou perto dele.

Se Você Começar Baixo Demais, Não Terá para Onde Ir

Julian G. estava negociando um projeto de consultoria com um banco. O banco havia finalmente escolhido três possíveis consultorias de uma lista inicial de 20. A empresa de Julian era uma das três. Todos os três finalistas eram bem equipados para fazer o trabalho, então, na preparação de uma estratégia de negociação, Julian e seu gerente decidiram que o preço seria a questão principal, e não outros fatores como qualificações profissionais ou experiência. Uma das três empresas concorrentes era muito cara, e Julian não estava preocupado com isso. Mas o outro concorrente tinha quase exatamente o mesmo preço.

"Devemos tomar a iniciativa," sugeriu Julian ao gerente. "Sabemos que poderíamos conceder um desconto de 10% nos honorários. Vamos entrar primeiro e oferecer o desconto, para que possamos ficar na frente." O gerente de Julian concordou. No dia seguinte, Julian se reuniu com o cliente e ofereceu o desconto de 10%. Como ele esperava, o cliente ficou encantado. No entanto, o que ele não esperava era que os negociadores do banco imediatamente o pressionassem para oferecer novas concessões em outras áreas – em especial, eles queriam que o trabalho fosse realizado no local, o que acrescentaria cerca de 4% aos custos de Julian. "Sinto muito", disse-lhes Julian, "mas já dei tudo que tenho – não tenho como acrescentar mais 4% aos meus custos." Ainda assim, ele não ficou preocupado, porque tinha tomado a iniciativa e seu preço global era menor que o dos concorrentes. Ele ficou especialmente satisfeito ao ouvir, durante a reunião, que seu concorrente mais próximo acabara de oferecer uma redução de 5%, o que significava que sua própria oferta de 10% realmente parecia boa.

Na semana seguinte, o cliente eliminou o concorrente mais caro, deixando apenas Julian e seu rival – que agora tinha um preço cerca de 5% mais alto que o de Julian. Então, certa manhã, o cliente ligou para Julian. "Vamos tomar a decisão hoje", disseram-lhe. "Gostaríamos que você pensasse se pode incluir em seu preço as despesas extraordinárias de realizar o trabalho no local." Julian e seu gerente passaram a manhã toda recalculando seus números. "Não há como absorvermos esse custo extra", concluiu o gerente. "Já estamos com uma margem muito estreita." "Mas temos de fazer alguma coisa," disse Julian, "porque sinto que nosso concorrente pode oferecer outra redução." No final, o gerente de Julian o autorizou a absorver metade do aumento das despesas de fazer o trabalho no local – o equivalente a um corte adicional de 2%. Julian ficou otimista. Telefonou para o banco com sua oferta e recostou-se para aguardar a decisão deles, esperando confiantemente ter conseguido o negócio.

No final do dia, ele recebeu a esperada ligação do cliente. "Sinto muito", disseram-lhe, "o negócio foi para seu concorrente, que estava preparado para absorver todas as despesas adicionais de trabalhar no local." Julian ficou atordoado. "Eles só cortaram o preço em um equivalente a 9%", disse ele ao gerente, "e nós cortamos o nosso em 12%. Não consigo entender como eles conseguiram o negócio."

O erro de Julian foi que ele começou a negociar perto demais do limite inferior de seu intervalo. Sua estratégia tinha a vantagem que o tornava um dos primeiros, mas – pouco antes da decisão, quando as concessões realmente contam – ele ficou sem margem de negociação.

Passo 4: Negocie Dentro de seu Intervalo Estreitado

Depois de refinar os limites superior e inferior de sua escala inicial, você chega a um intervalo reduzido realista que pode usar para a verdadeira negociação. Então, no nosso exemplo, se supomos que você está em uma posição competitiva forte e o cliente não está esperando uma redução maior que 15%, seu intervalo pode ter estreitado dos limites iniciais de 0 a 20% para

Negociação de Vendas: como Oferecer Concessões e Combinar os Termos **205**

um intervalo de negociação mais realista de 6 a 15%. Existem três regras úteis para negociar dentro de seu intervalo realista.

1. *Inicie no limite superior de seu intervalo ou próximo dele.* Se você estreitou seu intervalo de acordo com a realidade durante o planejamento, o cliente não deve ficar surpreso – ou ter suas expectativas violadas – quando você começa no topo de seu intervalo. Veja nosso exemplo de um intervalo inicial de 0 a 20%, que agora foi estreitado para um intervalo de negociação realista de 6 a 15%. Se você iniciasse no limite superior de seu intervalo inicial e não oferecesse nenhuma concessão, quase certamente você subverteria a expectativa do cliente e criaria um impacto negativo. Mas, se você definiu um limite realista de 6%, essa provavelmente seria sua melhor posição de abertura.

2. *Faça concessões aos poucos.* Não salte diretamente de um desconto de 6% para, digamos, um desconto de 12 ou 13% se você pretende que seu limite inferior seja de 15%. Lembre-se de que os negociadores do cliente estão tentando julgar o nível de desconto que você realmente está preparado para oferecer. Se você fizer uma concessão inicial grande, eles provavelmente vão considerar que você ainda tem um longo caminho a percorrer. Passar de uma concessão de 6% diretamente para uma oferta de 12% pode, sem querer, sinalizar que você pretende dar muito mais que 15% e pode levá-los a pressionar você para obter muito mais do que você pode dar. Por outro lado, se suas concessões iniciais são relativamente pequenas, digamos, uma oferta de desconto de 6% para 8 ou 9%, você sinaliza que há menor probabilidade de grandes concessões adicionais. Evidentemente, você também deve ter em mente que suas concessões não devem ser muito pequenas. Certa vez, vi uma negociação multimilionária entrar em colapso porque o negociador – a quem foi solicitada uma concessão de cerca de $85.000 – enfureceu o cliente oferecendo menos de $3.000.

3. *Sinalize o limite inferior fazendo concessões cada vez menores.* Pessoas menos experientes geralmente fazem concessões até atingirem o limite inferior de seu intervalo e depois param. Mas negociadores experientes não param de fazer concessões. Eles sinalizam para o outro lado que estão se aproximando do limite oferecendo concessões cada vez mais a contragosto e em incrementos menores. Eles também podem começar a fazer exigências dizendo, por exemplo: "Se oferecermos manutenção estendida,

você tem de nos garantir que apenas operadores treinados e autorizados usarão o equipamento". Então, se você sentir que não tem muito mais a oferecer, certifique-se de que suas concessões finais sejam pequenas e só sejam oferecidas sob protesto.

A capacidade de estabelecer e usar intervalos de negociação, que descrevi rapidamente aqui, é uma parte essencial da estratégia de negociação eficaz. Existem livros inteiros sobre como estabelecer intervalos. Muitos desses livros, em especial os que se baseiam na matemática da teoria da decisão, são incompreensivelmente complexos. Mesmo depois de três anos de estudo de estatística no nível de pós-graduação não consigo entender alguns deles. Infelizmente, esse exagero matemático conferiu má fama ao estabelecimento de intervalos. É uma pena. Muitos negociadores práticos foram desencorajados de pensar em intervalos porque têm medo de não conseguir entender como usá-los. Como qualquer outra coisa, geralmente é muito fácil se você simplesmente começar. Siga os quatro passos que apresento aqui:

- Defina seus limites superiores e inferiores.
- Refine seu limite superior em termos das expectativas do cliente e da força competitiva.
- Refine seu limite inferior da mesma forma, a fim de chegar a um intervalo realista.
- Negocie, começando no limite superior de seu intervalo realista e faça concessões com incrementos cada vez menores até chegar a um acordo.

Se você seguir esses passos simples, vai descobrir que pode usar o conceito básico de intervalos para aumentar a eficácia de sua estratégia de negociação sem entrar nas complexidades dos modelos da teoria da decisão.

Planeje e Faça Perguntas

A próxima área geral de competência que observamos em negociadores eficazes era a forma como eles usavam as perguntas. Em qualquer forma de persuasão, as perguntas são fundamentais para o sucesso. As pessoas são

Negociação de Vendas: como Oferecer Concessões e Combinar os Termos **207**

persuadidas de forma muito mais eficaz por meio de perguntas do que de declarações. Na venda, por melhor que você descreva seu produto, as perguntas que você faz é que terão maior influência sobre você fazer ou não a venda. Como a negociação é uma forma de persuasão, é razoável esperar que as perguntas sejam tão importantes para o sucesso da negociação quanto o são para a venda bem-sucedida. Nossa pesquisa confirma isso. Negociadores habilidosos fazem muitas perguntas. Pessoas que não usam perguntas provavelmente não serão negociadores eficazes.

Qualquer pessoa que consiga vender com sucesso entra na negociação com algumas habilidades de questionamento já estabelecidas. E, embora haja algumas diferenças na ênfase, também existem alguns paralelos claros entre a maneira como as perguntas funcionam na venda e a maneira como podem ajudá-lo na negociação. Por exemplo:

- *As perguntas revelam necessidades.* Na venda, a função primária das perguntas é descobrir e desenvolver as necessidades do cliente. As perguntas têm uma função similar na negociação. Frequentemente os clientes apresentam posições que você não pode aceitar. Por exemplo, um cliente pode forçá-lo a oferecer entrega imediata, quando você não pode fornecer por várias semanas ou meses. A única maneira pela qual você pode evitar esse impasse é fazer perguntas para revelar as necessidades que estão subjacentes à posição que o cliente está assumindo. Assim, suas perguntas podem revelar que o motivo subjacente pelo qual o cliente quer uma entrega imediata é para permitir o pagamento no orçamento deste ano, e não no próximo. Ao encontrar alternativas para agendar o pagamento, você pode conseguir alterar a urgência dos prazos de entrega.

  Assumir posições fixas na negociação muitas vezes leva a um impasse ou beco sem saída frustrante, no qual nenhuma das partes fica satisfeita e ambas se tornam cada vez mais relutantes em mudar. Os fornecedores raramente vencem quando a negociação chega a um beco sem saída. Usar perguntas para quebrar esse tipo de bloqueio é uma das estratégias mais antigas e mais úteis de negociação. Para entender como funciona, é importante esclarecer a diferença entre uma posição e uma necessidade. Quando alguém assume uma posição em uma negociação, a pessoa está adotando um ponto de vista limitado com base em apenas uma possível solução para uma necessidade básica. Uma necessidade geralmente tem várias soluções possíveis, enquanto uma posição é a única solução que o negociador prefere. Ao investigar a posição e descobrir qual é a necessidade que a motiva, você muitas vezes pode gerar soluções alternativas aceitáveis.

- *Perguntas expõem problemas.* Tanto na venda quanto na negociação, fazer perguntas é uma maneira poderosa de descobrir e desenvolver problemas. Na venda, seu objetivo é descobrir um problema que seu produto pode resolver e tornar esse problema mais significativo e valorizado. Seu objetivo na negociação geralmente é um pouco diferente. Muitas vezes, em uma negociação, você quer mostrar que a posição que um cliente está assumindo tem problemas ou desvantagens. Em vez de discordar diretamente da posição do cliente, pode ser mais eficaz revelar as dificuldades fazendo perguntas.

  Fazer perguntas sobre problemas e suas implicações é especialmente importante como meio aceitável de expor falhas e desvantagens nas propostas dos clientes. Isso enfraquece o entusiasmo dos clientes em relação a suas posições e os torna mais receptivos a todas as soluções alternativas que você pode apresentar.

- *As perguntas revelam informações estratégicas.* Tanto na venda quanto na negociação, é importante ter o máximo possível de informações sobre o que o cliente está pensando. Na negociação, essa informação é especialmente importante. Quanto mais você conhecer as cartas na manga do cliente, mais fácil será criar uma estratégia inteligente para jogar suas próprias cartas. A negociação, como já dissemos anteriormente, envolve a capacidade de fazer concessões – alterar os termos do acordo. A menos que você tenha uma imagem precisa das posições do cliente e das necessidades subjacentes, é difícil saber que concessões você deve fazer para conseguir o negócio. Quanto mais informações você descobrir, melhor será sua estratégia.

- *As perguntas controlam a discussão.* Na venda, a pessoa que faz as perguntas controla a discussão. O mesmo acontece na negociação. Mas, embora geralmente seja aceito por ambas as partes que o vendedor deve fazer a maioria das perguntas em uma visita de vendas, essa aceitação muitas vezes é questionada na negociação. Na negociação,

Negociação de Vendas: como Oferecer Concessões e Combinar os Termos **209**

os clientes normalmente querem manter o controle e podem tentar mantê-lo fazendo a maioria das perguntas.

Muitos vendedores ficam surpresos com essa mudança no comportamento do cliente, e reagem ao súbito aumento na quantidade de perguntas do cliente respondendo obedientemente a cada uma. Como resultado, eles saem das negociações tendo dado aos clientes muita munição e tendo descoberto muito pouco em troca. Em suma, eles perderam o controle sobre a discussão. Negociadores habilidosos não deixam a outra parte usar as perguntas para controlar a negociação. Quando dois especialistas em negociação se enfrentam, eles negociam até mesmo quem deve fazer as perguntas. Um negociador eficaz deve dizer: "Respondi a uma de suas perguntas, agora é sua vez de responder a uma das minhas."

- *As perguntas são uma alternativa à discórdia.* Como a negociação sempre contém uma possibilidade de conflito, o potencial de discórdia normalmente está presente. Como negociadores habilidosos lidam com situações em que há um potencial conflito de opiniões ou posições? Um dos métodos mais eficazes que eles usam é fazer perguntas como uma alternativa à discórdia direta. Por exemplo, um negociador pouco habilidoso pode dizer: "Discordo de sua proposta porque ela seria inviável". Uma declaração como essa não apenas estabelece uma posição de confronto, mas também convida o outro negociador a fazer a pergunta: "Por quê?". O negociador pouco habilidoso agora é forçado a defender a declaração, dando ao outro negociador a oportunidade de expor pontos fracos nos motivos apresentados.

Por outro lado, um negociador habilidoso teria mais probabilidade de expressar qualquer discordância na forma de uma pergunta, como por exemplo: "Como sua proposta funcionaria na prática?". Se a proposta realmente for inviável, será difícil defendê-la. Então o negociador que fez a pergunta agora fica em uma posição forte. E, ao fazer perguntas em vez de discordar, será mais fácil a outra parte admitir as dificuldades sem ser desacreditada.

Há outro bônus quando se coloca a discordância na forma de uma pergunta. Suponha que a proposta do outro lado seja viável. Se disser "Discordo, isso não vai funcionar", você se compromete com uma posição insustentável. Você posteriormente será

210　　　　　　　　　　　　　　　　　　　　　　　　　　　Capítulo 7

desmentido e será forçado a recuar. Mas a pergunta "Como isso funcionaria na prática?" lhe dá uma simples apólice de seguro. Se a proposta dele não for viável, você pode aceitá-la graciosamente sem ficar desacreditado.

- *As perguntas lhe dão tempo para pensar.* Nós só podemos lidar com uma coisa complexa de cada vez. Enquanto falamos, não podemos simultaneamente pensar direito. Se alguém lhe faz uma pergunta durante a negociação, responder a ela vai exigir a maior parte de seu pensamento e de sua atenção. E, enquanto está respondendo à pergunta, com a maior parte da sua atenção concentrada em dar sua resposta, você não consegue pensar adequadamente sobre sua posição ou planejar seu próximo passo. Muitos negociadores experientes usam isso a seu favor. Quando estão sob pressão e precisam de tempo para pensar, eles deliberadamente fazem uma pergunta sobre um assunto cuja resposta demanda tempo mas não é importante. Enquanto a outra parte está respondendo à pergunta, a pessoa que perguntou aproveita o tempo para planejar o próximo passo.

  Ao fazer perguntas, você consegue liberar uma certa pressão e dar tempo a si mesmo para pensar. As perguntas também podem ser utilizadas para fins inversos, como reduzir o tempo de reflexão da outra parte, exercendo, assim, uma pressão adicional. Um dos motivos pelos quais as perguntas lhe dão controle sobre uma discussão é que a pessoa que está respondendo às perguntas está sob pressão e incapaz de pensar, enquanto quem faz a pergunta tem espaço para respirar e pode planejar.

De todas as ferramentas e técnicas que um negociador têm disponíveis, as perguntas provavelmente são as mais importantes. Um negociador que não faz perguntas está em grande desvantagem. Como ilustra a Figura 7.4, nossa pesquisa mostra que negociadores habilidosos fazem o dobro de perguntas que os negociadores medianos.

O fato surpreendente sobre essas pesquisas não é o alto nível de perguntas usadas pelos negociadores habilidosos. Afinal de contas, as perguntas evidentemente são ferramentas de negociação muito poderosas, e é previsível que qualquer negociador bem-sucedido faça muitas delas. O que é incomum é o baixo nível de perguntas que os negociadores medianos fazem. Por que isso acontece? Até mesmo um negociador totalmente inexperiente deveria perceber que as perguntas são importantes. Mas, estranhamente, muitos vendedores que são bem-sucedidos por sua capacidade de fazer perguntas de repente param de fazê-las quando entram em uma negociação. Infelizmente, as pessoas nem sempre aplicam suas habilidades de vendas à negociação. Como resultado, alguns vendedores experientes que jamais sonhariam em tentar vender oferecendo funções fazem quase o mesmo na negociação.

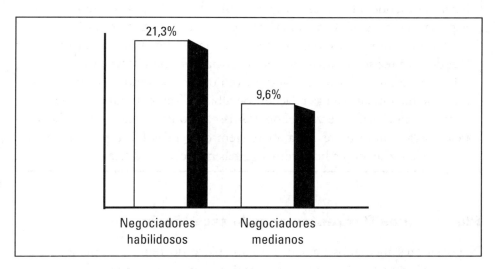

Figura 7-4. Fazendo perguntas. Perguntas como percentual do comportamento dos negociadores.

Alguns vendedores tentam persuadir dando argumentos. A mensagem mais importante que podemos oferecer a você como negociador é a seguinte: argumentos não convencem. As perguntas são uma parte crucial da persuasão bem-sucedida tanto na negociação quanto na venda. As habilidades de fazer perguntas que o ajudam a vender de maneira eficaz também o ajudarão a negociar.

Vender Ajuda a Negociar

Quando estávamos procurando negociadores bem-sucedidos para incluir na nossa pesquisa, Bill Allen me apresentou a Tom T., um dos negociadores trabalhistas da Esso. "Considero Tom um dos melhores negociadores que já vi", disse-me Bill. Isso era um elogio de fato – Bill tinha trabalhado em negociação de alto nível no mundo todo e sabia o que estava falando.

Conseguimos observar Tom em diversas negociações e, como Bill havia prometido, ele claramente era muito hábil. Depois de uma dessas negociações, na qual Tom tinha conseguido resolver uma questão muito difícil, estávamos conversando enquanto tomávamos uma xícara de chá. "Onde você fez seu treinamento em negociação?", perguntei a ele. "Nunca fui treinado", respondeu ele. "Mas estive no setor de vendas por oito anos antes de me mudar para as relações trabalhistas. Tentei tratar a negociação como se ainda estivesse vendendo. Por isso, faço perguntas e busco benefícios para a outra parte. Essa abordagem de vendas foi importante para mim – ela me ajudou a lidar com algumas negociações difíceis."

Planeje suas Perguntas com Antecedência

Negociadores medianos passam a maior parte do tempo de planejamento pensando em como vão explicar sua posição para a outra parte. Como resultado, eles planejam argumentos, e não perguntas. Boas perguntas não surgem automaticamente na negociação, assim como também não surgem na venda. Planejar as perguntas certas é a base de uma boa visita de vendas. É igualmente importante planejá-las na negociação. Antes de você entrar em uma negociação, elabore uma lista das principais perguntas que você vai fazer para:

- *Descobrir informações* que o ajudarão a planejar a melhor estratégia. Estas normalmente são perguntas factuais, e exemplos típicos seriam: "Estamos falando de quantas unidades?", "Vai entrar no orçamento deste ano?" ou "Como nosso concorrente propõe lidar com essa questão?"

Negociação de Vendas: como Oferecer Concessões e Combinar os Termos **213**

- *Revelar as necessidades subjacentes* que possam estar levando o cliente a assumir uma posição específica. Estas perguntas geralmente indagam o porquê. Exemplos podem ser: "Por que você quer uma entrega tão urgente?", "Qual a razão para insistir em um tempo de manutenção de seis horas?" ou "A continuidade do fornecimento é sua verdadeira preocupação?".
- *Expor problemas* com a posição do cliente que podem torná-la impraticável ou inviável. O objetivo destas perguntas é mostrar desvantagens. Elas são semelhantes às Perguntas de Problema que você usaria durante uma visita de vendas. Exemplos podem incluir: "Isso poderia causar um problema nessa área?", "Essa cláusula não criaria dificuldades com outros fornecedores?" ou "Parece uma boa ideia na teoria, mas como funcionaria na prática?".
- *Conseguir um acordo* do cliente para argumentos importantes no seu caso. Estas perguntas fazem o cliente lhe dizer o valor dos argumentos que você deseja levantar. Perguntas típicas podem ser: "Se colocássemos um conselheiro técnico para trabalhar na implementação, que vantagens isso teria para você?", "Por que é importante que a unidade "X" seja instalada primeiro?" ou "É claro que essas condições de pagamento serviriam para nós, mas não teriam algum valor para você também?".

Ao planejar perguntas como essas e fazê-las durante a negociação, você será mais persuasivo e, portanto, mais eficaz. Mas lembre-se de que as perguntas precisam ser planejadas – elas não surgem por acaso. Os negociadores eficazes, assim como os vendedores eficazes, aplicam tempo e esforço no planejamento e na preparação de sua estratégia.

Diferenciar a Compreensão de um Acordo

Uma grande quantidade de tempo é desperdiçada na negociação, o que gera uma frustração enorme, pois cada lado geralmente acredita que o outro não está realmente ouvindo e não está interessado em compreender sua posição. Como isso acontece?

Na maioria das negociações, as pessoas ficam relutantes em concordar com os argumentos levantados pelo outro lado, porque têm medo de que

214   Capítulo 7

a aceitação enfraqueça seus próprios argumentos. Como resultado, quando um lado levanta um argumento, o outro lado raramente demonstra qualquer reação positiva a ele. Isso muitas vezes é interpretado como não ouvir ou não entender. Consequentemente, a parte que apresenta o argumento frequentemente vai repeti-lo várias vezes, na esperança de que ele finalmente seja compreendido. Essa repetição constante atrasa a negociação e cria barreiras desnecessárias entre as partes.

Negociadores habilidosos evitam que essa barreira apareça porque expressam continuamente a compreensão do que o outro lado está dizendo, mas o fazem de um modo que não sugere acordo ou aceitação. Portanto, eles tendem a resumir e a retomar sua interpretação do que a outra parte disse. Eles usam frases como "Se estou entendendo corretamente, você..." ou "O que ouvi você dizer é que...". Ao fazer isso, eles mostram que estão atentos e, como consequência, reduzem algumas das repetições que desperdiçam tempo, que é uma característica tão comum quando pessoas inexperientes negociam.

Sondar Rigorosamente para Evitar Mal-entendidos

A diferença final que observamos em como negociadores habilidosos implementavam suas estratégias de negociação era que, ao longo da negociação, eles continuamente sondavam e testavam para assegurar que ambas as partes entendiam claramente as áreas de acordo e – igualmente importante – as potenciais áreas de discórdia. Qual é o objetivo de uma negociação? A resposta simples é que o propósito da negociação é chegar a um acordo. Mas isso é simplista demais. Qual é a utilidade de um acordo se ele não pode ser implementado com sucesso? Ou se o cliente mais tarde desafia partes importantes do acordo? O objetivo de uma negociação não é apenas chegar a um acordo – é chegar a um acordo que funcione. Uma assinatura em uma folha de papel não vale nada se o contrato todo desabar e resultar em recriminação e processo jurídico.

Por que algumas Negociações Fracassam

Muitas negociações de vendas acabam em um contrato que mais tarde se torna uma fonte de disputa entre as partes. Por que isso acontece? Por que

Negociação de Vendas: como Oferecer Concessões e Combinar os Termos **215**

algumas implementações fracassam? A razão mais comum pode ser rastreada até o processo pelo qual o acordo original foi negociado. O negociador mediano muitas vezes não pensa além de conseguir a assinatura no contrato. Portanto, se houver áreas potencialmente delicadas, nas quais o cliente pode interpretar o acordo de maneira diferente – cronograma de implementação, direitos, cláusulas de multa e garantias seriam assuntos típicos – o negociador mediano pode tentar passar por eles rapidamente, de modo que não interfiram no objetivo mais importante de obter a assinatura. Assim, a menos que o cliente discorde em uma área, o negociador menos habilidoso pode tentar apressar o progresso e fazer o acordo ser assinado. Mas o fracasso em estabelecer um entendimento comum de um ponto importante durante a negociação pode gerar problemas caros depois. Pior: quanto mais se permite que um mal-entendido continue, mais difícil se torna corrigi-lo.

Já dissemos que a meta de uma negociação é conseguir não apenas um acordo, mas um acordo que funciona. E, para sobreviver a todas as duras pressões e testes da implementação, um acordo bem-sucedido deve se basear em um entendimento comum entre as partes. Como negociadores habilidosos asseguram esse entendimento comum? Em primeiro lugar, reconhecem que ele é importante. Eles não acreditam que deixar as ambiguidades de lado de alguma forma as fará sumir.

Bill Allen, que considero o melhor negociador que já conheci, tem algumas máximas simples sobre negociação que refletem a importância que os negociadores mais habilidosos atribuem a assegurar que cada ponto importante de um acordo seja claramente entendido por ambos os lados. Os conselhos que ele dá a outros negociadores são os seguintes:

- Qualquer ponto delicado demais para gerar uma discussão rigorosa *durante* a negociação nunca sobreviverá à tensão da posterior implementação.
- As ambiguidades pioram como um câncer: uma ambiguidade durante a negociação se transforma em mal-entendido depois. Este, por sua vez, cresce e se transforma na mais fatal de todas as doenças da negociação: a desconfiança.
- Você não pode desfazer a história; depois que a desconfiança surge, os danos são permanentes. Mal-entendidos que poderiam ter sido

esclarecidos anteriormente são ampliados pela desconfiança e se transformam em barreiras intransponíveis.

- Quando estiver negociando, nunca deixe mal-entendidos ou ambiguidades passarem despercebidos.

São bons conselhos. Ainda assim, um dos erros estratégicos mais comuns de negociadores de vendas inexperientes é concentrar toda a atenção em conseguir a assinatura e, como resultado, passar rapidamente por áreas com potencial para mal-entendidos.

Os Mal-entendidos Voltam para Assombrá-lo

Pamela G. tinha acabado de conseguir a maior venda de sua carreira – e uma das maiores da história de sua empresa. Ela ia se encontrar com o cliente para fechar alguns detalhes finais antes da assinatura do contrato. Apenas um ponto a preocupava. Por uma questão de política, sua empresa insistia em cobrar uma taxa padrão de $200 por unidade para a instalação no local. Essa tarifa não estava sujeita a nenhum desconto por quantidade, e, como a receita ia diretamente para a organização de serviços, o departamento de vendas não tinha autoridade para reduzi-la ou alterá-la. Em uma venda menor, $200 não seria um problema – a instalação era complexa e, para o trabalho envolvido, essa era uma taxa justa. No entanto, Pamela havia vendido 200 máquinas nessa transação e tinha medo que o cliente pudesse protestar contra a ideia de pagar uma taxa de instalação total de $40.000.

Durante a reunião, Pamela percorreu os termos do contrato com o advogado e o *controller* do cliente. Quando chegaram à cláusula de instalação, o contrato dizia: "Haverá um custo de instalação por máquina de $200." "Achamos que isso seria de graça", resmungou o *controller*. "Não vale a pena se preocupar", tranquilizou-o o advogado. "Afinal, 200 dólares é apenas um dólar por máquina." Pamela percebeu que os clientes tinham entendido mal a cláusula sobre a taxa de instalação. O que ela deveria fazer? Se ela corrigisse o mal-entendido, estava claro que eles ficariam insatisfeitos com uma taxa de $40.000, e isso poderia impedi-los de assinar o contrato. "Vou fingir que não ouvi esse comentário", decidiu ela, "e vamos resolvê-lo após a venda."

Negociação de Vendas: como Oferecer Concessões e Combinar os Termos **217**

Duas semanas depois, quando o cliente descobriu o que realmente significava "custo de instalação de máquina de $200", houve um alvoroço. O cliente cancelou o pedido e ameaçou abrir um processo. A questão acabou chegando ao presidente da empresa de Pamela, que decidiu, em nome do bom relacionamento com o cliente, abrir mão do custo da instalação. Mas, a esta altura, o cliente estava com tanta raiva que essa concessão não era mais suficiente. No final, o cliente reduziu o pedido para 120 máquinas, mas manteve o nível de desconto para 200 máquinas. A empresa de Pamela deu a instalação de graça e perdeu dinheiro na transação.

O erro dela foi acreditar que mal-entendidos significativos durante a negociação podem ser esquecidos e resolvidos depois. Pamela aprendeu do jeito mais difícil – e a empresa também – que, na negociação, é perigoso permitir que um mal-entendido passe sem ser resolvido.

Uma Palavra Final sobre Negociação

Antes de sairmos da negociação, eu gostaria de resumir algumas das maneiras pelas quais você pode aplicar as principais ideias deste capítulo em suas próprias negociações.

- *Faça a diferença entre venda e negociação.* A maioria das pessoas começa a negociar cedo demais no ciclo de venda. Lembre-se de que, ao lidar com seus próprios clientes, você nunca deve permitir que a negociação seja um substituto da venda. Em especial, nunca caia na armadilha de oferecer descontos – ou outros itens negociáveis – como forma de gerar interesse do cliente no início do ciclo de venda. Pense na negociação como algo que só será eficaz depois de você ter feito o melhor trabalho possível de venda.
- *Não tente negociar problemas de Consequência.* Como vimos no último capítulo, problemas de Consequência são resolvidos por meio de discussão e construção de confiança, e não por meio de barganha e negociação. A negociação é uma forma muito cara – e não muito bem-sucedida – de lidar com as Consequências. Em suas vendas,

tente lidar com os problemas de Consequência antes de entrar na negociação final.

■ *Concentre-se em áreas de alavancagem máxima.* Concessões de preço são menos importantes do que você pensa. Neste capítulo, vimos como negociadores habilidosos usam seu entendimento dos critérios de decisão do cliente para se concentrar em outras áreas nas quais eles têm alavancagem na negociação. Em sua próprias negociações, especialmente se você estiver tentando lidar com concessões de preços em uma área na qual tem uma margem muito pequena, olhe bem para os critérios de decisão que são cruciais para o cliente. Como vimos ao longo do capítulo, uma concessão relativamente pequena em uma área que é crucial muitas vezes supera concessões maiores de preço.

■ *Estabeleça e estreite seu intervalo de negociação.* Vimos que há quatro fases envolvidas no estabelecimento e na utilização de um intervalo de negociação:

- Defina seus limites superiores e inferiores.
- Refine seu limite superior em termos das expectativas do cliente e da força competitiva.
- Refine seu limite inferior da mesma forma, a fim de chegar a um intervalo realista.
- Comece no limite superior de seu intervalo ou perto dele, fazendo concessões em incrementos cada vez menores até você chegar a um acordo.

■ *Planeje e use perguntas.* Planejar suas perguntas é tão importante para a negociação quanto para a venda. Vi poucos negociadores inexperientes fazerem um trabalho adequado de planejar perguntas. Uma das causas de sua negligência é que eles ficam muito preocupados com a colocação de razões e argumentos. Lembre-se de que as perguntas geralmente são mais persuasivas que os argumentos. Ao planejar sua própria estratégia de negociação, não se esqueça de elaborar uma lista das perguntas que pretende fazer.

■ *Separe a compreensão de um acordo.* Você pode não concordar com o cliente, mas pode – e deve – mostrar que entende a posição dele. Quando você ouvir algo com o qual não concorde – e se não quiser desafiar com uma discórdia – é importante que você não ignore

Negociação de Vendas: como Oferecer Concessões e Combinar os Termos **219**

o que o cliente disse. Sinalize que ouviu e entendeu, usando frases como "Se entendi direito, você disse que..." Isso mostra que você está ouvindo e reduz as repetições de posição que desperdiçam tempo e são tão comuns na negociação.

- *Nunca permita que mal-entendidos persistam.* Em suas negociações, nunca tenha medo de investigar e explorar áreas nas quais o cliente pode ter entendido mal o que você está oferecendo. Lembre-se de que é muito mais fácil lidar com um mal-entendido antes do acordo do que depois, quando o cliente raivoso se sente enganado.

Descobrimos que, com um pouco de esforço, a maioria dos vendedores pode colocar essas sugestões em prática. E o esforço vale a pena, porque a negociação é uma área negligenciada do desempenho de vendas. Muitas vezes vimos vendas perdidas porque essas regras foram ignoradas. Mas, mais importante, também vimos muitas ocasiões em que uma ou mais das sugestões que apresentamos aqui foi o ponto decisivo na conquista de uma grande venda.

8

Como Garantir o Sucesso Contínuo: Estratégias de Implementação e Manutenção de Contas

Era uma tarde de sexta-feira em um dia quente de primavera. O escritório da filial estava quase deserto. Muitas pessoas haviam saído cedo para o que prometia ser o primeiro fim de semana glorioso do ano. Eu estava sentado a uma mesa vazia, olhando preguiçosamente para fora da janela, enquanto esperava Gino Torri. Gino era o maior vendedor no ramo de grandes contas, e eu esperava marcar um horário para viajar com ele na semana seguinte. Um dos vendedores mais jovens estava ocupado na mesa ao lado, guardando suas coisas para ficar pronto para sair antes da hora de *rush*.

"Parece um ótimo fim de semana", disse eu. "Sim", respondeu ele, "e estou pronto para curti-lo. Fiz uma grande venda esta semana, e acho que vou tirar uns dias de férias. Agora que o contrato final está assinado nessa venda, posso me dar ao luxo de relaxar um pouco." Meu reflexo, como instrutor de vendas, foi perguntar: "Você acha que isso é sábio?" Interpretando mal a minha preocupação, ele respondeu: "Ah, não vou abandonar minhas outras contas, se é isso que você quer dizer. Na verdade, agora que essa venda

222   Capítulo 8

foi concluída, não vou gastar mais tempo nenhum nessa conta, então posso dar aos meus outros clientes 100% da minha atenção assim que eu voltar. Prazer em conhecê-lo – preciso correr." Pegando o casaco, ele saiu correndo do escritório. Olhei para fora da janela, observando-o enquanto atravessava a rua. Ele estava cometendo um dos erros estratégicos mais comuns em vendas. Era grave o suficiente para prejudicar sua carreira de vendas, mas ele estava totalmente alheio a esse erro enquanto corria para aproveitar o fim de semana de primavera.

Quando Gino chegou, contei a ele sobre o incidente. "Sim," comentou Gino, "eu já fui assim também – e é por isso que reconheço esse erro. Como a maioria das pessoas inexperientes, ele acha que pode colocar menos esforço na conta, agora que completou a venda. Mas um bom estrategista de vendas saberia que, imediatamente após a venda, você deve colocar mais esforço, e não menos." Gino claramente merecia sua reputação como maior vendedor para grandes clientes. É impressionante, até mesmo entre vendedores experientes, como poucos percebem os perigos de reduzir seu envolvimento com um cliente imediatamente após a venda ser realizada.

A Fase de Implementação

Um tema constante deste livro é que, justamente quando você pensa que é seguro relaxar seus esforços, há uma outra fase vital do ciclo de venda esperando para mordê-lo. Por exemplo, no início da venda, na fase de Reconhecimento de Necessidades, você se esforça muito para fazer um trabalho minucioso de desenvolvimento de necessidades usando as perguntas SPIN®. Você poderia imaginar que, depois de todo o esforço envolvido no bom desenvolvimento de necessidades, merece um descanso. Mas não – a concorrência mostra suas garras, e, antes que você tenha tempo de recuperar o fôlego, você está profundamente inserido na questão de influenciar os critérios de decisão durante a fase de Avaliação de Opções. Além disso, você também luta com problemas de diferenciação e vulnerabilidade. Supondo que tenha sucesso em influenciar os critérios de decisão a seu favor, em diferenciar-se de maneira convincente do seu concorrente e em eliminar com sucesso qualquer vulnerabilidade, você pode sentar e relaxar? Só se estiver com muita sorte. Provavelmente, durante a fase de Resolução de preocupações, você terá de resolver os problemas de Consequências, ou até mesmo negociar. Esta fase pelo menos tem a compensação de levar a uma venda, mas, a esta altura, você claramente merece umas férias. Certamente é assim que muitos vendedores que atendem grandes contas se sentem. E quem pode culpá-los, já que a estratégia de grandes contas bem-sucedida é um trabalho árduo. No entanto, como veremos neste capítulo, pode ser um erro fatal aliviar seu esforço depois da assinatura do contrato. Na maioria das grandes vendas, depois que a decisão formal é tomada, a conta entra em uma fase totalmente nova do ciclo de venda – a fase de Implementação, ilustrada na Figura 8.1.

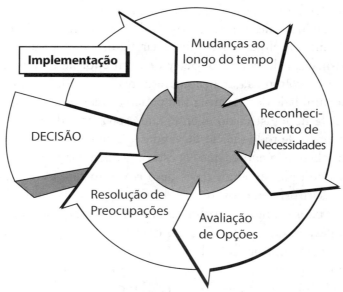

Figura 8-1. A fase de Implementação.

Tanto Esforço para Nada

Betty O. tinha acabado de conseguir um importante contrato para instalar equipamentos de automatização de controle de estoque em uma empresa de armazenagem. Seu cliente tinha 80 armazéns espalhados por uma grande área geográfica, e o equipamento de Betty estava sendo instalado para manter o registro dos níveis de estoque de mais de 25 mil itens de estoque diferentes espalhados nesses 80 estabelecimentos. Como o projeto era muito grande, uma implementação piloto inicial foi criada, envolvendo apenas três armazéns em uma área metropolitana. O acordo entre a empresa de Betty e o cliente era que, se o projeto correspondesse às expectativas durante o piloto, ele seria estendido em uma série de etapas até que todos os 80 estabelecimentos fossem incluídos no sistema.

Betty havia dedicado 10 meses de trabalho excruciante para conseguir o contrato. Primeiro, ela teve de convencer o cliente muito tradicional que havia a necessidade de automatizar. Depois ela teve de lutar contra um concorrente agressivo e capacitado. Finalmente, como o cliente nunca tinha feito nada assim, ela teve de fazer muitos contatos durante a fase de Resolução de Preocupações da decisão. O esforço intenso a tinha levado inevitavelmente a negligenciar alguns de seus outros clientes. Após a assinatura do contrato, Betty deu um enorme suspiro de alívio e rapidamente voltou sua atenção para outro lugar. Ela estava contente com a oportunidade de descansar um pouco dessa venda – especialmente do gerente de logística do cliente, que estava agitado e exigia muito tempo ao longo de todo o ciclo de vendas – e de voltar sua atenção para alguns dos clientes menores que ela estava negligenciando.

Cerca de uma semana depois de o contrato ter sido assinado, ela entrou no escritório e encontrou uma mensagem do gerente de logística pedindo para ela ligar de volta. "Deixe ele esperar", pensou ela. "Ele me deixou esperando muito durante os últimos 10 meses. Não vai ser ruim ele esperar um ou dois dias." Consequentemente, ela se ocupou com outros clientes e não retornou a ligação por vários dias. Quando ela ligou, ele foi completamente rude. "É melhor você vir até aqui imediatamente", disse-lhe ele. "O equipamento de digitalização é mais do que inútil." Betty ficou alarmada e imediatamente ligou para o técnico de instalação. "É muito barulho por nada", argumentou ele. "Eles não inseriram direito os códigos de barras, por isso os *scanners* não conseguem lê-los. Tudo que eles precisam fazer é seguir as instruções do *software*, e tudo ficará bem." Aliviada, Betty ligou para o gerente de logística. "Meu técnico diz que não é um problema", assegurou ela. "Não há nada errado com os *scanners*. Vou tentar visitar o local de instalação na próxima semana, quando estarei um pouco menos ocupada."

Como Garantir o Sucesso Contínuo: Estratégias de Implementação e... **225**

> No final de semana, Betty recebeu uma ligação inesperada de seu diretor regional de vendas. "Preciso que você vá até meu escritório daqui a uma hora", exigiu ele. Ela logo percebeu que o problema estava crescendo, principalmente quando encontrou o chefe esperando no escritório do diretor regional. "Recebemos um processo de seu cliente", disse ele. "Eles estão tirando nosso equipamento e nos processando por danos." Isso deu início a um pesadelo para Betty. Nas semanas que se seguiram, ela lutou em vão para mudar a mente do cliente e ficou sob crescente pressão e crítica de seus próprios gerentes.
>
> Por fim, ela saiu da empresa e conseguiu outro emprego com um salário mais baixo, em uma força de vendas de produtos de escritório onde participou de um programa de treinamento que estávamos realizando. Quando chegamos à parte do programa sobre a importância de dar atenção extra ao cliente durante as fases iniciais da Implementação, ela se levantou e contou essa história. "Cometi o pior erro", disse ela, "e isso me custou meu emprego. Pensei que poderia me dar ao luxo de dar menos atenção ao cliente depois de a venda ter sido feita. É um erro comum – mas eu nunca farei isso novamente."

A fase de Implementação começa com a instalação – a introdução, os testes e a avaliação inicial de seu produto ou serviço. Psicologicamente, a instalação pode ser um período de ansiedade para o cliente. "E se algo der errado? Terá sido uma escolha ruim?" Este é o momento em que a decisão de compra enfrenta o teste final em termos de resultados.

Até este ponto no ciclo de venda, tudo que o cliente viu foram promessas de desempenho. Agora, essas promessas têm de ser cumpridas. Que estratégias você, vendedor, deveria usar para assegurar que a instalação seja tranquila e bem-sucedida?

Como primeiro passo necessário em direção à formação de uma estratégia de implementação geral, você deve entender algo sobre a psicologia da Implementação do ponto de vista do cliente. Você deve conseguir antecipar como seu cliente vai se sentir em diferentes etapas do processo de implementação. A maioria das implementações passa por três etapas distintas, ilustradas na Figura 8.2. Quanto melhor você entender cada etapa, mais fácil será prever como seu cliente irá reagir.

1. A Etapa do "Brinquedo Novo"

Imediatamente após a venda, no período muito inicial de implementação, os clientes geralmente estão animados e interessados, pois algo novo está acontecendo. Como todos nós fazemos com coisas novas, as pessoas na conta inicialmente vão "brincar" com o produto que está sendo instalado. Elas gostam de aprender coisas sobre o produto, e se conseguem descobrir que o produto pode realizar pequenos truques, elas ficam encantadas. Nesta etapa do "brinquedo novo", seu produto ou serviço ainda não se estabeleceu para realizar um trabalho sério. Assim, os usuários experimentam as coisas que podem ser feitas com simplicidade, com pouco esforço e que produzem algum resultado imediato visível. Se os usuários não são sofisticados, eles provavelmente ficarão atraídos por aspectos lúdicos ou superficialmente impressionantes de seu produto ou serviço. Quando o grampeamento automático foi introduzido pela primeira vez como uma característica das copiadoras, uma máquina de teste grampeou 600 documentos em seu primeiro dia de operação. Mais de 500 deles eram totalmente desnecessários da finalidade de trabalho da máquina. Eram demonstrações para um fluxo de visitantes curiosos que vinham ver o "brinquedo novo".

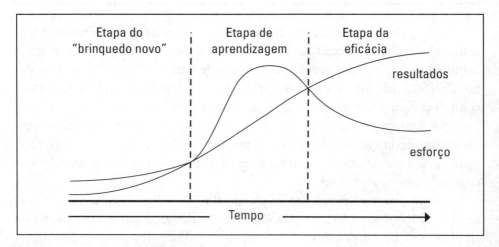

Figura 8-2. Etapas da Implementação. A etapa do "brinquedo novo" – alguns sucessos simples com pouco esforço. Etapa de aprendizagem – trabalho árduo, mas não há muito a mostrar. Etapa da eficácia – resultados completos conseguidos com muito menos esforço.

Como Garantir o Sucesso Contínuo: Estratégias de Implementação e...

Usuários sofisticados, é claro, se comportam de maneira muito diferente na etapa do "brinquedo novo". Eles escolhem as capacidades mais inusitadas e interessantes para experimentar. Mas também exploram e brincam um pouco antes de chegarem às aplicações sérias.

Um "Brinquedo Novo" Paralisa o Governo

Existe uma história que é contada na Xerox sobre o que aconteceu quando eles instalaram seu sistema de processamento de informações – naquela época, com o nome código "alto" – na Casa Branca. A intenção era que ele fosse o primeiro de uma nova geração de estações de trabalho profissionais e, com uma de suas características, os usuários poderiam imprimir seus documentos em diferentes tamanhos e estilos. Alguns dos altos funcionários da Casa Branca nunca tinham visto nada como aquilo. Nas primeiras semanas, altos funcionários da Casa Branca passaram boa parte do tempo imprimindo mensagens profundas como "Eu amo Kansas City" em todos os tamanhos imagináveis – primeiro em itálico, depois em negrito.

Quando chegou aos ouvidos dos membros do Congresso que os funcionários do poder executivo estavam tão ocupados brincando com as novas máquinas que não tinham tempo de se envolver no governo, dizem que um membro veterano do Congresso considerou a aprovação de uma Lei orçamentária para comprar brinquedos novos para a Casa Branca com mais frequência.

Todo mundo brinca com as coisas quando elas são novas, e o processo de exploração que inclui a brincadeira tem um objetivo útil. Ele oferece às pessoas uma breve visão geral e um entendimento inicial dos recursos que eles compraram. Ele reforça a confiança do cliente na assertividade da decisão de compra. Ao conquistar alguns sucessos simples com pouco esforço, o cliente se sente positivo em relação à compra e motivado para seguir para a próxima etapa, na qual as coisas geralmente são muito menos fáceis. Assim, a etapa do "brinquedo novo" tem um propósito útil. Portanto, em termos de sua estratégia de venda, é inteligente, na primeira parte de uma implementação, encorajar as pessoas a "brincarem" com algum aspecto do seu produto ou serviço que oferece resultados rápidos com pouco esforço.

228   Capítulo 8

Isso aumenta a confiança e a motivação do cliente para aprender os recursos mais sérios que você está oferecendo.

É fácil ver que há uma etapa de implementação de "brinquedo novo" quando o cliente está se ajustando a um produto de alta tecnologia. Mas e no caso de produtos costumeiros? E no caso de serviços? E no caso de *commodities*? A mesma coisa acontece com eles? A resposta parece ser "sim". Mesmo em vendas menos fascinantes pode haver um pouco do fenômeno do "brinquedo novo".

Lembro-me de trabalhar com uma empresa química que vendia *commodities* e que tinha uma linha telefônica gratuita para a qual os clientes poderiam ligar para fazer consultas técnicas. "Recebemos uma enxurrada de ligações na linha gratuita sempre que temos um novo cliente", contou seu supervisor técnico. "A maioria dessas ligações são apenas desculpas para experimentar a linha gratuita." É outro exemplo da etapa do "brinquedo novo" em ação.

No meu próprio caso de venda de serviços, desenvolvi um programa de treinamento de vendas em vídeo para o Citibank. Você não imaginaria que um programa de treinamento oferecesse muitas oportunidades para o fenômeno do "brinquedo novo"; no entanto, algumas das vinhetas do vídeo que mostravam como não vender eram bem engraçadas. Algumas semanas depois da implementação eu estava passando por um escritório do Citibank quando ouvi um dos nossos vídeos sendo mostrado, acompanhado de risadas ruidosas. Olhei para o escritório e encontrei um grupo de banqueiros seniores – que eu normalmente considerava pessoas muito sóbrias – passando pelos vídeos para encontrar os pedaços engraçados. A etapa do "brinquedo novo" tinha atacado novamente.

Assim, embora seus produtos ou serviços possam não criar a "brincadeira" óbvia que acontece com aparelhos de alta tecnologia, uma versão mais suave do mesmo princípio básico ainda pode estar presente. Encoraje-o; quanto mais felizes as pessoas se sentirem em explorar as capacidades de seu produto através da "brincadeira" com ele, mais fácil será sua passagem pela próxima etapa da implementação.

2. A Etapa de Aprendizagem

A etapa de aprendizagem normalmente é a mais difícil do processo de implementação e é onde o nível de confiança do cliente pode cair a um pata-

Como Garantir o Sucesso Contínuo: Estratégias de Implementação e... **229**

mar crítico. Vamos avaliar a psicologia do que está acontecendo. É verdade, na maioria dos sistemas, que os benefícios que você obtém são proporcionais aos esforços que emprega. A maioria dos produtos ou serviços complexos exige um trabalho árduo do cliente, a fim de obter os melhores resultados. Depois da exploração superficial da etapa do "brinquedo novo", o cliente tem de começar o processo mais difícil de aprender como extrair o potencial máximo do produto. E aprender é um trabalho árduo. Como ilustra a Figura 8.2, o esforço necessário é maior que os resultados proporcionados. Isso é verdade para toda aprendizagem. Quando você está aprendendo a andar de bicicleta pela primeira vez, é mais rápido e mais confortável caminhar; durante a etapa de aprendizagem da instalação de um sistema automatizado, normalmente é mais fácil fazer as coisas manualmente.

Que efeito tem essa necessidade de maior esforço sobre o cliente? Geralmente é verdade que os clientes não sofisticados subestimam o esforço e a dificuldade da etapa de aprendizagem. Eles podem esperar resultados imediatos e podem se sentir traídos quando não os conseguem. Este é um momento vulnerável no processo de implementação. Posteriormente neste capítulo, veremos algumas estratégias para reduzir alguns dos problemas que você comumente vai encontrar durante esta etapa.

Cuidado com a Etapa de Aprendizagem

Pedi a um grupo de vendedores de uma empresa de comunicação para cada um deles descrever o pior erro que haviam cometido em termos de estratégia de vendas. Uma delas ofereceu um exemplo perfeito de como pode ser perigoso você não perceber que os clientes passam por dificuldades durante a etapa de aprendizagem da instalação. "Meu maior erro", disse-nos ela, "foi quando eu estava vendendo Centrais Automáticas de Telefone. Eu tinha acabado de fazer uma venda para um cliente de pequeno porte que parecia feliz da vida com nosso produto durante os primeiros dias, enquanto estávamos instalando e testando. Naturalmente, pensei que, se o cliente estava tão feliz bem no começo da instalação, ele ficaria ainda mais feliz conforme a instalação progredisse. Então usei o nome dele como referência. Eu estava apresentando uma proposta de contrato gigantesca para outro cliente, e pensei que um relato entusiasmado desse cliente de pequeno porte ajudaria.

230 Capítulo 8

"Meu cliente de grande porte, percebo agora, estava na etapa de Resolução de Preocupações da decisão. Ele estava preocupado com as dificuldades de implementação e precisava desesperadamente ser tranquilizado. Naturalmente, pedi que ele entrasse em contato com o cliente de pequeno porte que parecia tão feliz no início da instalação. Agora entendo que meu cliente de pequeno porte estava inicialmente na etapa do "brinquedo novo" da implementação e não tinha iniciado seriamente o difícil processo de realmente aprender como usar todo o potencial do equipamento. Uma semana depois, quando meu cliente de grande porte ligou para verificar minha referência, as coisas tinham mudado. O cliente de pequeno porte estava tentando programar coisas como desvio de chamadas e faturamento por centros orçamentários. Essas operações estavam sendo difíceis, e o cliente estava muito negativo e desanimado. Uma semana antes, na etapa do "brinquedo novo", ele teria participado de visitas de vendas por mim. Agora, na etapa de aprendizagem, ele realmente deu uma referência ruim e relatou todas as dificuldades que estava tendo. Isso assustou meu cliente de grande porte, e acho que foi isso que me fez perder a maior venda da minha carreira."

O erro dela é um exemplo de um dos erros estratégicos mais comuns que os vendedores cometem durante a etapa de Implementação da venda. Sem perceber que o entusiasmo da etapa do "brinquedo novo" normalmente dá lugar às dificuldades da etapa de aprendizagem, ela ignorou isso e pediu que a referência fosse feita no pior momento do ciclo de instalação.

Clientes sofisticados normalmente têm menos problemas na etapa de aprendizagem do que clientes não sofisticados. Em muitos casos, eles já implementaram instalações de complexidade semelhante, por isso sabem o que esperar. Eles normalmente têm um plano de implementação realista que leva em consideração as inevitáveis dificuldades associadas à aprendizagem para alcançar o potencial total de uma compra. Além disso, sua experiência implica que eles já sabem como lidar com os tipos de problemas que poderiam criar grandes dificuldades de aprendizagem para usuários menos sofisticados.

3. A Etapa da Eficácia

Conforme o cliente alcança uma compreensão total de seu produto ou serviço, o esforço que deve ser aplicado em aprendizagem é drasticamente reduzido. Ao mesmo tempo, como mostra a Figura 8.2, os resultados aumentam, por isso o impacto geral sobre o cliente é um sentimento positivo de que as coisas estão ficando mais fáceis. Esta é a etapa da eficácia, quando os clientes fazem comentários como "Eu nunca voltaria à maneira antiga de fazer isso" ou "Como é que conseguíamos trabalhar antes disso?". Quanto mais suavemente você conseguir ajudar um cliente a chegar à etapa de eficácia, mais bem-sucedida a sua implementação.

A Queda da Motivação

Entender as três etapas da implementação ajuda a explicar um conceito importante chamado Queda da Motivação, mostrado na Figura 8.3, que ilustra como o nível do entusiasmo do cliente se altera durante o processo de implementação.

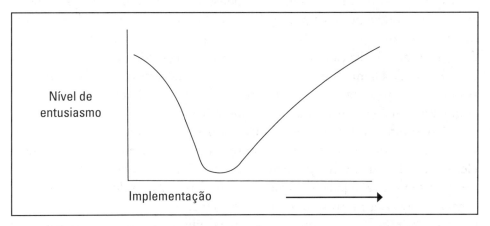

Figura 8-3. A queda da motivação.

Durante a implementação, a motivação de um cliente – ou entusiasmo pelo seu produto – normalmente não fica em um nível constante. Pouco depois da decisão de compra, durante a etapa do "brinquedo novo", é comum

232   Capítulo 8

os clientes terem altas expectativas e motivação. Geralmente, o entusiasmo dos clientes cai rapidamente quando eles entram na etapa de aprendizagem. Isso não é algo exclusivo à implementação de decisões de compra. É uma parte fundamental da psicologia cotidiana.

Pense no que acontece quando as pessoas adotam um novo esporte ou hobby. No início, elas estão tão motivados que não conseguem falar de nada a não ser do novo entusiasmo. Então, quando a mágica desaparece e é substituída pela necessidade de trabalho árduo – em outras palavras, na etapa de aprendizagem –, a maioria das pessoas experimenta uma queda real em seu nível de motivação. É nesse ponto da vida cotidiana que muitas pessoas ficam desanimadas. Quem está fazendo dieta começa a comer demais outra vez, quem tem um hobby sente uma necessidade de passar a noite vendo televisão, e o atleta potencial não consegue reunir energia para sair e se exercitar. Este é o ponto de alto risco em qualquer implementação, quer estejamos falando de uma pessoa em dieta ou de um grande cliente no meio da instalação de um produto de milhões de dólares. Durante a etapa de aprendizagem, é necessário aplicar um esforço extra sem necessariamente ver resultados adicionais. Quando seus clientes descobrem que obter o melhor de seu produto ou serviço envolve esforço sem recompensa imediata, seu entusiasmo pode cair. Há um outro perigo aqui. Quanto mais alto o nível inicial de entusiasmo e expectativa do cliente, maior a queda quando o cliente entrar na etapa da Queda da Motivação. Muitos vendedores, enganados por um tremendo entusiasmo do cliente durante a etapa de "brinquedo novo", são bem despreparados para a súbita queda na motivação quando o cliente fica face a face com a estranha realidade da etapa de aprendizagem.

No entanto, a Queda da Motivação não dura, como mostra a Figura 8.3. Se as pessoas persistem, seus esforços começam a mostrar resultados e eles recuperam sua motivação para continuar. A pessoa que faz dieta e emagrece se sente encorajada a permanecer em forma. Quando os resultados se tornam visíveis, a motivação aumenta novamente. Isso é o que acontece na etapa da Eficácia. Seu produto ou serviço pode finalmente provar seu valor mostrando uma grande compensação para o esforço. Quando isso acontece, os resultados que seu produto apresenta geram aumento na motivação, e seus problemas de implementação normalmente terminam. Mas, para alcançar a etapa da Eficácia e o alto nível de motivação que a acompanha, você precisa

Como Garantir o Sucesso Contínuo: Estratégias de Implementação e...

ajudar o cliente a sobreviver à Queda da Motivação com o mínimo de dificuldade e dor.

Três Estratégias para Lidar com a Queda da Motivação

Observamos três maneiras pelas quais os vendedores bem-sucedidos asseguram que os clientes passem pela Queda da Motivação sem dificuldade.

- *Estratégia 1: Iniciar antes da assinatura do contrato.* Na etapa de instalação, um cliente ansioso vai buscar criticamente qualquer sinal de que as coisas estão indo mal e, por causa da ansiedade, pode reclamar de dificuldades menores. Quanto melhor você tenha feito seu trabalho no início do processo de vendas, menos ansioso o cliente irá se sentir e menos provável será que pequenos problemas causem reações desproporcionais. Uma área importante para resolver a ansiedade da implementação encontra-se na etapa de Avaliação de Opções do processo de compra. Se puder garantir que o cliente genuinamente sinta que seu produto se adéqua melhor aos critérios de decisão que o produto do concorrente, você remove grande parte da ansiedade pós-decisão.

  Ainda mais importante é sua habilidade em lidar com as Consequências durante a etapa de Resolução de Preocupações. Um cliente que tem Consequências não resolvidas provavelmente espera que algo dê errado e, embora tenha uma percepção aguçada dos erros, pode não conseguir ver os sucessos positivos de sua Implementação. Então, se você detectar um potencial de problema de Consequência durante o processo de vendas – por exemplo, se o cliente está tenso com a reputação de sua empresa –, vale a pena resolver o problema antes de assinar o contrato, de modo que ele não ressurja na forma de reações negativas prejudiciais durante a Implementação.

- *Estratégia 2: Envolver o cliente.* Levar mudanças a uma organização gera riscos, e a instalação de um novo produto ou serviço, por mais cuidadoso que seja seu planejamento, às vezes dá errado. Criar um plano de instalação – decidir passo a passo a maneira mais eficaz de

234 Capítulo 8

introduzir seu produto – é essencial para o sucesso da Implementação. Mas nunca é uma garantia contra o inesperado. Como você pode garantir que seu cliente permanecerá fiel e satisfeito com seus esforços se ocorrer um problema imprevisto?

A melhor maneira é envolver o cliente no processo de planejamento da instalação. Quanto mais essa instalação se basear no plano do próprio cliente, mais indulgente o cliente será se algo inesperadamente der errado. Vendedores que são implementadores incrivelmente eficazes costumam fazer o cliente exercer uma função central na hora de sugerir o plano de implementação. Eles veem a função do vendedor como secundária, para ajudar e incrementar as ideias do cliente – e não de tomar a frente na hora de sugerir o plano em si.

Envolvendo o Cliente no Plano de Implementação

Larry T. era sócio de uma conhecida empresa de consultoria de serviços financeiros. Ele havia conseguido vender um grande projeto para um novo cliente, que envolvia uma reorganização total das funções de contabilidade de duas divisões. Como este era um projeto de vital importância, Larry dedicou, literalmente, centenas de horas ao planejamento do processo de implementação para a primeira das divisões. Seu plano era elegante, meticuloso, e – em termos técnicos – quase perfeito. No entanto, a única coisa que Larry não fez foi envolver o cliente no planejamento detalhado da implementação. Quando, inevitavelmente, a instalação do novo sistema pareceu ser um trabalho mais árduo do que o cliente havia esperado, a Queda da Motivação surgiu com violência. Os executivos da divisão se tornaram muito críticos do novo sistema, e Larry foi obrigado a passar todo o seu tempo participando de reuniões para explicar o sistema e para justificar seu plano de implementação. Com enorme esforço, Larry conseguiu ajudar o cliente a passar pela Queda da Motivação, mas demorou dois meses de esforço em tempo integral até que o novo sistema começasse a produzir resultados concretos, e os executivos da divisão lentamente transformaram a crítica em elogios.

Como Garantir o Sucesso Contínuo: Estratégias de Implementação e...   **235**

Embora Larry tenha sido bem-sucedido em recuperar a primeira implementação, ele percebeu, assustado, que estava prestes a ter dificuldades com a segunda implementação, que ia começar na outra divisão, o Light Manufacturing Group. Por causa do esforço adicional que a primeira implementação tinha exigido, Larry não teve tempo de produzir um plano detalhado para o Manufacturing Group. E, como a estrutura do grupo era muito diferente da estrutura da outra divisão, ele sabia que não poderia usar o plano que tinha desenvolvido com tanto cuidado para a primeira implementação. Ele estava num beco sem saída. Sem tempo suficiente para planejar, ele tinha certeza de que a implementação do Manufacturing Group seria um desastre. Mesmo com as centenas de horas de planejamento cuidadoso que ele havia dedicado à primeira divisão, ele teve graves dificuldades de implementação. Agora, sem tempo para planejar e com a reputação do Manufacturing Group de ser difícil e não cooperativo, Larry viu que um fracasso inevitável o fitava. "Não tenho escolha", raciocinou consigo mesmo. "Não tenho tempo para planejar a implementação sozinho, então vou ter de fazer as pessoas do Manufacturing Group trabalharem comigo no plano." Então, ele criou uma série de comitês de planejamento. Cada comitê era chefiado por um executivo que seria afetado pelas mudanças que Larry estava introduzindo. O plano de implementação final produzido por esses comitês deixou Larry desesperado. Era confuso e só parcialmente pensado. "É o fim", pensou Larry. "Eles não vão conseguir colocar essa bagunça em prática. A coisa toda vai desabar, e eu vou ser demitido."

Mas nada poderia estar mais longe da verdade. O plano realmente mergulhava em dificuldades reais. Mas, enquanto a primeira divisão havia culpado Larry por todas as suas dificuldades, as pessoas do Manufacturing Group – porque o plano de implementação foi feito por eles – assumiram a responsabilidade por seus próprios problemas e trabalhavam à noite e nos finais de semana para acertar tudo. A implementação global foi concluída em tempo recorde, e os executivos do Manufacturing congratularam a si mesmos e a Larry pela ótima implementação.

236   Capítulo 8

Quando entrevistamos Larry, ele nos disse: "Eu costumava pensar que um bom plano era um plano tecnicamente bom. Agora percebo que o que faz um bom plano é o fato de as pessoas estarem ou não empenhadas em fazê-lo funcionar. Um plano mediano que obtém o compromisso real das pessoas que irão implementá-lo sempre será melhor que um excelente plano que se esquece de envolver as pessoas". Ninguém precisou convencer Larry de que envolver o cliente no planejamento da implementação é uma das melhores maneiras de superar a Queda da Motivação.

- *Estratégia 3: Esforçar-se no início.* As pessoas que são eficazes em implementar qualquer nova ideia ou instalar qualquer novo processo tendem a concentrar seus esforços nas etapas iniciais da implementação. Vendedores menos experientes geralmente não entendem nada das etapas de implementação e da Queda da Motivação. Consequentemente, eles cometem um erro grave durante a etapa do "brinquedo novo". Eles veem que o cliente está positivo e animado, então esperam que a implementação toda continue de maneira igualmente positiva. Por causa disso, dão menos atenção ao cliente, então não conseguem perceber sinais de alerta de problemas de aprendizagem do cliente.

Durante a etapa de aprendizagem, quando os clientes começam a experimentar a Queda da Motivação, os vendedores medianos são pegos de surpresa. Como estão despreparados, eles esperam tempo demais antes de tomar uma ação corretiva e, por isso, são forçados a aplicar um esforço adicional para corrigir a dificuldade. Sempre leva mais tempo para recuperar algo que vai mal do que para manter algo que está indo bem. E recuperar problemas não significa apenas tempo adicional, mas também cria uma insatisfação desnecessária. A prevenção de incêndios é uma estratégia melhor do que o combate a incêndios. A Queda da Motivação será mais fácil de lidar se você empenhar seu esforço para assegurar que os incêndios não se iniciem.

Da Instalação ao Desenvolvimento de Contas

Depois de orientar com sucesso o cliente na parte de instalação do ciclo, você entra na etapa de Implementação, que normalmente é a visita de ma-

Como Garantir o Sucesso Contínuo: Estratégias de Implementação e...

nutenção de conta ou desenvolvimento de conta. Devo confessar que prefiro muito mais o termo desenvolvimento de conta. Embora manutenção de conta seja muito usado para descrever todas as atividades que acontecem depois que o contrato foi assinado, incluindo instalação e cuidados com o cliente, de algumas formas é um termo enganoso. "Manutenção" implica que seu objetivo principal é manter as coisas do jeito que estão agora. O desenvolvimento de conta eficaz é muito mais que isso. É um processo positivo e ativo para ampliar e desenvolver seu negócio.

Às vezes, o trabalho de desenvolvimento da conta é relativamente simples. Sua venda existente lhe dá acesso às áreas da conta que apresentam novos problemas que seus produtos podem resolver. Se você estiver na posição de que novas oportunidades de venda lhe são apresentadas, o desenvolvimento da conta começa um novo ciclo de vendas, iniciando com a etapa de Reconhecimento de Necessidades. Em teoria – e, geralmente, na prática –, as coisas tendem a ser muito mais simples na segunda vez. Você já conhece a conta e algumas das pessoas. Seu produto já está estabelecido em parte da conta. É mais fácil encontrar patrocinadores internos fortes. Supondo que seu produto funciona bem desde a primeira venda, vendas adicionais a uma conta devem exigir menos esforços.

Por que o Desenvolvimento de Contas É tão Importante?

Mas não é apenas a redução do esforço que torna o desenvolvimento de contas atraente e estrategicamente importante. Uma boa gestão de contas existentes é importante porque, na maioria dos mercados, essa é a estratégia mais eficaz para limitar as oportunidades de seus concorrentes. Análises de empresas que perderam participação de mercado para seus concorrentes mostram que uma atenção inadequada às contas existentes muitas vezes é um motivo importante para o sucesso dos concorrentes.

Suas contas existentes também são uma fonte inestimável de recomendações e referências de terceiros. Quanto maior e mais complexa a venda, maior a probabilidade de o cliente investigar sua reputação nas contas existentes como fator decisivo na tomada de decisão de compra. Em muitos mercados, os clientes falam uns com os outros. Um bom desenvolvimento de contas pode ser uma poderosa ferramenta de vendas, fazendo um cliente

238   Capítulo 8

satisfeito realizar parte de sua venda por você. Por outro lado, a atenção inadequada às contas existentes pode dar a seus concorrentes um material de estudo de caso prejudicial para usar contra você. Minha equipe de pesquisas na Huthwaite certa vez acompanhou 50 vendas perdidas em um mercado de bens de capital. Em cada uma das 50, o cliente havia recusado a proposta final sob a alegação de preço. Em 32 dos 50 casos, as entrevistas revelaram que o preço – o caminho "respeitável" para dizer "não" – não era a causa principal da perda da venda. Uma das principais razões para a recusa do cliente era que a concorrência tinha usado exemplos de manutenção de conta ruim para gerar insegurança e preocupação.

Mas, claramente, o motivo mais importante para a boa manutenção e desenvolvimento de contas é que suas contas existentes representam uma oportunidade significativa de aumentar os negócios. Especialmente se seu objetivo estratégico for maximizar as vendas no curto prazo, as contas existentes são a fonte mais rápida de novos negócios.

Cinco Estratégias Simples para o Desenvolvimento de Contas

Em muitos casos, um cliente que tenha comprado recentemente de você não tem potencial de negócios imediatos. Seu produto ou serviço satisfaz a necessidade e, até que algo mude, não há nenhuma oportunidade clara para novas vendas. Muitos vendedores fazem um jogo de espera, ligando para esse cliente ocasionalmente, na esperança de que mudanças inevitáveis ao longo do tempo, como mudanças de funcionários, produtos ou necessidades, gerem novas oportunidades. Essa estratégia de espera, embora comum, é uma das maneiras menos bem-sucedidas e mais caras de fazer negócios.

Uma abordagem mais positiva, e mais eficaz, ao desenvolvimento de contas é usar cinco estratégias simples para assegurar que as visitas a clientes existentes gerem o máximo de benefícios para a empresa.

Estratégia 1: Desenvolva em vez de Manter

Quando eles não têm uma meta concreta de vendas, muitos vendedores mudam sua atenção para manter bons relacionamentos pessoais com clientes

Como Garantir o Sucesso Contínuo: Estratégias de Implementação e...

existentes. Eles acham que uma visita, um almoço e um bate-papo social é válido de tempos em tempos apenas para se certificar de que o relacionamento continua. Seu objetivo muitas vezes é proteger os negócios existentes dos concorrentes e assegurar que os clientes os mantenham em mente, no caso de surgirem novas oportunidades de negócio.

Infelizmente, essa estratégia geralmente é ineficaz. Estudos com vendedores bem-sucedidos em proteger sua base de negócios existente mostram que o sucesso é atingido por aqueles cujo objetivo principal envolve proteção e manutenção. As pessoas que protegem seus negócios com mais sucesso são aquelas que estão sempre buscando ativamente novas oportunidades de venda. Ironicamente, se seu objetivo é manter ou proteger, você tem mais chances de fracassar do que se seu objetivo é vender. Ao transformar todas as visitas de acompanhamento com o cliente em uma visita de vendas que tenta ampliar seus negócios, você tem mais chances de proteger os negócios já existentes. Portanto, concentre-se no desenvolvimento de contas, e não na manutenção de contas.

Estratégia 2: Documente as Boas Novas

Quando tudo dá errado, nós telefonamos; visitamos; escrevemos mensagens. Em outras palavras, damos uma enorme atenção ao problema e em como corrigi-lo. O que acontece quando as coisas dão certo? A maioria dos vendedores está tão ocupada que deixa o sucesso passar despercebido: nada é registrado; nada vai para os arquivos. O que há de errado com isso? Imagine que alguns anos atrás você fez uma grande venda para uma empresa. No geral, o produto teve um bom desempenho, mas, inevitavelmente, houve alguns pequenos problemas durante a etapa de instalação. Como resultado, meia dúzia de mensagens foram escritas por você e seu cliente sobre o problema e como resolvê-lo. Agora, dois anos depois, imagine que há um novo decisor prestes a fazer uma nova compra e que lê o arquivo para avaliar seu nível de desempenho. Todas as mensagens são sobre problemas e complicações. O efeito cumulativo dessas correspondências sobre problemas no arquivo dá uma impressão ruim, porque não há menção aos 95% de coisas que deram certo.

Uma estratégia rápida, fácil e produtiva no desenvolvimento de contas é garantir que os arquivos de seu cliente contenham cartas sobre sucessos, não

240 Capítulo 8

só problemas. Melhor ainda, obtenha essas correspondências e memorandos de pessoas satisfeitas com a compra. Se não conseguir isso, escreva para o cliente, destacando o impacto positivo e bem-sucedido que seu produto teve e oferecendo toda ajuda e assistência de que o cliente possa necessitar. Dessa forma, quando chegar a hora da recompra ou da renegociação de um contrato, você estará em uma posição mais forte.

Estratégia 3: Gere Indicações e Referências

O problema com os clientes satisfeitos é que, quanto melhor você tiver satisfeito suas necessidades, menos eles oferecem uma oportunidade de negócios imediata; mas clientes satisfeitos podem ser inestimáveis de outras maneiras. Em vez de fazer uma visita só para conversar com um cliente satisfeito que não tem necessidades, use parte dessa visita para obter dele referências para novos clientes interessados. Ou peça alguns nomes de pessoas que o cliente conhece e que você possa contatar. Um cliente satisfeito que não tem negócios imediatos para você muitas vezes fica feliz de lhe oferecer contatos e apresentações a clientes potenciais em outras empresas.

No entanto, lembre-se de que o entusiasmo do cliente provavelmente estará no nível mais baixo durante a etapa de aprendizagem, quando a implementação está em seu ponto mais vulnerável. Portanto, peça indicações muito no início do processo de instalação, durante a etapa de "brinquedo novo", ou espere até que a implementação esteja terminada e gerando o máximo de resultado antes de pedir indicações e referências.

Agricultores e Caçadores

Alguns anos atrás, foi lançada a ideia popular de que existem dois tipos de personalidades de vendas bem-sucedidas: "agricultores" e "caçadores". Os agricultores, como a palavra sugere, são os vendedores voltados para os relacionamentos que "cultivam" contas existentes e desenvolvem mais negócios com elas. Os caçadores são vendedores mais agressivos que são melhores para abrir novas fronteiras e rastrear novas oportunidades de negócio. A ideia é atraentemente simples, mas, como muitos conceitos simples, acabou sendo ingênua e perigosa.

Uma organização do setor de informática ficou tão tomada por essa ideia que reorganizou sua força de vendas em um grupo de caçadores e um grupo de agricultores. Eles deram aos caçadores a responsabilidade por novas contas e aos agricultores a responsabilidade pela manutenção de contas existentes. A política foi um desastre. Como um de seus executivos nos disse: "Nossos agricultores perderam o negócio para os caçadores da concorrência. Descobrimos que a melhor maneira de proteger uma conta existente era a caça, e não a agricultura".

Nossa pesquisa chegou à mesma conclusão. Se o objetivo do vendedor é apenas manter ou desenvolver modestamente negócios já existentes, há uma boa chance de que o negócio acabe sendo perdido para um concorrente. Descobrimos que as pessoas que fizeram o melhor trabalho de proteger as contas existentes da concorrência foram aquelas cujos objetivos eram descobrir novas e adicionais oportunidades de negócios.

Estratégia 4: Reavalie seu Entendimento das Necessidades do Cliente

Pessoas que são eficazes no desenvolvimento de mais negócios em contas existentes costumam visitar, uma ou duas vezes ao ano, cada uma das contas existentes e tratá-las como se fossem novas oportunidades de negócio. Sondando cuidadosamente para descobrir e desenvolver todas as necessidades que mudaram, eles fazem uma avaliação completa do que está acontecendo na conta. Muitos vendedores acham que essa atitude é desnecessária, porque pensam que já sabem todas as necessidades de seus clientes existentes e que seria artificial e um desperdício de tempo passar por esse processo. Em uma grande empresa, um grupo de vendedores experientes foi convidado a verificar as necessidades em cinco de suas contas existentes. Embora eles inicialmente tenham ficado céticos e achado que o exercício era desnecessário, na média, em duas de cada cinco contas foram descobertas importantes oportunidades de negócio. Lembre-se: se você não reavaliar sua compreensão das necessidades de seus clientes, os concorrentes o farão. Os concorrentes entram em suas contas descobrindo e desenvolvendo necessidades que você negligenciou.

242 Capítulo 8

Estratégia 5: Influencie Futuros Critérios de Decisão

Mesmo quando você descobre que um cliente existente não tem necessidades e não consegue lhe oferecer indicações, ainda assim, uma visita pode se transformar em uma positiva oportunidade de venda. Ao desenvolver os critérios de decisão do cliente, você pode assegurar que, em caso de necessidades futuras, seus produtos ou serviços serão considerados mais fortes que os de seus concorrentes. Muitos vendedores, quando não veem qualquer necessidade, simplesmente falam sobre assuntos não-comerciais. É muito mais poderoso trabalhar os critérios de decisão.

Um Erro Estratégico a Evitar

Existe um erro simples que as pessoas cometem na estratégia que usam com contas existentes e que resultam em uma enorme perda de potenciais negócios. Quando um novo produto é anunciado, a maioria das pessoas tenta vendê-lo às suas principais contas existentes em primeiro lugar. Isso geralmente é uma estratégia ruim. Quando um produto é novo, é preciso tempo para aprender a vendê-lo bem. Estudos mostram que, em um primeiro momento, os vendedores vendem produtos novos falando sobre o produto, e não sobre as necessidades do cliente. A referência às funções e características é, em média, três vezes mais elevada nas visitas em que um novo produto está sendo vendido. Comece a apresentação de novos produtos em suas contas menores e não aborde seus principais clientes existentes até que você esteja confiante de que consegue fazer uma poderosa visita de vendas baseada em necessidades.

Uma Última Palavra sobre o Desenvolvimento de Contas

Seu relacionamento comercial com um cliente nunca é estático. Ou ele está melhorando ou está piorando. Nunca se iluda acreditando que você tem um relacionamento estável que continuará indefinidamente e permanecerá invulnerável aos concorrentes. A complacência é o pior de todos os pecados com as contas existentes. Enfrente o fato incômodo de que o que você fez ontem é passado. O que conta para a maioria dos clientes é o que você está fazendo por eles hoje e o que você pode fazer por eles amanhã. É disso que trata o bom desenvolvimento de contas.

9
Anatomia de uma Estratégia de Vendas

Neste capítulo final, quero reunir as principais lições do livro em um único estudo de caso complexo. Inevitavelmente, sou forçado a inventar um caso artificial – nenhum caso real tem todos os elementos necessários perfeitamente sequenciados. Então, elaborei este caso combinando elementos de cinco casos reais diferentes em que trabalhei. O produto escolhido é uma nova bomba que está sendo introduzida pela Towtron Corporation. Nosso heroi – se pudermos chamá-lo assim – é Harry Katt, um jovem brilhante recém-formado em administração e bem no início de sua carreira de vendas para grandes clientes. Antes de começarmos, informo que esta será uma história com final feliz, diferentemente de tantas vendas competitivas na vida real. Mas, apesar de seu resultado positivo, observe que mesmo esta venda idealizada para um livro é um trabalho árduo. O sucesso de Harry Katt não virá por acaso, mas pelo planejamento e execução cuidadosos e meticulosos de uma estratégia de vendas.

15 de fevereiro: O Lançamento do Produto

Harry Katt está sentado junto de todos os vendedores na Towtron Corporation para o lançamento de uma nova linha de produtos. O lançamento foi atrasado por seis meses por causa de dificuldades técnicas, e a força de vendas agora está impaciente para ver as novas bombas que parecem ser uma signi-

244 Capítulo 9

ficativa revolução técnica. Em especial, Harry está ansioso para ouvir sobre o produto Meterflo, que é o primeiro sistema de bombeamento na indústria a ser controlado por um microprocessador. Com todo o alarde de costume, a nova bomba Meterflo é apresentada, e os membros da equipe de gerenciamento do lançamento descrevem todas as suas características. Além de ser controlada por um microprocessador, ela tem um sistema propulsor com novo design e é muito menor que as bombas de capacidade semelhante dos concorrentes.

Todas as pessoas na equipe de vendas, incluindo Harry, estão animadas com o que veem. "Isso nos dará a margem competitiva que estávamos esperando", observa alguém sentado perto de Harry. "Finalmente," diz outro, "temos algo que podemos usar para combater a Niagara." (A Niagara Pumps é a maior concorrente da Towtron e, nos últimos anos, começou a comer parte da participação de mercado da Towtron no setor de aplicativos especializados.) No entanto, a empolgação diminui um pouco quando as metas de vendas são anunciadas. "Sei que é um bom produto", diz Harry à pessoa que está sentada ao lado dele, "mas essas metas serão difíceis de cumprir."

15 de fevereiro: Primeiras Ideias

De volta ao escritório, Harry e vários de seus colegas se reúnem para discutir a estratégia inicial de venda da nova bomba Meterflo em seus territórios. O consenso geral é que seria melhor iniciar abordando os maiores clientes existentes. Harry é a única voz dissonante. "Acho que isso é perigoso", explica. "Prefiro praticar em uma pequena conta primeiro. Tenho um palpite de que essa bomba não vai ser fácil de vender. Não quero perder minhas melhores contas utilizando-as para praticar." Seus colegas riem. "Você só está dizendo isso porque não tem grandes contas", provoca um deles. Harry se cala. Ele sabe que o que seu colega disse é verdade. Seu território tem um grande potencial, mas ele ainda não fez negócio com nenhum dos três grandes clientes potenciais que ele contém. Apesar disso, ele está cheio de entusiasmo e confiante que a nova bomba Meterflo será seu passaporte para fazer negócio com pelo menos um desses grandes clientes potenciais. "Mas, por enquanto", decide ele, "vou tentar em algumas contas menores primeiro."

Anatomia de uma Estratégia de Vendas

22 de fevereiro: Erros em uma Conta Pequena

Harry visita um pequeno cliente. Seu entusiasmo o acompanha, e ele passa quase meia hora falando com o cliente sobre todos os recursos imagináveis da nova bomba. O cliente, que conhece bem Harry, lhe diz: "Você está obviamente muito animado com essa nova bomba, Harry. Mas, para mim, é apenas outra maneira de fazer líquido sair do ponto A e chegar ao ponto B." Dirigindo de volta ao escritório, Harry pensa no que o cliente disse. "Talvez eu esteja muito entusiasmado", pensa. "Talvez eu esteja deixando meu entusiasmo falar muito alto – estou dando mais atenção ao produto do que ao cliente." Quanto mais ele considera essa possibilidade, mais verdadeira ela parece. Ele percebe que, embora normalmente faça muitas perguntas em uma visita de vendas, não fez isso desta vez. Em vez disso, deixou o produto tomar conta do assunto. "Bem, aprendi alguma coisa ao visitar uma pequena conta primeiro," refletiu. "No futuro, serei cuidadoso para não deixar meu entusiasmo pelo produto superar minha preocupação com o cliente."

23 de fevereiro: Encontrando um Ponto de Entrada

A gerente de Harry o chama. "Onde é que você vai vender o Meterflo?", pergunta a ele. Harry é cauteloso. "Gostaria de vendê-la à Youngs", responde ele, nomeando um dos três grandes clientes potenciais de seu território com o qual ele tem esperança de fazer negócio. "Eles têm muitos equipamentos sofisticados de bombeamento e, segundo algumas pessoas, eles mantêm um sistema de última geração para manipular líquidos. Se eu puder entrar lá, tenho certeza que as outras contas a seguiriam". "Você conhece alguém na Youngs?", pergunta a gerente. "Não", admite Harry, "a Niagara tem controle total sobre a Youngs, e é difícil fazer qualquer contato". "Posso conseguir uma indicação para você", oferece a gerente. "Não é uma grande indicação, devo dizer, mas pelo menos já é um começo. Conheço um dos engenheiros industriais de lá. Ele escreveu um artigo sobre manipulação de líquidos corrosivos alguns anos atrás na Materials Handling, e uma parte do artigo era sobre bombas. O nome dele é Jim Flood. Ligue para ele; talvez ele o receba."

246 Capítulo 9

25 de fevereiro: Primeiro Contato com a Conta

Em sua terceira tentativa, Harry consegue falar com Jim Flood pelo telefone. "Sei que você tem interesse em bombas," explicou, "porque li seu artigo na Materials Handling. Estamos lançando uma bomba de tecnologia avançada, e estou tentando obter algumas reações iniciais de pessoas como você, que conhecem aplicações avançadas." Jim Flood ficou desconfiado. "Você não está tentando me vender alguma coisa, está?", pergunta ele. "Porque não tenho nada a ver com a compra de bombas." "Não vou negar que eu gostaria de fazer uma venda para a Youngs," diz Harry, "mas não é sobre isso que quero falar com você. A Youngs supostamente é muito avançada nesta área, e você é a pessoa da Youngs que escreveu sobre o assunto. Eu realmente estou interessado em ouvir suas considerações." "Tudo bem", concorda Flood, "vou lhe dar meia hora no dia 2 de março. Mas lembre-se: eu odeio vendedores."

1º de março: Estratégia de Entrada

Um dia antes de sua reunião com Flood, Harry senta-se para pensar sobre a estratégia. Ele decide que é importante não parecer que está vendendo algo. "Não vou tentar descobrir necessidades", pensa ele. "Em vez disso, vou genuinamente tentar descobrir o que Flood pensa sobre coisas como controle por microprocessador. Meia hora não é muito tempo. Talvez eu deva começar com uma visão geral de dez minutos e, em seguida, fazer Flood falar sobre o que ele acha que é importante em um sistema especialista de bombeamento."

2 de março: Reunião Inicial

A reunião com Flood não acontece como esperado. No meio da visão geral, Flood recebe um chamado para sair. Ele volta 20 minutos depois, pedindo desculpas. "Sinto muito", explica ele, "surgiu uma situação de emergência. Não tenho mais tempo hoje. Talvez possamos nos encontrar novamente em outra hora". Eles concordam em se reunir dali a uma semana. Harry sai decepcionado. Será que o desaparecimento de Flood foi uma verdadeira emergência ou um sinal de desinteresse? Harry decide que a imediata con-

Anatomia de uma Estratégia de Vendas

cordância de Flood em se reunir novamente significa que ele tem pelo menos um pouco de interesse, então a emergência provavelmente era verdadeira.

9 de março: Estratégia de Entrada – no Foco de Receptividade

Harry se reúne de novo com Flood. Desta vez, Flood fala mais que ele. Flood tem opiniões fortes sobre os atuais desenvolvimentos na tecnologia de bombas. Ele gosta de alguns pontos do Meterflo e não gosta de outros. Harry toma muito cuidado para não tratar os desagrados de Flood como se fossem objeções a serem superadas. "Eu não estou vendendo", lembra a si mesmo. "Estou aqui para ouvir uma pessoa receptiva". Flood tem tanto a dizer que domina a conversa. Ao final da reunião, Harry ainda não descobriu nada sobre as aplicações de bombas na Youngs e quem tem problemas que a bomba Meterflo poderia resolver, se é que alguém os tem. Mais uma vez, o tempo se esgota, e Flood corre para outro compromisso. A única compensação de Harry é que Flood declara o quanto gostou da reunião e sugere uma nova reunião durante o almoço dali a duas semanas. "Fiz progressos", pensa Harry consigo mesmo mais tarde, "mas não posso fazer muitas reuniões como esta. Esta venda pode levar uma eternidade".

14 de março: Progresso Lento para Harry

Há uma reunião de equipe no escritório. A maioria das pessoas está relatando o tremendo interesse dos clientes pelo Meterflo, que eles preveem que vai se transformar em vendas dali a alguns meses. Harry está desanimado. Ele não vê nenhuma oportunidade de curto prazo e não consegue acreditar que as pessoas estejam esperando grandes vendas durante os próximo dois meses. Ele não participa muito do sentimento geral de euforia no escritório.

23 de março: Estratégia de Entrada – Preso no Foco de Receptividade

Almoço com Flood. Harry decidiu que seu objetivo para essa reunião seria descobrir o nome de alguém na Youngs que tivesse um problema que a bom-

248 Capítulo 9

ba Meterflo poderia resolver. Se Flood cooperar, um objetivo ainda melhor é conseguir uma indicação de Flood a essa pessoa. "Flood está no Foco de Receptividade", pensa Harry. "Preciso chegar ao Foco de Insatisfação."

Flood quer falar de assuntos técnicos durante o almoço. Harry consegue dirigir a conversa para descobrir se alguém na Youngs tem um problema que a bomba de Harry poderia resolver. "Acho que o Departamento de Pigmentos seria o mais provável", diz Flood. "Eles têm de misturar quantidades muito precisas de pigmento às tintas, e sua tecnologia de microprocessadores pode ser uma forma de contornar alguns problemas de exatidão que eles têm tido." Harry tenta fazer a grande pergunta: "Você estaria disposto a me apresentar a eles?". "Claro", responde Flood. "Volte para o escritório comigo, e eu ligo para Keith Bright na mesma hora."

Flood cumpriu sua palavra. De volta ao escritório, ele liga para Bright. "Tenho um rapaz aqui", diz Bright, "que tem uma bomba que poderia ser exatamente o que você está procurando para o setor de Pigmentos. Eu gostaria de apresentar vocês dois". Assim, uma reunião é marcada para o dia 25 de março, e Harry sai de lá se sentindo muito bem sobre a forma como a conta está progredindo. "Passei do Foco de Receptividade para o Foco de Insatisfação," diz para si mesmo. "Estou entrando mais fundo na conta e, a julgar pelo que diz Flood, eles realmente gostam do conceito do Meterflo".

25 de março: Estratégia de Entrada – Passando para o Foco de Insatisfação

Antes da primeira reunião com Bright, Harry revê seus objetivos. "O objetivo número um", lembra ele a si mesmo, "é convencer Bright de que ele tem problemas que podemos resolver com o sistema Meterflo. Isso deve ser fácil, dada a introdução de Flood". Sua confiança recebeu um novo estímulo porque Flood ligou para ele no dia anterior para dizer que, quanto mais pensava a respeito, mais convencido ficava de que o sistema Meterflo resolveria os problemas do departamento de Pigmentos.

Mas a reunião com Bright foi muito menos suave do que Harry havia esperado. "Quem lhe disse que temos um problema?", Bright exige saber. "Aqueles tolos da Engenharia Industrial que gostam de interferir deveriam ter certeza dos fatos antes de meter o nariz em outros departamentos." Har-

Anatomia de uma Estratégia de Vendas

ry percebe que não pode ir direto ao problema, como tinha planejado. Assim, ele tenta uma abordagem menos direta. "Você diz que o sistema atual é adequado", diz ele, "e é claro que aceito isso. Mas qualquer sistema – por melhor que seja – pode ser melhorado. Se você tivesse liberdade para fazer as melhorias que desejasse, quais seriam?". Bright pensa por um instante. "Bem", responde ele, "eu gostaria de um pouco mais de precisão na medição dos pigmentos". Então, temendo ter falado demais, ele continua: "Mas não é um grande problema porque calibramos nossas bombas existentes fazendo lotes experimentais antes de iniciar a produção principal".

A conversa então passa para outros problemas. A maioria deles é pequena, e nenhum, na opinião de Harry, tem tanto potencial quanto o problema da medição das quantidades exatas – que é uma área na qual o sistema Meterflo é extremamente forte. Harry não consegue obter facilmente o acordo que esperava, mas, quando analisa a visita mais tarde, ele sente que avançou um pouco em direção a seu objetivo. "Bright concorda que tem um problema com a exatidão de seu sistema atual", Harry diz a si mesmo, "mas ele não sente que o problema é grave. É claro que o objetivo da minha próxima visita deve ser convencê-lo de que as imprecisões em seu sistema são mais graves do que ele quer admitir." No entanto, isso deixa Harry com uma dificuldade. Ele não é especialista em pigmentos, por isso não tem como avaliar o nível de gravidade dos problemas de Bright.

30 de março: Estratégia de Entrada – Identificando uma Provável Insatisfação

Harry liga para Flood para pedir conselhos. Flood lhe diz: "Eu sei que Bright contorna o problema fazendo lotes experimentais. Mas isso custa caro. Para começar, ele está usando pigmentos desnecessários. No caso dos pigmentos mais caros, isso pode gerar um desperdício de algumas centenas de dólares em cada lote. Outro efeito indesejável dos lotes experimentais é o tempo de inatividade. Ele é forçado a parar toda a linha de produção por pelo menos dez minutos toda vez que faz uma mudança na mistura. Não sei exatamente quanto isso custa, mas poderia supor que são pelo menos 50 dólares por minuto."

250   Capítulo 9

13 de abril: A Fase de Reconhecimento de Necessidades

Harry descobre que Bright quer se reunir de novo com ele na tarde seguinte. Ele prepara sua estratégia de venda. "Meu objetivo", diz ele para si mesmo, "é fazer Bright concordar que o problema de precisão tem algumas implicações sérias para a eficiência do Departamento de Pigmentos. Sei que Bright será resistente se eu tentar lhe dizer que seu departamento está com problemas, então vou ter de fazer perguntas que o levarão a essa conclusão por conta própria".

14 de abril: Reconhecimento de Necessidades – Descobrindo a Insatisfação

A segunda reunião com Bright acontece. Desta vez, Bright incluiu um de seus assistentes na discussão. Embora Harry tenha interpretado isso como um sinal promissor de interesse, ele percebe que agora é especialmente importante não parecer criticar a atuação de Bright no departamento. Então, ele faz perguntas com cautela. "Não entendo a dinâmica econômica da sua linha de produção", começa, "então não sei qual é o custo do tempo de inatividade cada vez que você faz um lote experimental. Você sabe os números?" Bright é prestativo. "Temos um sistema padrão de custos que usamos para avaliar nosso tempo de inatividade em toda a fábrica", diz ele a Harry. "No caso desta linha de produção, sou avaliado em 85 dólares por minuto." "E um lote experimental leva cerca de dez minutos?", pergunta Harry. "Sim", responde Bright. Então, fazendo seus próprios cálculos, Bright acrescenta: "Isso significa 850 dólares por teste. Fazemos cerca de nove testes por dia, o que significa que estamos gastando mais de 7.500 dólares em tempo de inatividade a cada dia. Evidentemente, mesmo que tivéssemos uma calibragem automática controlada por computadores em nossas bombas, não economizaríamos todo esse tempo, porque ainda teríamos de limpar o sistema antes de mudarmos a mistura. Mas se economizássemos, digamos, metade do tempo de inatividade – isso representaria 15 mil dólares ou mais por semana." Isso é música para os ouvidos de Harry. Um sistema completo Meterflo custaria cerca de $450.000. Pelo que ele está ouvindo, o sistema se pagaria em menos de nove meses. Conforme a conversa continua, mais economias aparecem. Há um potencial de economia nos custos dos pigmentos de cerca

Anatomia de uma Estratégia de Vendas

de $2.500 por semana. E há economias menos óbvias, também. O desperdício de pigmentos gera um problema de descarte difícil e dispendioso. Um sistema automaticamente calibrado poderia economizar outros $500 por mês em custos de descarte de resíduos tóxicos. Ao final da conversa, tanto Bright quanto Harry estão de acordo que a instalação de um sistema Meterflo de $450.000 provavelmente se pagaria em menos de seis meses. Até o assistente de Bright fica animado. "Isso poderia nos gerar mais economias do que o novo projeto de pigmento sintético", diz ele. Bright concorda. "Acho que existem algumas possibilidades interessantes aqui."

A reunião termina com sucesso. "Vou calcular alguns números exatos", promete Bright. "Enquanto isso, eu gostaria que você me passasse uma estimativa de custo para a instalação de um sistema Meterflo completo. Não quero uma proposta formal nesta etapa, mas alguns custos por escrito ajudariam."

Harry está surpreso com a rapidez e a facilidade com que tudo aconteceu. "Talvez os outros estejam certos", pensa ele. "Talvez você possa vender esses sistemas em apenas dois meses."

15 de abril: Avaliação Inicial de Custos

Harry trabalha em alguns custos preliminares. Para sua surpresa, eles acabam sendo um pouco mais altos do que ele esperava – pouco menos de $540.000. No entanto, não há necessidade de preocupação porque o período de recuperação dos gastos é muito curto. Mas ele decide, tendo em conta esses aumentos de custo, que seria melhor apresentar os números pessoalmente, e não apenas enviar o orçamento. Assim, ele marca uma hora para se reunir com Bright novamente em 22 de abril.

18 de abril: Clientes Potenciais "Quentes" Evaporam

À tarde, há a reunião mensal de toda a equipe de vendas. O clima é menos alegre do que tinha sido um mês antes. De um total de 16 clientes potenciais promissores identificados no mês anterior para o sistema Meterflo, sete haviam sido perdidos. Para os nove clientes potenciais restantes, cada pessoa, na sua vez, descreve em que etapa da venda está e qual a estratégia para a

252   Capítulo 9

próxima fase. Quando chega a vez de Harry, ele explica: "Esta venda agora está bem na fase de Reconhecimento de Necessidades. Na nossa última reunião da equipe de vendas, eu ainda estava tentando usar Jim Flood para me ajudar a ter acesso a pessoas no Foco de Insatisfação. Agora já descobri essas pessoas, e tenho o acordo delas de que o problema é grave e que o custo de um sistema Meterflo provavelmente pode ser justificado. Vou apresentar os custos por escrito na próxima semana". "Espere até eles verem o custo", adverte um membro da equipe cuja maioria dos clientes potenciais promissores simplesmente o recusou. "Meu cliente estava todo animado até que as pessoas perceberam quanto o sistema ia custar; eles então abaixaram o rabo e saíram correndo."

Pensando nesse comentário depois da reunião, Harry decide que não deve se preocupar. "O que é diferente", diz para si mesmo, "é que eu tentei construir o valor antes de falar sobre os custos. Mas alguns dos outros vendedores têm apresentado os custos sem primeiro construir as necessidades. Não é de surpreender que eles tenham sido recusados".

22 de abril: Identificando o Foco de Poder

Harry deverá apresentar sua discriminação de custos a Bright. Ele pensa na estratégia a usar na visita. "Eu desenvolvi as necessidades de Bright", reflete ele, "mas ainda posso estar no Foco de Insatisfação. Não sei se Bright tem o poder de tomar uma decisão de meio milhão de dólares. É melhor eu descobrir isso, porque, se ele não puder autorizar a decisão, vou ter de encontrar alguma maneira de chegar ao Foco de Poder". Na reunião, Harry explica sua discriminação de custos a Bright, que não parece surpreso de o preço ter aumentado quase $90.000. "Estive pensando no potencial de economia", explica ele a Harry, "e cheguei a quase $870.000 por ano. Mesmo com seu aumento de preço, isso representa um retorno do investimento no prazo de oito meses." Harry fica contente com a resposta positiva de Bright.

Lembrando que seu objetivo na visita era encontrar o Foco de Poder, Harry tenta descobrir se Bright pode autorizar uma decisão desse porte. Bright é franco. "Minha autoridade termina em 100 mil dólares", diz ele. "Uma decisão desse porte teria de ir até o Chefe de Produção, que está dois níveis acima de mim." Harry imediatamente tenta obter acesso ao tomador

Anatomia de uma Estratégia de Vendas

de decisão. "Você gostaria que eu fizesse uma apresentação para ele, mostrando a economia que ele vai obter com um sistema Meterflo?", pergunta. Bright parece incomodado. "Ah, não", diz a Harry. "Isso seria um trabalho meu. Ele não recebe fornecedores." "Então, como ele vai obter a informação de que precisa para tomar a decisão?", pergunta Harry. "Primeiro eu vou apresentar a ideia ao meu chefe", explica Bright, "depois, se meu chefe comprar a ideia, vamos juntos apresentá-la ao Chefe de Produção". "Então, talvez eu devesse, pelo menos, ir junto quando você apresentá-la a seu chefe", sugere Harry. Bright se recusa outra vez, mas concorda em se reunir com Harry em 25 de abril, para que Harry possa ajudá-lo a preparar sua apresentação.

"Isso não é o ideal", pensa Harry enquanto dirige para casa, "especialmente porque ele tem de atravessar dois níveis de apresentação. Mas pelo menos vou ajudá-lo a se preparar, por isso não é necessariamente um desastre se eu não conseguir ficar face a face com o Foco de Poder".

25 de abril: Reconhecimento de Necessidades – Ensaiando o Patrocinador

Harry ajuda Bright a preparar seu caso. Com alguma dificuldade, Harry resiste à tentação de dizer a Bright o que ele deve falar. Em vez disso, ele faz perguntas que levam Bright a explicar os benefícios de se mudar para um sistema de bombeamento controlado por computador. "Por que é tão importante reduzir os resíduos tóxicos?", pergunta. "Por causa dos custos", responde Bright. "Isso economizaria 500 dólares por mês em custos de descarte." "Existe alguma outra vantagem em reduzir os resíduos tóxicos?", pergunta Harry. Bright pensa por um instante. "Sei que o Chefe de Produção tem sido objeto de críticas por parte de outros membros do conselho por causa de uma publicidade desfavorável sobre um vazamento de resíduos tóxicos", responde ele, "por isso ele está sob pressão para mudar nossos atos. Talvez ele gostasse de ver um passo positivo para reduzir esses resíduos. Na verdade, isso provavelmente é muito mais importante para ele do que uma economia de 500 dólares por mês." Dessa forma, fazendo perguntas, Harry força Bright a pensar no que pretende apresentar e o ajuda a ensaiar sua mensagem. A reunião vai bem e, no final dela, Harry sente-se confiante de que Bright pode fazer um bom trabalho em seu nome no Foco de Poder.

254 Capítulo 9

5 de maio: Termina a Fase de Reconhecimento de Necessidades

Apesar de sua impaciência para saber como as coisas estão indo na Youngs, Harry se ocupa com outras contas e não faz nada até saber de Bright. No final da tarde, Bright liga para ele sem fôlego. "Consegui a aprovação," diz ele a Harry. "Tenho um orçamento de 550.000 dólares para substituir o sistema antigo." Harry fica muito satisfeito. Vários de seus colegas o parabenizam, como se ele tivesse conseguido o contrato. "Esperem aí", adverte Harry. "Não é assim tão fácil. Eu só tive sucesso na fase de Reconhecimento de Necessidades da venda. O trabalho realmente árduo está prestes a começar. Agora que a fase de Avaliação de Opções está começando, imagino que os concorrentes vão bater à porta da Youngs."

16 de maio: Entrando na Fase de Avaliação de Opções

Em seu relatório para a reunião mensal de vendas, Harry descreve o que está acontecendo em sua conta. "Como eu suspeitava," diz ele ao grupo, "ainda há um longo caminho a percorrer antes de conseguir o negócio na Youngs. Depois de Bright me ligar no dia 5, ele não telefonou mais e não retornou minhas ligações. Depois, a próxima coisa que acontece é que eu recebo uma Solicitação de Proposta (SDP) do Departamento de Compras da Youngs. Quando liguei para o Departamento de Compras, eles me disseram que a Youngs está montando um comitê de avaliação para olhar novos sistemas de bombeamento. Eles não me disseram quais são os outros fornecedores, mas é claro que a Niagara será um deles". "Essa é uma notícia ruim", disse Sally, gerente de Harry. "Ouvi dizer que a Niagara está prestes a introduzir uma linha de bombas controladas por computador. Podemos entrar em uma batalha árdua."

Harry não está preocupado sem necessidade. "Pelo menos influenciamos a especificação", ele lembra a ela. "Isso é um bom resultado da fase de Reconhecimento de Necessidades – não apenas os convencemos a querer um novo sistema de bombeamento, mas também fizemos com que eles desejem recursos nos quais o Meterflo é forte." Harry lê as especificações técnicas da SDP. "Escute isso", diz ele. "'Capacidade de fluxo de 90 litros por minuto, precisão de até 0,005% do volume especificado, estabilidade no intervalo de temperatura de 10 a 45 graus centígrados, precisão não afetada por mudan-

Anatomia de uma Estratégia de Vendas

ças de viscosidade...' O Meterflo é a bomba mais forte no mercado nesses termos. Acho que nossa estratégia tem sido boa até agora."

Sally está mais cautelosa. "A fase de Avaliação de Opções será mais difícil", diz ela. "A Niagara está bem enraizada na Youngs, e eles têm muitos amigos. Os próximos passos não serão fáceis, mas estou satisfeito por termos começado tão bem. Você certamente lidou bem com a fase de Reconhecimento de Necessidades." Harry se sente lisonjeado. Sally não oferece elogios indiscriminadamente, e ele se sente feliz por ela aprovar sua estratégia até aqui.

17 de maio: Más notícias – e um Erro Estratégico

As previsões de dificuldade de Sally se realizam de uma forma inesperada. Harry ainda está sendo parabenizando pela forma como as coisas estão acontecendo quando faz outra tentativa de contatar Bright. "Sinto muito", diz o telefonista da Youngs. "O Sr. Bright saiu da empresa." Harry descobre por que suas ligações para Bright não foram retornadas. Ele também percebe que cometeu um erro estratégico perigoso e possivelmente fatal. Ele confiou em uma pessoa para ser seu patrocinador. Agora que Bright saiu da Youngs não há ninguém – com a possível exceção do assistente de Bright, que Harry só viu uma vez – para patrociná-lo no Foco de Insatisfação.

A estratégia de Harry é lançada à incerteza. "Já é ruim o suficiente que Bright tenha saído da empresa", pensa ele, "mas é pior eu não saber por que ele saiu. E se ele tiver sido demitido? Ninguém vai querer assumir o patrocínio de um projeto iniciado por alguém que foi demitido". Ele decide ligar para Flood, seu contato inicial no Foco de Receptividade. Enquanto ele liga, percebe que cometeu outro erro. Sua última ligação para Flood tinha sido em março. Se ele tivesse sido mais esperto, teria pelo menos mantido contato com ele. Agora, pode parecer para Flood que Harry só o usa quando lhe convém.

Para felicidade de Harry, Sally havia enviado uma análise técnica do sistema Meterflo três semanas antes a todos em sua lista de endereços, incluindo Flood. Inicialmente, Flood supõe que Harry está ligando para descobrir sua reação à análise. "É um sistema impressionante", diz Flood, "e, exceto por algumas questões de confiabilidade, a análise realmente é positiva. Obrigado por enviá-la." Flood dá algumas boas notícias a Harry. "Sim," diz ele, "Bright

256 Capítulo 9

nos deixou. Mas ele foi chefiar a produção em uma nova organização que faz parte do Grupo Youngs. Ficamos tristes com a saída dele, mas lhe desejamos o melhor em sua promoção." Harry fica aliviado. "Pelo menos ninguém vai ficar contra nós só porque fomos patrocinados por Bright", pensa ele.

Flood também revela outra boa notícia, quando conta a Harry sobre o comitê de avaliação e quem está nele. Há seis membros, e Flood é um deles. A comissão terá sua primeira reunião em 23 de maio. Flood concorda em se reunir com Harry no dia seguinte à primeira reunião do comitê.

24 de maio: Estratégia dos Critérios de Decisão

Harry passa a manhã planejando sua estratégia para a reunião com Flood. "Meu primeiro objetivo estratégico", pensa ele, "é descobrir quais critérios de decisão o comitê vai usar para fazer sua recomendação. Ainda mais importante, eu deveria tentar descobrir se alguns desses critérios são mais cruciais que outros. Então, se conseguir, eu deveria tentar descobrir algo sobre quem será a concorrência".

A reunião com Flood acaba sendo menos útil do que Harry esperava. "Eu certamente posso lhe dizer alguns dos critérios que discutimos", diz Flood, "mas não posso lhe dizer que um critério é mais importante que outros. Na nossa consideração, todos eles são cruciais". Mas, apesar de Harry não conseguir descobrir a importância relativa dos critérios do comitê, ele consegue uma ideia inicial dos principais fatores que a Youngs levará em consideração na tomada de decisão. Flood lhe diz que a maior parte da reunião do comitê foi gasta na discussão de três temas. Um deles, naturalmente, é o preço. A Youngs está sob uma contenção orçamental, e há alguma pressão para se buscar um sistema mais barato, se possível. No entanto, tendo em vista a grande economia que o novo sistema deve proporcionar, Flood não acha que o preço será uma barreira. "Mas," alerta ele, "se descobrirmos que seu concorrente é mais barato que você, isso certamente vai influenciar nosso pensamento".

Outro tema de discussão, explica Flood, foi a importância de um bom suporte de manutenção. A Youngs já teve problemas no passado por comprar equipamentos com desempenho ruim porque o fornecedor não conseguiu oferecer uma manutenção adequada. O suporte de manutenção é uma área

Anatomia de uma Estratégia de Vendas

em que o concorrente de Harry, Niagara, é especialmente forte. O terceiro fator que Flood menciona é a precisão. Como ele explica, a falta de precisão do sistema antigo é a razão para a mudança. "Queremos provas concretas de que o fornecedor que escolhermos atenda às nossas especificações de precisão", adverte Flood. Harry fica contente de ouvir isso. O sistema Meterflo é o mais preciso disponível, embora o novo sistema da Niagara – com uma especificação que ainda não se tornou pública – parece ser pelo menos igualmente preciso. Mas nenhum dos outros fabricantes de bombas sequer chega perto do Meterflo.

Flood também conta a Harry um pouco sobre outros fornecedores. "Enviamos a SDP para 23 fornecedores", explica ele, "incluindo você e a Niagara. Vamos filtrar as respostas e esperamos encontrar seis ou sete sérios. Por falar nisso, lembre-se de que sua resposta deve chegar até o final da semana."

25 de maio: Resposta Inicial à SDP

Harry rascunha uma resposta inicial à SDP da Youngs. Nessa resposta, ele se concentra na precisão – a área que ele sabe que é importante para a Youngs e onde o Meterflo é mais forte. Seu objetivo é passar pela primeira filtragem, então ele faz uma resposta curta, sabendo que o comitê provavelmente irá ler cerca de 20 respostas de outros fornecedores.

31 de maio: Sucesso – Sobrevivendo à Filtragem Inicial

Harry recebe uma carta formal do comitê, informando que ele teve sucesso na primeira fase da avaliação. Ele agora será um dos seis fornecedores convidados a fazer uma oferta final. Se ele quiser, diz a carta, Harry pode falar para um subcomitê de duas pessoas que estarão disponíveis para passar um tempo com cada fornecedor. Um pouco antes de terminar de ler a carta, Harry está ao telefone marcando um horário. "Quero chegar primeiro a esses dois", diz a si mesmo. "Preciso influenciar os critérios de decisão antes que eles comecem a falar com outros fornecedores." Uma reunião com o subcomitê é marcada para 7 de junho. Harry será o primeiro fornecedor a falar com eles. Infelizmente, porém, Harry não conhece nenhum dos dois. Seu amigo Flood não está no subcomitê.

258   Capítulo 9

7 de junho: Descobrindo e Influenciando os Critérios de Decisão

Harry se encontra com os dois membros do subcomitê. Seu objetivo estratégico é descobrir e influenciar seus critérios de decisão. A reunião não começa bem. Os dois membros do comitê são frios e formais. "Esta é a primeira reunião deles com um fornecedor", percebe Harry, "e eles estão sendo muito cautelosos. Talvez não tenha sido uma boa ideia chegar em primeiro lugar". No local, ele revê seu objetivo. "Vou tentar influenciar seus critérios agora," pensa consigo mesmo, "mas também vou tentar marcar uma segunda reunião, depois de eles terem se encontrado com outros fornecedores, de modo que eles estejam mais relaxados".

Durante o debate, Harry descobre que Flood lhe deu uma visão muito precisa do que é importante para a Youngs na tomada dessa decisão. Mas, possivelmente como resultado de ter mais tempo para pensar sobre os critérios, o subcomitê está começando a aceitar que alguns critérios serão mais importantes que outros. No topo de sua lista vem a precisão. Em algum lugar abaixo vem o suporte de manutenção e o preço. Eles também dão a Harry um novo critério: qualidade. Harry sonda para descobrir como eles atualmente julgam o sistema Meterflo em relação a cada critério.

Os dois membros do subcomitê fazem a Harry algumas perguntas sobre o sistema Meterflo. Em suas respostas, Harry é cuidadoso para mostrar a eficiência com que o Meterflo pode atender com eficácia ao critério crucial de precisão. Sempre que possível durante a discussão, ele reforça a importância deste critério porque sabe que é uma área na qual ele é forte. Harry tem sucesso em seu objetivo de marcar uma segunda reunião. Ela será realizada na semana seguinte, com todo o comitê de seis pessoas, e não apenas as duas pessoas com quem ele está se reunindo agora.

8 de junho: Análise dos Critérios de Decisão

De volta ao escritório, Harry reavalia sua reunião com o subcomitê. A partir de sua compreensão dos critérios de decisão deles, Harry estabelece uma escala simples, ilustrada na Figura 9.1, mostrando a importância relativa de cada critério e, ao lado dela, outra escala mostrando como ele pensa que a Youngs está julgando o sistema Meterflo em relação a cada critério.

Anatomia de uma Estratégia de Vendas **259**

Esta análise simples dos critérios de decisão permite que Harry veja alguns dos pontos fortes e fracos de sua posição. Por exemplo, ele é forte em termos de precisão, por isso foi inteligente em reforçar sua importância durante a reunião de ontem com o subcomitê. Ele também é forte em termos de qualidade. No entanto, a qualidade é um diferenciador "abstrato", e ele pode ter de ajudar o comitê a chegar a uma compreensão mais clara do que realmente significa a qualidade de uma bomba. Voltando sua atenção para áreas onde é fraco, Harry imediatamente escolhe o suporte de manutenção. Sua empresa, a Towtron, tem um registro medíocre nesta área e – apesar de algumas melhorias recentes –, Harry sabe que essa será uma área potencialmente difícil conforme a venda progredir.

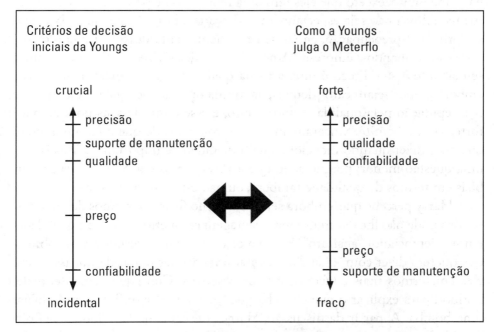

Figura 9-1. Os critérios de decisão iniciais da Young.

9 de junho: Entendendo a Concorrência

Harry percebe que precisa saber mais sobre seus concorrentes para descobrir se seus pontos fracos são sérios. Sua fraqueza no suporte de manutenção, por exemplo, será uma desvantagem grave se seu principal concorrente acabar sendo a Niagara, que tem um registro muito bom nesta área. Por outro lado, vários outros concorrentes potenciais têm uma capacidade de suporte de manutenção mais fraca que a de Harry. Se eles estiverem na corrida e não a Niagara, Harry não precisa ficar muito preocupado com seu fraco suporte de manutenção.

Harry liga para Flood, na tentativa de descobrir mais informações. Flood tem boas e más notícias. No lado positivo, Flood lhe diz que os seis candidatos foram reduzidos para três e que Harry é um deles. No lado negativo, Flood revela que um dos concorrentes é o temido inimigo de Harry: a Niagara. O outro é a Peterpumps, uma empresa de Boston sobre a qual Harry não sabe muito, exceto que eles têm uma reputação de preços baixos, embora sua tecnologia não seja especialmente avançada. Harry decide que a Niagara é a principal preocupação, então delicadamente tenta descobrir como o comitê está avaliando a empresa. "A nova bomba deles", lhe diz Flood, "é muito semelhante à sua. Preço é uma área na qual a Niagara é melhor que você, embora ambos sejam caros demais, na minha opinião. Sei que você tem uma boa reputação pela qualidade do produto, e esse é um de seus pontos mais fortes com o comitê. Sinceramente, não estou certo de que o comitê sabe o que quer dizer quando menciona que 'a qualidade é importante'. Mas isso é uma questão menor; porque acho que a Peterpumps e a Niagara devem ser boas em termos de qualidade também, ou não estariam no negócio".

Harry percebe que, embora seja visto como forte em termos de qualidade, isso pode não lhe dar muito mais vantagem competitiva, já que a qualidade é um diferenciador "abstrato". Flood e os outros não parecem claros sobre o que querem dizer com "qualidade", então Harry quer tentar definir isso para eles em termos mais concretos e mais objetivos. Consequentemente, pede a Flood para explicar o que ele acha que "qualidade" significa quando julga uma bomba. A partir da discussão, Harry consegue ajudar Flood a definir qualidade com mais exatidão, em termos de fatores como durabilidade do propulsor, resistência ao desgaste e tolerância da câmara – todas áreas objetivamente mensuráveis, nas quais a bomba Meterflo é superior.

Antes de terminar a conversa, Harry descobre que o comitê está impressionado com o registro da Niagara em termos de suporte de manutenção e que – como ele suspeitava – o registro de sua própria empresa nessa área é considerado muito fraco.

10 de junho: Um Concorrente É Eliminado

É mais um daqueles dias de boas e más notícias. Harry descobre que o terceiro concorrente, a Peterpumps, foi eliminado. Isso é uma boa notícia. Mas, para Harry, não é tão bom ser deixado com a Niagara como rival – especialmente agora que ele conseguiu descobrir os detalhes da nova bomba da Niagara, que parece ser equivalente à dele em termos de precisão. Para ajudá-lo a decidir sobre a melhor estratégia competitiva para lidar com a Niagara, Harry realiza uma Análise de Vulnerabilidade, ilustrada na Figura 9.2. Para fazer isso, ele acrescenta uma nova coluna à análise de critérios de decisão que ele já realizou, que mostra como ele acha que a Youngs está julgando a Niagara.

Harry olha para a Análise de Vulnerabilidade, tentando isolar as áreas onde é vulnerável à concorrência da Niagara. Ele vê a forma de "V" característica que significa vulnerabilidade em duas áreas. Uma é o preço, na qual a nova bomba da Niagara – de acordo com Flood – é mais forte, ou seja, mais barata que o Meterflo. Harry também não fica preocupado demais com sua fraqueza no preço porque o novo sistema se pagará em menos de um ano e – comparada com a economia potencial – a diferença de custo entre o sistema do Meterflo e o da Niagara não é grande.

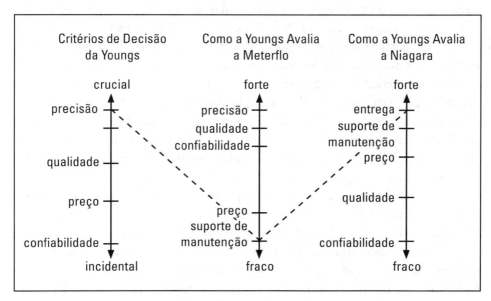

Figura 9-2. Análise de Vulnerabilidade.

262 Capítulo 9

Harry é vulnerável na área de suporte de manutenção. Ele percebe que essa será uma área crucial de discussão quando se reunir com o comitê na semana seguinte, então planeja uma estratégia para lidar com essa área vulnerável.

14 de junho: Apresentando a Adequação ao Comitê

Harry se reúne com todo o comitê. Ele faz uma apresentação mostrando as vantagens do sistema Meterflo em termos dos elementos objetivos de qualidade que ele discutiu com Flood. Ele lembra ao comitê que a pequena diferença de preço entre os fornecedores tem de ser vista no contexto das enormes economias que o novo sistema trará. "Como esse novo sistema vai ter um impacto tão grande em seu processo de produção", diz Harry, "é mais importante instalar o melhor sistema do que o sistema mais barato". Ele fica feliz ao ver que vários membros acenam com a cabeça, em aprovação.

Então Harry chega à questão do suporte de manutenção, no qual ele sabe que é vulnerável. Ele pega o touro pelos chifres. "Sei que vocês estão preocupados com o suporte de manutenção", começa. "E vocês têm razão para se preocupar, porque não podem se dar ao luxo de ter um suporte ruim para um sistema tão importante." Olhando os rostos de vários membros do comitê, ele percebe que eles não esperavam essa admissão franca de sua parte. "Isso significa que eles devem achar que sou mesmo fraco", pensa ele. Então ele tenta redefinir o suporte de manutenção. "Suporte de manutenção", sugere ele, "é outra maneira de dizer que você quer ter certeza de que os defeitos ocorram com pouca frequência e que, quando acontecerem, eles sejam resolvidos rapidamente, de modo que haja o mínimo de tempo de inatividade". Ele vê um aceno de cabeça de Flood, e continua: "Talvez, então, quando vocês dizem que o suporte de manutenção é um fator importante na decisão, vocês estão realmente querendo dizer que querem um sistema com o menor tempo de inatividade possível. Essa seria uma maneira aceitável de apresentar a questão?". "Sim," diz um membro do comitê, "porque a economia que este sistema supostamente nos proporcionará poderia ser completamente exterminada se ele quebrar com frequência". "Exatamente," retruca Harry, "e é por isso que minimizar o tempo de inatividade é tão importante. Mas será que o suporte de manutenção é a única maneira – ou mesmo a mais impor-

Anatomia de uma Estratégia de Vendas

tante – de minimizar o tempo de inatividade?". "De que outra maneira você faria isso?", pergunta um membro. "Bem", responde Harry, "suponha que um sistema foi concebido de tal forma que seja mais confiável que o outro; então, com o mesmo nível de suporte de manutenção, ele quebraria com menos frequência".

Flood imediatamente vê aonde Harry está indo e o desafia. "Você vai nos dizer que seu sistema é mais confiável, por isso precisa de menos suporte de manutenção", diz ele a Harry. "Preciso de algumas provas convincentes antes de comprar essa ideia." "Mas", retruca Harry, "independentemente de eu lhe dar essa prova, você aceita a ideia de que, quanto mais confiável o projeto, menos suporte de manutenção será necessário?". "Aceito isso em teoria", concorda Flood, "mas ainda quero ver provas convincentes antes de aceitar que o sistema da Meterflo é mais confiável que o da Niagara."

Harry respira fundo. "Vou levar dez minutos," diz ele a Flood, "e, se você puder me conceder esse tempo, acredito que posso convencê-lo". "Claro", diz um membro do comitê, "essa é uma questão muito importante. Estou mais do que disposto a lhe dar meia hora se você realmente tiver provas". "Dez minutos é tudo de que preciso", diz Harry de maneira confiante. Ele, então, resume direta e rapidamente cinco maneiras pelas quais o projeto da bomba Meterflo oferece uma confiabilidade superior. É um desempenho impressionante, especialmente porque não parece ensaiado. No entanto, o que o comitê não sabe é que na última semana – depois que Harry identificou que essa era sua principal vulnerabilidade – ele passou vários dias trabalhando nesta parte da apresentação. Ele conversou com seus especialistas técnicos e ligou para especialistas em tecnologia competitiva da Towtron para descobrir todas as fraquezas potenciais de confiabilidade do sistema da Niagara.

Durante a apresentação em si, Harry tem o cuidado de nunca mencionar diretamente a Niagara. Sempre que ele expõe uma fraqueza, é algo genérico. Por exemplo, ele diz: "Um dos mais fortes fatores de confiabilidade do sistema do Meterflo é que os microprocessadores principais são guardados no console de controle, e não na bomba em si. Isso reduz a vibração. Testes mostraram que o microprocessador integrado à bomba quebra 30% mais devido ao inevitável nível de vibração." A Niagara, é claro, projetou seus microprocessadores para serem parte integrante da bomba. Ao expor

264 Capítulo 9

essa desvantagem genérica, Harry consegue reduzir a confiança do comitê na Niagara sem agredir diretamente o concorrente.

A reunião termina bem. "Você fez um bom trabalho de nos convencer que o Meterflo provavelmente é o sistema mais confiável – e isso é uma grande ajuda na superação de nossas preocupações sobre o suporte de manutenção", disse-lhe o presidente. Harry sente que sua estratégia foi eficaz.

16 de junho: Pressão para Negociar

Flood liga para Harry. "Acabamos de ver uma apresentação da Niagara", diz ele. "Deixamos eles saberem que estamos inclinados para o sistema Meterflo, e de repente eles nos ofereceram um significativo desconto adicional. Não posso lhe dizer de quanto, porque eles nos pediram para manter sigilo, mas é substancial."

Harry pensa nessa nova virada da situação. Ele decide ir até a gerente. "O que podemos fazer?", pergunta. "A Youngs está esperando uma redução nos nossos preços." Sua gerente é cautelosa. "Não vamos exagerar na reação", alerta ela. "Acho que a Niagara começou a negociar cedo demais. É um sinal de que estão em pânico. Devemos manter o preço que cotamos." Harry não fica totalmente convencido, mas não tem escolha. Sem a aprovação da gerente, ele não tem autoridade para reduzir preços cotados.

17 de junho: Um Mau Sinal

Harry liga para Flood. Ele está em uma reunião e não retorna sua ligação.

21 de junho: Sinal de Perigo

Harry liga para Flood. Flood não está disponível. Harry percebe que este pode ser um sinal de que a venda está entrando na fase de Resolução de Preocupações, e que Flood e seus colegas estão enfrentando alguns problemas de Consequência.

Anatomia de uma Estratégia de Vendas

22 de junho: Pistas de que Existem Problemas de Consequências

Harry chega cedo. Ele sabe que Flood chega meia hora antes de seus funcionários. Ele liga para Flood e consegue falar com ele. Flood lhe diz que o comitê está "em um debate interno" e que entrará em contato assim que terminarem. Ele se nega a dar mais detalhes. Então, sem qualquer aviso, ele pergunta: "Sua empresa instalou um desses sistemas Meterflo na United Resins?". Percebendo o perigo, Harry responde: "Não tenho certeza, quer que eu verifique?". "Você deveria fazer mais do que verificar", diz Flood provocando. Harry não sabe o que Flood quer dizer, mas sente que ele está lhe dando algum tipo de aviso. Depois de algumas amabilidades, a conversa termina.

23 de junho: A Fase de Resolução de Preocupações

Harry rastreia a história da instalação do Meterflo na United Resins. Ele descobre que foi um teste inicial do sistema antes de seu lançamento geral. O sistema teve graves problemas de confiabilidade e, como resultado, o projeto foi alterado. Desde os testes na United Resins, houve um total de 17 outros sistemas instalados, e, pelo que Harry conseguiu descobrir, nenhum deles teve o mesmo problema do protótipo da United Resins. Harry consegue os nomes de algumas pessoas satisfeitas na United Resins, tanto de gerentes de produção quanto da equipe técnica. Ele liga para várias dessas pessoas para assegurar que eles vão falar bem do Meterflo se lhes pedirem uma referência.

No final do dia, Harry recebe um telefonema de Flood. "O comitê acha que seu preço é alto demais", diz Flood. "Eles querem se reunir com você na próxima semana para uma negociação de preço final." Harry concorda em se reunir com o comitê no dia 29 de junho, mas consegue uma rápida reunião de almoço com o presidente do comitê e com Flood no dia anterior à reunião com o comitê.

Harry se reúne com sua gerente e explica o que aconteceu. "Não acho que o preço seja o verdadeiro problema", diz a ela. "Estou apenas imaginando, mas aposto que a Niagara lhes contou histórias de terror sobre a instalação na United Resins – e agora eles estão preocupados de novo com nossa confiabilidade e suporte de manutenção". "Estou contente em saber que você não acha que é uma questão de preço," diz ela, "porque acabei de ouvir da

266 Capítulo 9

divisão que o máximo de desconto no preço que podemos oferecer nesse pedido é de 5%." Harry fica surpreso. "Eles se sentirão insultados se eu oferecer apenas 5%", retruca ele. "Eu estava esperando pelo menos o dobro disso."

Harry retorna atordoado a seu escritório. É evidente que a venda está tendendo para a Niagara, e ele agora tem um mínimo de alavancagem na negociação. As reuniões da próxima semana, prevê ele, serão difíceis.

25 de junho: Decisões Estratégicas para Resolver as Consequências

Harry passa o fim de semana pensando sobre a estratégia para a semana seguinte. Ele percebe que, durante as horas que terá com o comitê, ele pode fazer ou então destruir a venda que lhe custou quase seis meses de trabalho árduo.

Harry toma duas decisões estratégicas. Primeiro, decide que deve descobrir todos os problemas de Consequências e lidar com eles. O momento de fazer isso será no almoço com Flood e o presidente do comitê. Harry pretende conseguir marcar essa reunião para acontecer alguns dias antes, mas tem esperança de que, mesmo nesta etapa final, ele consiga usá-la para resolver a questão da confiabilidade.

A segunda decisão estratégica de Harry é que ele vai apresentar, na reunião com o comitê todo, um plano de implementação cuidadosamente apoiado. Em vez de usar os 5% de redução de preço como incentivo monetário, ele irá usá-los para pagar um suporte de treinamento adicional que ele oferecerá quando apresentar o plano.

28 de junho: Lidando com as Consequências

Almoço com Flood e o presidente do comitê. Harry, sabendo que não tem muito tempo, toma a iniciativa. "Estaremos reunidos amanhã para discutir preço", começa, "mas tenho uma suspeita de que preço não é a questão mais importante na mente de vocês. Algo diferente parece estar incomodando". O presidente parece relutante em falar, mas Flood responde: "Espero que este sistema seja tão confiável quanto você diz que é". Harry explora a questão. "Tenho a sensação de que a confiabilidade continua a ser uma preocupação

Anatomia de uma Estratégia de Vendas

para vocês", diz ele, "e que nada que eu possa dizer vai mudar isso. O que posso fazer para ajudá-los a se sentirem mais confortáveis?". Flood pensa. "Você diz que tem o sistema mais confiável do mercado," diz a Harry, "mas recebemos informações que sugerem que seu sistema tem alguns problemas reais de confiabilidade." Harry percebe que imaginou certo, que a Niagara andou contando histórias sobre o teste na United Resins. "O que precisamos", continua Flood, "é de uma forma de descobrir quem está dizendo a verdade aqui. Você diz que o sistema do Meterflo é confiável, outros dizem que não é. Em quem acreditamos?"

Harry havia antecipado isso. Ele pega um papel com o timbre "Towtron Corporation: Confidencial" em sua pasta. "Nesta folha de papel", diz ele a Flood, "estão os nomes do nosso local de teste e das outras 17 instalações que fizemos até agora. Seria útil você ligar para algumas dessas pessoas para descobrir suas experiências exclusivas com o sistema". Flood olha para a lista. Ele vê que a United Resins é o primeiro nome. "Este foi o seu local de teste?", pergunta. "Sim," explica Harry, "fizemos uma série de mudanças no projeto com aquilo que aprendemos na United Resins. Para ser franco com você, o sistema que instalamos lá era muito menos confiável que os outros. Mas talvez seja bom vocês falarem com a United Resins de qualquer maneira. Afinal, você precisa se proteger contra o pior caso. A United Resins é nosso pior caso. Posso lhe dar alguns nomes de pessoas para as quais você pode ligar".

Harry sai feliz da reunião. Ele sabe que os três nomes que deu apresentarão um relatório positivo que vai minar a credibilidade da Niagara. Conforme Flood e seu colega se preparam para sair, Harry não resiste a atacar diretamente a Niagara. "É fácil", observa ele, "procurar uma experiência ruim e usá-la para prejudicar outro fornecedor. Eu poderia fazer isso agora mesmo nesta venda. Mas não acho que essa seja uma maneira útil e ética de fazer negócios".

29 de junho: O Problema da Consequência É Resolvido

Enquanto os membros do comitê se reúnem para o encontro com Harry, Flood se inclina por sobre a mesa e lhe diz: "Aquelas pessoas na United Resins nos deram um relatório muito bom sobre como seu pessoal técnico os

268   Capítulo 9

ajudou a consertar o sistema. Parece que agora está funcionando ainda melhor do que eles esperavam." Isso, naturalmente, não é novidade para Harry. Suas conversas na semana anterior com o pessoal da United Resins tinham confirmado que eles seriam uma boa referência.

Esta reunião é mais descontraída que as anteriores, e Harry sente que o problema de confiabilidade está finalmente resolvido. O presidente começa: "Estamos realizando uma reunião final com cada fornecedor. Nós nos reunimos com você aqui hoje e nos encontramos com seu concorrente na sexta-feira. Nessa reunião, gostaríamos de saber qual será sua proposta final de preço. A maioria de nossos fornecedores negocia preço, e gostaríamos de ouvir sua oferta final de desconto antes de tomarmos a decisão".

Harry se arrisca. "Não vamos dar mais nenhum desconto no Meterflo", diz a eles. "Na verdade, agora que ele está se estabelecendo tão bem no mercado, antecipamos um aumento de preços em futuro contratos. Então deixe-me dizer sem rodeios que não vou lhes oferecer um desconto no preço diretamente." Não era isso que o comitê estava esperando, e houve murmúrios de protesto. "Dei mancada aqui," admite Harry para si mesmo. "Eu deveria ter deixado eles saberem que isso ia acontecer. Deixei que eles aumentassem suas expectativas. Eles esperavam uma redução, e não iria lhes dar."

Antes de os membros do comitê terem a oportunidade de expressar suas reações, Harry continua: "Contudo, entendo que vocês estão buscando o melhor negócio possível e quero oferecer tudo que puder para ajudá-los. Não posso oferecer um corte de preço direto, mas posso lhes dar o equivalente a um desconto na forma de suporte gratuito e ajuda em várias áreas que vão garantir uma implementação mais fácil". Harry então revela seu plano de implementação. Em seu plano, ele inseriu considerável treinamento e suporte técnico adicionais. "Todo esse apoio adicional", diz ao comitê, "será por nossa conta. Essa é uma forma indireta de lhes dar uma redução no preço. Várias vezes durante esta venda vocês expressaram uma preocupação real sobre o apoio na implementação. Pensei em suas preocupações. Acho que vocês vão concordar que o verdadeiro valor de todo esse apoio adicional é bem maior que seu custo".

O comitê fica visivelmente impressionado pelo plano de Harry, e é claro que o suporte adicional que ele ofereceu provocou uma impressão muito positiva.

Anatomia de uma Estratégia de Vendas

30 de junho: Mais Pressão para Negociar o Preço

Harry liga para Flood, que confirma que o comitê gostou do plano de implementação de Harry. No entanto, Flood alerta: "Você os contrariou quando disse que não ia negociar o preço. Se a Niagara lhes oferecer um desconto adicional amanhã, você estará em apuros".

1º de julho: O Concorrente Reage

Harry passa o dia ansioso. Ele sabe que a Niagara está se apresentando para o comitê, e teme que eles possam oferecer uma drástica redução de preço. "Mas não pode ser muito drástica", lembra a si mesmo, "porque eles fizeram um corte de 15% bem no início. Eles não têm muito espaço para brincar". Harry não tem nenhuma resposta da Youngs. Hoje é sexta-feira – e um fim de semana prolongado por feriado está chegando. Harry é forçado a passar o feriado em suspense e incerteza.

5 de julho: A Incerteza na Negociação

Flood liga para Harry e lhe diz que a Niagara pediu um prazo até o final da semana para ver se pode apresentar uma oferta melhor. "Eles começaram a negociar cedo demais", pensa Harry. "Aposto que eles se arrependeram de ter oferecido um total de 15% no mês passado. Eles não têm mais nada." Mas Harry lembra a si mesmo que é perigoso fazer suposições. É possível que o atraso seja porque um acordo especial está sendo elaborado em níveis superiores dentro da Niagara.

12 de julho: Por fim, o Sucesso

Harry recebe um telefonema do presidente do comitê. É a primeira vez que ele liga, por isso Harry sabe que é importante. "Seus concorrentes nos apresentaram uma proposta melhor", começa ele. O coração de Harry afunda. "Então a Niagara fez uma oferta especial", pensa. E o presidente continua: "No entanto, foi apenas uma pequena melhoria, e, no geral, gostamos mais de sua proposta de implementação. Parabéns, o contrato é seu".

270 Capítulo 9

Harry desliga o telefone. Por um instante, ele tem aquela sensação curiosa de vazio que surge quando termina uma luta longa e árdua. Ele atravessa o escritório e, misteriosamente, todo mundo parece saber o que aconteceu. "Parabéns!" e "Boa, Harry!" eles gritam enquanto ele entra no escritório da gerente.

"Você lidou bem com essa venda", diz a gerente. "Alguns pequenos erros e cálculos ruins, mas toda venda tem um pouco disso. Em geral, você bolou uma ótima estratégia. O que vai fazer agora?" Harry não esperava por essa pergunta. "Sinto vontade de tirar umas férias prolongadas", diz ele, "mas agora que a venda da Youngs terminou, acho que vou mesmo é voltar para algumas das outras contas que negligenciei durante as últimas semanas. Será um grande alívio esquecer a Youngs por um tempo".

Sua gerente sorri. "Eu estava prestes a lhe dizer que você lidou com a estratégia de venda tão bem que não teria nenhuma sugestão real que eu pudesse fazer para melhorar", diz ela, "mas você acaba de me dar uma". Harry gemeu. "Sim", responde ele, "eu sei. Dar mais atenção ao cliente imediatamente após a venda". "E lembre-se de que o ciclo de vendas não termina quando o contrato é assinado", acrescenta a gerente. "As próximas semanas vão ser ainda mais atarefadas para você na Youngs."

"Você está certa – o esforço de vendas nunca termina", comentou Harry, cansado. Ele volta para sua mesa e, com um profundo suspiro, começa a escrever uma carta de agradecimento ao presidente do comitê. "Estratégia de venda", diz ele, "é como qualquer outra forma de genialidade – exige uma capacidade infinita de se esforçar".

O sucesso de Harry ilustra o tema central deste livro. Uma estratégia eficaz não envolve um grande projeto nem truques inteligentes. Envolve um conhecimento aprofundado de seus clientes e das preocupações que eles têm em cada etapa de uma venda. Se, como Harry em nosso estudo de caso, você puder usar um simples entendimento lógico do comportamento do cliente para antecipar as preocupações de seu cliente e reagir a elas de maneira eficaz, essa é toda a estratégia de que você precisa para ser bem-sucedido em grandes vendas.

Índice Remissivo

Ação e criação de soluções alternativas, 113
Acesso, conseguindo, 39-41, 71-74
Acordo/conflito e negociação, 190-192
Acordo:
  através de perguntas, 206-210, 212-213
  na negociação, 214-216
  versus compreensão, 213
Adiamentos injustificados, 165-167
Adiamentos injustificados, 165-167
Alcançando Excelência em Vendas: SPIN Selling (Rackham), 66, 78-79, 127-128, 174-175
Allen, Bill, 51-52, 192, 212, 215
Alternativas, julgando, usando diferenciais, 92
Análise de Vulnerabilidade, 135-137
Apresentação, perigo da, 42-43
Apresentações de fornecedores, 84-86
Áreas de alavancagem máxima e negociação, 193-197
AT&T, 17, 73

Avaliação de alternativas, 88-93
Base de pesquisa, 16-18, 192
BATNA (Best Alternative to Negotiated Agreement – Melhor Alternativa para Negociar o Acordo), 200
Best Alternative to Negotiated Agreement – Melhor Alternativa para o Acordo Negociado (BATNA), 200
British Petroleum, 21
Canais de compra, 34-36
Canalizando seletivamente a insatisfação, 75-78
Capacidade dos produtos de solucionar problemas, 61-64
Casa Branca, fotocópias na, 227
Chase Manhattan Bank, 17
Ciclo de decisão, acelerando, 126-130
Citicorp, 17, 49, 228
Combatendo a vulnerabilidade, 139-146
Comitês de compra, 82-83, 262-266
Compatibilidade, importância relativa da, 93-95

272

Compensação, 109-112, 114-115, 141-142

Compreensão na negociação, 213-216

Concentrando-se em áreas de alavancagem máximo para a negociação, 193-197

Concessões, tamanho das, 205

Concorrência:
diminuindo, 144-146
estratégias para falar sobre, 145-149

Concorrentes mais conhecidos e risco, 163-164

Concorrentes, 259-262, 268
aumentando a importância de, 145-146
contas de, 163
definição, 137-140
mais conhecidos, 163
pontos fracos de, 146-149

Confiabilidade, importância relativa da, 91, 93-95, 106-107, 259-260

Conflito/acordo e negociação, 190-193

Connally, John, 184-185

Consequências, 265-268
causas, 158-162
definição, 156-157
detecção de, 165-166
e construindo relacionamentos no início, 167-170
e discrepâncias, 167
ignorando, 167-169
indicações, 163-164
lidando com, 166-178

e minimização, 171-172
e objetivos da resolução de preocupações, 156-157
e prescrição, 171-173
e pressão, 172-176
reconhecimento, 162
resolvidas apenas pelo cliente, 169-171
resolvidas por meio de negociação, 184-187
sinais que sugerem, 165-167

Consultas, 51-52

Controle, falha em conseguir, 49-52

Criando soluções alternativas, 112-115, 142

Critérios de avaliação, 89-90

Critérios de compra, 24-27 (*Ver também* Critérios de decisão)

Critérios de decisão cruciais, 102-115

Critérios de decisão secundários, 104-105

Critérios de decisão, 115-117, 256-260
alterando, 140-142
aumentando os critérios secundários, 103-105
definidos antes de as necessidades serem totalmente estabelecidas, 95-98
desenvolvendo a partir de necessidades descobertas no início da venda, 102
e desenvolvimento de necessidades, 89-100

Índice Remissivo

e escolhas, 89-93

e objetivos, 86-88

influência sobre o impacto da concessão, 194-195

influenciando o sucesso das vendas, 92-96

influenciando, 87, 95, 98-114, 242

lidando psicologicamente com, 113-115

pós-vendas, 99-100

preexistentes, 96-99

reduzindo a importância de critérios cruciais, 105-114

reforçando/fortalecendo, 103-104

suposições erradas, 102

Critérios preexistentes, 96-99

Comprador cauteloso, 155-156

Davidson, David, 151-152, 176-178

Decisões (ver Decisões do cliente)

Decisões de alta visibilidade e risco, 163-164

Decisões de compra (ver Decisões de clientes)

Decisões do cliente, 15-16, 29-30

base de pesquisa, 17

estratégia de conta, 22-28

importância das fases, 21-22

processo, 17-21, 30-31

Definindo diferenciais, 133-134

Descobrindo a insatisfação, 61-69

Descobrindo critérios de decisão, 86-87, 96

Desenvolvimento da insatisfação, 68-76

Desenvolvimento de conta, 236-242

Detectando consequências, 165-166

Dever de casa, fracasso em fazer, 49-50

Diferenças tecnológicas e risco, 163-164

Diferenciação, 119-120

macro-, 121-122

micro-, 120-121, 135-136

Diferenciais "abstratos":

acelerando o ciclo de decisão, 126-130

definição, 123-124

e juízes especialistas, 129-130

transformados em Diferenciais "concretos", 129-130

uso em vendas competitivas, 133-136

Diferenciais "concretos":

acelerando o ciclo de decisão, 126-129

definição, 123-125

diferenciais "abstratos" transformados em, 129

e juízes especialistas, 130-131

estratégia competitiva com, 125

ofuscando, 132-134

uso na venda competitiva, 133-136

Diferenciais:

"abstratos" (ver Diferenciais "abstratos")

"concretos" (ver Diferenciais "concretos")

definição, 133-134

e reposicionando, 135-136

estabelecendo a importância
relativa de, 91-92
identificando, 89-91
julgando alternativas usando, 92
refinando, 134-135
Digital Corporation, 17-18
Discórdia, perguntas como
alternativa para, 208-210,
212-213
Discrepâncias, 167
Discussões controladas por
perguntas, 208-209
Distração, perigo da, 40-42
Documentação no desenvolvimento
de contas, 239-240
Eficácia, 109-110
Energia e alto desempenho, 126
Ensaiando os clientes, 74-75, 253
Equações de valor do cliente, 159,
182-184
Equações de valor do cliente, 159-
160, 182-185
Escolhas, 88-89
cliente, 17-20, 23-27
estabelecendo a importância
relativa dos diferenciais,
90-93
identificando diferenciais, 89-90
julgando alternativas usando
diferenciais, 92
Especialistas técnicos, vendendo
para, 101, 130-131
Especialistas, vendendo para, 101,
129-130
Especificações publicadas, 83-85

Estabelecendo limites para a
negociação, 197-201
Estratégia de entrada (*ver* Estratégia
de entrada em contas)
Estratégia de entrada na conta, 33-
35, 36-37, 246-249
canais de compra, 34-35
desenvolvimento, 54-57
localizando os tomadores de
decisão, 35-37
pontos focais, 38-39
insatisfação, 45-48, 56-57,
248-251
poder, 49-56, 251-253
receptividade, 39-45, 53-54,
246-248
Estratégia de perguntas SPIN, 76-
78, 222
Estratégia de venda:
anatomia da, 243-270
com Diferenciais "concretos",
125-126
fase de Avaliação de Opções,
23-27, 81-118, 254-265
fase de implementação, 29,
221-242
fase de Reconhecimento de
Necessidades, 22-24, 59-78,
250-254
fase de resolução de
preocupações, 27-30, 151-
178, 265-270
Estreitando intervalos de
negociação, 200-204
Etapa da Eficácia, 231
Etapa de aprendizagem, 229-231

Índice Remissivo

Exxon Corporation, 47, 48, 212
Fase de Avaliação de Opções, 81-
  83, 254-265
  critérios de decisão como
    influência no sucesso das
    vendas, 92-95
  definição, 17-20
  e diferenciação, 119-136,
    149-150
  e fazer escolhas, 88-92
  e vulnerabilidade, 119-121,
    135-149
  estratégia de contas em, 23-24
  no processo de decisão do
    cliente, 18-21
  objetivos, 86-89
  reconhecimento de, 83-86
Expectativas, inadequadas, 51-52
Fase de Implementação, 221-226
  definição, 19-22
  desenvolvimento de contas,
    236-242
  em vendas maiores, 154
  estratégia de contas em, 29-30
  etapa da eficácia, 230-231
  etapa de aprendizagem, 228-231
  etapa do "brinquedo novo",
    226-228
  no processo de decisão do
    cliente, 19-20
  queda da motivação, 231-236
Fase de Reconhecimento de
  Necessidades, 59-60, 250-254
  definição, 17-18
  descobrindo a insatisfação,
    61-64

desenvolvimento de problemas,
  68-71
estratégia de contas em, 22-24
Estratégia de perguntas SPIN,
  75-79
fazendo perguntas, 67-69
no processo de decisão do
  cliente, 18-20
objetivos, 60-62
obtendo acesso a tomadores de
  decisão, 70-74
planejando perguntas, 65-68
vendendo indiretamente para
  tomadores de decisão,
  73-76
vendendo para o Foco de
  Insatisfação, 70-71
Reconhecendo consequências,
  161-162
Fase de Resolução de preocupações,
  152-152, 265-270
causas dos problemas de
  consequência, 158-161
definição, 18
detecção de consequências,
  165-166
discrepâncias, 167
em grandes vendas, 152-154
estratégia de contas em, 26-30
indicação de consequências,
  163-164
lidando com as consequências,
  167-178
no processo de decisão do
  cliente, 18-21
objetivos, 157

276

reconhecendo consequências, 162

riscos em, 155, 156-157

sinais que sugerem consequências, 165-167

Fatores diferenciais, 89-90

Fazendo perguntas, 67-69, 210-211

Fechamento, 174

Fisher, Roger, 200

Flexibilidade, importância relativa da, 91-92

Foco de Receptividade, 38-45, 54, 246-248

Focos nas contas, 37-39 (*Ver também* Insatisfação; Poder; Receptividade)

Fortalecendo critérios de decisão, 103-104

Geração de indicação no desenvolvimento de contas, 239-241

Getting to Yes (Ury & Fisher), 200

Gilmore, Ian, 180-181

Grandes decisões e risco, 163

Grandes vendas, resolução de preocupações em, 152-154

GTE, 17-18

Guardiões, 34-35

IBM, 17-18, 24-25, 55-56, 85, 130-134, 145-146, 164

Identificando os diferenciais, 88-91

Ignorando as consequências, 168

Imagem, diminuindo, 145-146

Impacto da concessão, influência dos critérios de decisão sobre, 194-196

Importância relativa dos diferenciais, 91-92

Indisponibilidade para se reunir, 166

Influenciadores, 34, 52-53

Influenciando os critérios de decisão, 88, 94-96, 100-114, 242

Informação:

coleta de, 39-43, 63-64

retenção de, 166-167

revelada pelas perguntas, 207-209, 212-213

Insatisfação, foco de, 248-251

canalizando seletivamente, 75-79

definição, 37-39, 56-57

descobrindo, 61-69

desenvolvendo, 69-76

identificando, 44-46

influenciando, 46, 48-49

movendo-se para o Foco de Poder, 49

Intervalos de negociação realistas, 199-202

Intervalos de negociação, 196-206

Irvine, Bill, 196-197

Jogos de poder prematuros, 47-48

Julgando alternativas usando diferenciais, 92

Kodak, 17-18, 53-54, 196-197

Lançamento de um produto em Acapulco, 44

Lançamentos de produto, 44, 243-245

Lançamentos de produtos, 44, 244-245

Índice Remissivo

Levantando pontos fracos indiretamente, 146-147

Lidando psicologicamente com critérios cruciais, 113-115

Limites inferiores para intervalos de negociação, 197-204

Limites para intervalos de negociação, 199-206

Limites superiores para intervalos de negociação, 199-202

Má interpretação, perigo da, 43

Macrodiferenciação, 120-122

Mal-entendidos:
corrigindo, 141-142
na negociação, 213-217

Manutenção de contas, 236-242

Máquinas de fax, 45-46

Maximizando o ajuste percebido com os critérios de decisão, 87, 95-96

Microdiferenciação, 120-124, 135

Minimizar, 171-172

Momento certo na negociação, 180-184, 189

Morales, Mary, 81-82

Mostyn, Fred, 21

Mudanças, cliente, 22-23

Necessidades:
cliente, 17-18, 22-23
desenvolvimento de, 98-100
não totalmente definidas antes do estabelecimento de critérios, 95-99
reveladas pelas perguntas, 207, 212-213

Negociação de curto prazo, 191-193

Negociação de longo prazo, 191-193

Negociação de vendas (*ver* Negociação)

Negociação, 143-144, 179, 217-219, 264, 268-270
cedo demais, 180-181
de curto prazo *versus* de longo prazo, 191-193
definição, 189-191
e venda, 181-182
erros, 213-216
estudos sobre, 191-192
foco em áreas de alavancagem máxima, 193-197
intervalos, 196-206
estreitando, 200-204
limites para, 198-204
realista, 199-201
para resolver consequências, 185-187
momento certo, 189-190
paradas forçadas, 187-189
pessoas envolvidas, 189-190
planejamento/uso de perguntas, 206-212
separando a compreensão do acordo, 213-214
sondando em busca de mal-entendidos, 213-214
tardia, 182-184

Etapa no "brinquedo novo", 225-229

Negócio de projetos auxiliados por computador – computer assisted design (CAD), 196

Newhall Corporation, 175

Níveis de entusiasmo, 230-232

Objetivos específicos, 64

Objetivos voltados para o movimento, 64-65

Objetivos:
definição, 64-65
fase de Avaliação de Opções, 87-88
fase de Reconhecimento de Necessidades, 61-62, 64-65
fase de Resolução de preocupações, 156-157

Opções *(ver* Escolhas)

Orçamentos, usos alternativos para, 139-141

Organizational Buying Behavior (Webster & Wind), 35

Orientações para compra, 24-27

Orientações para decisão, 89-90

paradas forçadas, 187-189

Parâmetros de seleção, 89-90

Patrocinadores:
definição, 37-38
preparação de, 73-76, 223-224

Força, aumentando, 124-144

Perguntas de Implicação, 70-71, 76-79

Perguntas de Necessidade de Solução, 75-79

Perguntas de problema, 65-69, 77-79

Perguntas de situação, 65-67, 77-78

Perguntas:
estratégia SPIN, 76-78
fazendo, 67-69, 210-212
para negociações, 206-213
planejando, 64-67, 212-213

Planejando perguntas, 65-67, 212-213

Poder, foco de, 38-39, 49-57, 251-253

Polermo, Larry, 169-170

Pontos de entrada, 245

Pontos fixos e negociação, 197-199

Pontos fracos do concorrente, 145-150

Pontos fracos específicos dos concorrentes, 146-147

Pontos fracos gerais dos concorrentes, 146-149

Prazo de entrega, importância relativa de, 91, 106-107, 137-138, 139-141

Precisão, importância relativa de, 256-260

Preço, importância relativa do, 91, 93-95, 106-107, 137-138, 139, 256-257, 258-259

Preocupações com o, 158-162, 165-166
mal-entendido, 196
não é um problema, 186

Preocupações do cliente, 18-20, 27-30

Preocupações irrealistas com o preço, 166

Prescrever, 172-173

Pressionar, 173-176

Problemas expostos pelo questionamento, 207-208, 212-213

Problemas previamente resolvidos, ressurgimento de, 165-166

Processo de compra, 15-16

Processo de venda, 15-17, 180-181

Índice Remissivo

Propaganda, diferenciação de produto através de, 121-122

Prova para corrigir mal-entendidos, 142

Qualidade, importância relativa de, 91-92, 93-95, 106-107, 137-138, 139-140, 258-259

Queda da Motivação, 231-236

Rackham, Neil, 66 *n.*

Reavaliação no desenvolvimento de contas, 241-242

Recursos escassos, negociando, 190-191

Redefinindo, 107-112, 114-115, 141

Reduzindo a importância de critérios de decisão cruciais, 105-114

Referências no desenvolvimento de contas, 239-241

Refinando diferenciais, 134-135

Refinando intervalos de negociação, 200-203

Reforçando critérios de decisão, 103

Reposicionamento, 135-136

Ressurgimento de problemas já resolvidos, 165

Retenção de informação, 166-167

Reuniões prematuras, 51-52

Reuniões, indisponibilidade para, 166

Risco(s):
concorrentes mais conhecidos e, 163-164
decisões de alta visibilidade e, 163-164

diferenças tecnológicas e, 163-164

grandes decisões e, 163-164

na fase de Resolução de preocupações, 154-155, 156-157

Rivers, Ann, 28-29

Ruff, Dick, 33-36

SDPs (solicitações de propostas), 83-84, 256-257

Serviço, importância relativa de, 93-95, 106-107

Solicitações de propostas (SDPs), 84, 256-257

Soluções alternativas, 112-115, 139-140

Soluções alternativas, 113-115, 137-142

Sound Inc., 138

Suporte à manutenção, importância relativa de, 256, 259

Tanner, Donna, 138

Tempo para pensar, dado pelas perguntas, 210

Termos de negociação, 190-191

Tomadores de decisão:
conseguindo acesso a, 70-74
definição, 34
localizando, 35-36
no Foco de Poder, 49-52
vendendo indiretamente para, 73-76

Torri, Gino, 221-222

Treinamento de vendas, 36-37

Treinamento em vendas, 36-37

280

Ultrapassagem, 105-106, 114-115, 141-142
Ury, William, 200
Usos alternativos para orçamentos, 139-141
Vail, Diane, 144-145
Venda indireta para tomadores de decisão, 73-74

Vendas complexas, resolução de preocupações em, 152-154
Vulnerabilidade, 119-120, 135-136
combatendo, 139-145
estratégias para falar sobre os concorrentes, 145-150
Webster, F., 35-36
Wind, V., 35
Xerox Corporation, 17, 21-22, 61, 227